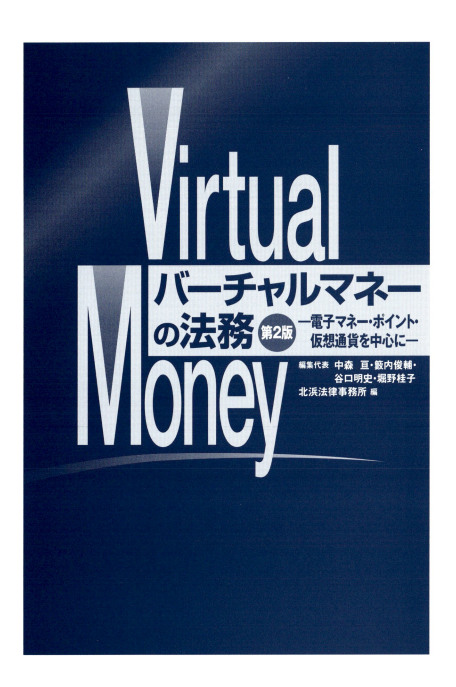

第2版はしがき

　"バーチャルマネー"という言葉を題名に付した本書を刊行してから7年が過ぎた。当時としては斬新な言葉で、"バーチャルマネー"を法的な切り口から整理した書籍として内容的にも多くの方から好評を得たものと自負している。

　その後、ICTの急速な発展とともに、「お金」の電子化、バーチャル化は我々の予想をはるかに超えるスピードで進み、新たにビットコインをはじめとする仮想通貨なるものが登場した。しかも、登場したと思いきや、その進化と広がりの速さは目まぐるしく、法規制や法的性質に関する議論も追いついていない状況である。

　このような状況を踏まえ、本書の構成および内容を抜本的に見直し改訂することとした。具体的には、初版発刊後の法令改正や時点修正を含めた全般的な見直しのほか、仮想通貨に関する記述を新たに（かつ大幅）に追加し、"バーチャルマネー"とは関連性が薄いと思われる電子記録債権に関する項目を思い切って割愛した。これで、本書は、題名である"バーチャルマネー"への特化がより進んだということになる。

　とはいえ、初版の「はしがき」でも述べたが、"バーチャルマネー"の法的性質をどのようにとらえ、既存の制度にどのように取り込んでいくのか（あるいは取り込まないのか）についてはいまだ議論が定まっているとはいえない中、"バーチャルマネー"はどんどん進化し、我々の日常生活や企業取引の間に広がっていっており、最近の仮想通貨をめぐる諸問題をみてもわかるとおり、むしろ混迷を深めている感さえある。こうした状況に鑑み、初版と同じく、本書の内容においても結論をあえて摘示せず、途中報告のレベルのものにとどまっている部分もあるが、我々としては、引き続き実務の展開や立法の動きなどを注視しつつ、継続して研究を続け、本書をアップデートしていきたいと考えている。

1

第 2 版はしがき

　最後に、本書の改訂作業を進める間も、仮想通貨をはじめ"バーチャルマ
ネー"をめぐる議論や法令改正等の動きが止まらず、それらを追いかけ、検
討を重ねているうちに、改訂の企画をいただいてから脱稿まで随分時間を要
してしまった。この場をお借りして、初版時と同様、企画をいただいた民事
法研究会の田中敦司氏にお詫び申し上げるとともに、このような貴重な機会
を与えていただいたことに感謝を申し上げたい。

　2018年 9 月

執筆者を代表して

弁護士　中　森　　　亘

（初版）はしがき

（初版）はしがき（序章を兼ねて）

1　決済手段の電子化

　従来、資金決済の手段といえば、現金や手形であった。しかし、昨今の IT 技術の発展により、音楽や書籍、それに株券などあらゆるものが電子化され、決済の世界も、プリペイドカード、電子マネー、電子手形など電子化の流れが急速に増している。一方、こうした世の中の動きを追いかけるようにさまざまな立場から研究や提言がなされるとともに、法律の整備も進められてきた。たとえば、法律面でいえば、最近では、平成20年12月１日に、これまでの指名債権とは異なるまったく新しい概念の債権を創設する「電子記録債権法」が施行され、また、平成22年４月１日には、プリペイドカードや電子マネーなど多様な決済サービスを統一的に規制しようとする「資金決済に関する法律」（資金決済法）も施行されるなど、決済手段の電子化の流れは本格化している。

　他方、消費者をターゲットとするいわゆる「ポイント」がさまざまな事業者から多様なかたちで発行されるようになり、消費者は、まさに「お金」を使う感覚で、貯めたポイントを使って、日常的に、商品の購入その他のサービスの提供を受け、あるいは他のポイントや電子マネーと交換するようになっている。このような急速な広がりをみせるポイントについては、経済産業省「企業ポイントの法的性質と消費者保護のあり方に関する研究会」でも議論され、平成21年１月に報告書が公表されているところである。

2　「お金」のバーチャル化

　ところで、我々が「お金」と聞いて最初に思い浮かべるのは物質的な形のある硬貨等であるが、決済手段の電子化は、このような「お金」を形のないバーチャルなものにしてしまうことでもある。もっとも、経済学的には、貨幣とは、価値の尺度、交換の媒介、価値の貯蔵といった機能をもつものをいうとされ、それを形にした硬貨等そのものに本来的な意味はないのであって、

3

（初版）はしがき

貨幣はもともとバーチャルなものであるということもできる。とはいえ、IT技術の進歩によって、貨幣をそのようなバーチャルのまま決済の手段等に利用することができるようになったというのが上記で述べた近年の流れなのであり、本書では、かかる貨幣ないし決済手段等を、形のない「お金」という意味で「バーチャルマネー」と名づけ題名に採用した。なお、この「バーチャルマネー」には、「お金」と同様の機能をもちつつあるポイントも含まれる。

3　本書の目的等

　本書は、かかるバーチャルマネーにつき法務の面から焦点を当てて検討・解説を行うものである。すなわち、バーチャルマネーの拡大が進む一方で、その法的性質をどのようにとらえるかについてはいまだ議論が定まっておらず、たとえば、原因取引の瑕疵や当事者の倒産等がバーチャルマネー（およびそれによりなされた決済）にどのような影響を及ぼすかなど、いまだ明らかになっていない面がかなりある。

　そこで、本書では、検討対象として、電子マネー、ポイントおよび電子記録債権の三つを取り上げ、それぞれの制度・システムの概要および法的性質の検討を出発点に、実務上想定しうる具体的な場面に即して、そこで生じうる法的な問題点等について考察を加えている。そして、かかる考察にあたっては、当事務所のこれまでの商事・金融取引、事業再編（M&A）、倒産、独占禁止法等にかかる法務の実務経験を最大限活かすように心がけるとともに、解説にあたっても、図表や「コラム」を適宜導入するなどして、できるだけ平易な解説を試み、バーチャルマネーの法務に対する理解を深めていただけるよう工夫している。

　もっとも、上述のとおり、議論が錯綜している分野であって、今後の実務の積み重ね等に負うところが大きく、何よりも、今後も急速に進んでいくであろう、社会、技術の発展までは予測できないところもあり、あえて結論を提示していない事項もあることはご容赦願いたい。実際、それらを解明するためには、複雑化した経済取引との整合性や今後の社会の進展をも視野に入

4

（初版）はしがき

れて考える必要があろうと思われる。

4　序の最後に

　私がまだ小学生のころであったと思うが、テレビで「はじめ人間ギャートルズ」というアニメが流行っており、そのなかで、真ん中に穴のあいた大きな円形の石が、現代でいう「お金」として使われていたのをよく覚えている。登場人物は、その石でマンモスの肉を買い、猿酒を飲んでいた（なお、実際には、歴史上、このように石が貨幣として用いられたことはないようで、石貨で有名なヤップ島でも貨幣としてではなく、結婚式などの贈答品として用いられていたとのことである）。本書を執筆するにあたり、当事務所内でチームを立ち上げ、いろいろ議論を重ねるなかで、こういうことも思い出しながら、貨幣とは何だろうかと考えるようにもなった。折しも、マネーゲームの果てに起きた、いわゆるリーマンショックで世界の金融市場が大混乱に陥り、いまだ立ち直れないでいるが、これなども IT 技術の進歩による貨幣のバーチャル化がもたらしたあだ花ということもできるのではないだろうか。

　本書の執筆を開始してから、文献資料の調査や企業へのヒアリング等を行い、また、さまざまな壁にぶつかっているうちに、企画をいただいてから脱稿まで 1 年余りの時間を要してしまった。この場を借りて、企画をいただいた民事法研究会の田中敦司氏にお詫び申し上げるとともに、このような貴重な機会を与えていただいたことに感謝を申し上げたい。

　本書は、執筆陣の浅学非才のために、内容的にはまだまだ途中報告というレベルのものといわざるを得ないが、今後も、実務の展開や立法の動きなどにも注視しつつ、継続して研究を続けていく所存であり、そういう前提において、本書が、少しでもバーチャルマネーというものの法的側面を考えるうえでの一助となれば、望外の喜びである。

　2011年 7 月

執筆者を代表して

弁護士　中　森　亘

バーチャルマネーの法務〔第2版〕

目　次

第1章 電子マネー・ポイント・仮想通貨とはなにか

第1　電子マネーとは ………………………………………………… *2*

◖ポイント◗ …………………………………………………………… *2*

1　増加する電子マネー ……………………………………………… *2*

　〔表1〕　主要8電子マネーの利用状況 ……………………………… *3*

　〔表2〕　主要8電子マネーの決済件数等の推移 …………………… *3*

2　電子マネーとはなにか …………………………………………… *4*

3　電子マネー普及の沿革 …………………………………………… *5*

　⑴　現金代替物としての電子マネー ……………………………… *6*

　⑵　電子マネーの歴史 ……………………………………………… *7*

　　㋐　実験期 ………………………………………………………… *7*

　　㋑　変革期 ………………………………………………………… *8*

　　㋒　電子マネー元年から ………………………………………… *8*

　⑶　現状における電子マネーの限界 ……………………………… *9*

4　電子マネーの分類 ………………………………………………… *10*

　⑴　自家型と第三者型 ……………………………………………… *10*

　⑵　IC型とサーバ型 ……………………………………………… *11*

　　〔表3〕　IC型とサーバ型の特徴 ………………………………… *11*

　⑶　一元発行型と多元発行型 ……………………………………… *11*

〔表4〕 一元発行型と多元発行型の特徴 ……………………………………… *12*

⑷ クローズド・ループ型とオープン・ループ型 ……………………… *13*

〔表5〕 クローズド・ループ型とオープン・ループ型の特徴 ………… *13*

5 他の支払手段・支払方法との比較 …………………………………………… *14*

⑴ クレジットカード（後払い） ………………………………………………… *14*

〈図1〉 クレジットカードの仕組み ……………………………………… *14*

㋐ 仕組み …………………………………………………………………………… *15*

㋑ 法律構成 ……………………………………………………………………… *15*

㋒ 電子マネーとの比較 …………………………………………………… *15*

⑵ デビットカード ………………………………………………………………… *16*

〈図2〉 デビットカードの仕組み ………………………………………… *16*

㋐ 仕組み …………………………………………………………………………… *16*

㋑ 法律構成 ……………………………………………………………………… *16*

㋒ 電子マネーとの比較 …………………………………………………… *17*

⑶ 銀行振込み ………………………………………………………………………… *18*

〈図3〉 銀行振込みの仕組み ……………………………………………… *18*

㋐ 仕組み …………………………………………………………………………… *18*

㋑ 問題点 …………………………………………………………………………… *18*

⑷ 小切手・手形 …………………………………………………………………… *19*

〈図4〉 小切手の仕組み ……………………………………………………… *19*

㋐ 仕組み …………………………………………………………………………… *19*

㋑ 電子マネーとの比較 …………………………………………………… *19*

第2 ポイントとは ………………………………………………………… *21*

◇ポイント◇ …………………………………………………………………………… *21*

1 ポイントの定義 …………………………………………………………………… *21*

2 ポイント利用の意義 …………………………………………………………… *23*

目　次

3　ポイントの発行状況……………………………………………………24

　　〔表6〕　国内11業界のポイント・マイレージ年間最少発行額……………25

4　ポイントの発展と法的規制の動き……………………………………26

　　【コラムＶＭ①】　ポイント交換の連携状況 ……………………………28

第3　仮想通貨とは …………………………………………………31

1　仮想通貨とはなにか…………………………………………………31

　◎ポイント◎ …………………………………………………………31

　⑴　仮想通貨の現状………………………………………………………31

　　〔表7〕　主要な仮想通貨の状況………………………………………32

　⑵　ビットコインの概要……………………………………………………33

　　【コラムＶＭ②】　ブロックチェーンの活用 …………………………35

　⑶　ビットコインの利用状況………………………………………………35

　　〈図5〉　日本の月間取扱高の推移 ……………………………………36

　⑷　ビットコインが認知度を高めた理由…………………………………37

　⑸　ビットコインのメリット・デメリット………………………………37

　　㋐　メリット──低廉な取引コスト …………………………………37

　　㋑　デメリット …………………………………………………………37

　⑹　日本における規制等に関する流れ……………………………………38

　　㋐　全体的な流れ ………………………………………………………38

　　㋑　消費税 ………………………………………………………………39

　　㋒　保　険 ………………………………………………………………39

　　【コラムＶＭ③】　ビットコインの分裂 ………………………………40

　　【コラムＶＭ④】　仮想通貨と税務 ……………………………………40

　　【コラムＶＭ⑤】　新たな資金調達手段としての Initial Coin Offering

　　　　　　　　　　（ICO）…………………………………………………41

2　ビットコイン取引の概要……………………………………………42

8

目　次

◇ポイント◇……………………………………………………………………42

⑴　はじめに……………………………………………………………………43

⑵　ビットコイン取引の概要…………………………………………………43

　㋐　ビットコイン取引を行うために必要なものは？……………………43

　㋑　秘密鍵・公開鍵・ビットコインアドレスの入手方法………………43

　㋒　ビットコインを保有しているとは？…………………………………44

　㋓　ビットコイン取引の概要………………………………………………45

　〈図6〉　ビットコイン取引のイメージ…………………………………46

⑶　ビットコイン・ウォレット………………………………………………47

　㋐　ビットコイン・ウォレットの種類……………………………………47

　〈図7〉　オンラインウォレットの例……………………………………48

　〈図8〉　ペーパーウォレットの例………………………………………48

　㋑　ビットコイン・ウォレットの種類とビットコインの管理者………49

⑷　ビットコイン取引所………………………………………………………49

　㋐　ビットコイン取引所とは………………………………………………49

　㋑　取引所での取引の具体的方法（例）…………………………………50

　〈図9〉　取引所での取引例①（顧客ごとの専用アドレスがある場合）……50

　〈図10〉　取引所での取引例②（取引所の保管用アドレスによる場合）……51

　㋒　取引所の顧客帳簿とブロックチェーンの関係………………………52

　【コラムVM⑥】　取引所を介した取引とブロックチェーンの関係………53

　【コラムVM⑦】　コインチェックの仮想通貨流失事件の背景…………54

⑸　ビットコイン取引所における取引と、証券取引所における有

　価証券の売買および金融機関による為替取引との比較…………………54

　㋐　はじめに…………………………………………………………………54

　㋑　証券取引所における有価証券の取引の概要…………………………55

　〈図11〉　証券取引所における取引………………………………………55

　㋒　金融機関による為替取引の概要………………………………………56

9

〈図12〉 金融機関による為替取引 ……………………………………………*56*

　㈔　ビットコイン取引所における取引と、ビットコイン取引所とそ

　　の参加者との間の法律関係 …………………………………………*57*

〈図13〉 ビットコイン取引所における取引 ………………………………*58*

第4　電子マネーとポイントの異同 …………………………………*61*

◎ポイント◎……………………………………………………………………*61*

1　電子マネーとポイントの区別の基準 ………………………………*61*

2　ポイントに対価性があるか …………………………………………*62*

　⑴　ポイントが商品等の購入代金の一部で購入されているとの見解……*62*

　⑵　ポイントが対価を得て発行されているとするその他の見解…………*64*

　　㈑　消費者の行動への対価であるとの考え方 ………………………*64*

　　㈔　汎用的な決済手段として電子マネーと類似しているとの考え方 ………*65*

　　㈕　個人情報の提供が対価であるという考え方 ……………………*65*

　　㈖　販売促進費等による販売価格への転嫁が対価であるという考え方 ……*66*

　⑶　まとめ………………………………………………………………………*66*

第5　仮想通貨と電子マネーおよびポイントとの異同 ………*68*

◎ポイント◎……………………………………………………………………*68*

1　仮想通貨と電子マネーの異同………………………………………*68*

　〔表8〕　仮想通貨と電子マネーの規制の異同 …………………………*69*

2　仮想通貨とポイントの異同…………………………………………*70*

第6　電子マネー利用約款・ポイント規約・仮想通貨
　　交換所利用約款に対する改正民法の適用 ………………*72*

◎ポイント◎……………………………………………………………………*72*

1　電子マネー・ポイントを発行する企業と消費者との契約関係…………*73*

目 次

2　定型約款の合意 ………………………………………………… *74*

⑴　定型約款 …………………………………………………… *74*

⑵　みなし合意 ………………………………………………… *74*

⑶　不当条項規制 ……………………………………………… *75*

3　定型約款の内容の表示 ………………………………………… *75*

4　定型約款の変更 ………………………………………………… *76*

5　消費者契約法との関係 ………………………………………… *77*

第7　電子マネー利用約款・ポイント規約・仮想通貨交換所利用約款に対する消費者契約法の適用 …………*78*

◙ポイント◙ …………………………………………………………… *78*

1　消費者に対する情報提供義務 ………………………………… *78*

2　不当条項の無効 ………………………………………………… *79*

⑴　消費者契約法10条の規定 ………………………………… *79*

⑵　前段要件——任意規定からの逸脱 ……………………… *81*

⑶　後段要件——信義則違反 ………………………………… *81*

第8　電子マネー・ポイント・仮想通貨と個人情報保護法との関係 …………………………………………… *84*

◙ポイント◙ …………………………………………………………… *84*

1　ポイントプログラムを通じた個人情報の収集 ……………… *85*

2　利用目的の特定および利用目的の通知または公表 ………… *86*

3　利用目的の範囲内で利用する義務 …………………………… *86*

4　第三者提供の制限 ……………………………………………… *87*

⑴　①提供先が「第三者」に該当しない場合 ……………… *88*

⑵　②第三者提供の制限の適用除外に当たる場合 ………… *89*

⑶　第三者提供に係る記録の作成等 ………………………… *90*

11

目　次

5　匿名加工情報 ……………………………………………………… *91*

〔表9〕　ポイント・電子マネーが関連しうる匿名加工情報の活用事例 …… *92*

第2章 電子マネーに関する 法的問題

第1　電子マネーに関する法的規制 ……………………………… *94*

◙ポイント◙ ……………………………………………………………… *94*

1　はじめに ……………………………………………………………… *94*

2　資金決済法との関係 ……………………………………………… *95*

(1)　規制の概要 ……………………………………………………… *95*

(2)　前払式支払手段とは ………………………………………… *95*

(ｱ)　定　義 ……………………………………………………… *95*

(ｲ)　前払式支払手段の要件 ………………………………… *96*

(ｳ)　定義に該当せず、前払式支払手段に該当しないもの ……… *98*

(ｴ)　前払式支払手段の定義には該当するが適用除外とされているもの …… *98*

(3)　参入規制 ………………………………………………………… *100*

(ｱ)　規制の概要 ……………………………………………… *100*

(ｲ)　自家型前払式支払手段の発行者に対する参入規制 …………… *100*

〈図14〉　自家型発行者に対する規制の概要 ………………… *102*

(ｳ)　第三者型前払式支払手段の発行者に対する参入規制 ……………… *103*

〈図15〉　第三者型発行者に対する規制の概要 …………………… *104*

〔表10〕　参入規制のまとめ ……………………………………… *105*

⑷　行為規制 ……………………………………………………………105

(ｱ)　規制の概要 ………………………………………………(ｱ)105

(ｲ)　①発行者および前払式支払手段に関する情報の提供 ……(ｲ)106

(ｳ)　②発行保証金の供託等～前受金の保全 ………………(ｳ)107

〈図16〉　前受金の保全 ……………………………………108

〈図17〉　発行保証金の追加供託 ………………………108

〈図18〉　発行保証金保全契約のイメージ ………………109

〈図19〉　発行保証金信託契約のイメージ ………………110

(ｴ)　③前払式支払手段の払戻しの原則禁止 ………………(ｴ)112

(ｵ)　④情報の安全管理義務 ……………………………114

(ｶ)　⑤苦情処理体制の措置義務 ………………………114

⑸　発行者への監督 …………………………………………114

【コラムＶＭ⑧】　電子マネーに関する規制の経緯 …………115

3　出資法との関係 ……………………………………………116

4　銀行法との関係 ……………………………………………117

5　紙幣類似証券取締法との関係 ……………………………117

⑴　「何処でも」の観点 …………………………………………118

⑵　「誰でも」の観点 ……………………………………………118

⑶　「何にでも」の観点 …………………………………………118

6　金融商品取引法との関係 …………………………………118

7　金融商品販売法との関係 …………………………………119

8　その他消費者保護関連の法律 ……………………………119

【コラムＶＭ⑨】　電子マネーと犯罪収益移転防止法 ………120

【コラムＶＭ⑩】　預金者保護法と電子マネー発行者の責任 ……121

第2　電子マネー取引の法的性質と具体的問題点の検討 …123

◙ポイント◙ …………………………………………………………123

目 次

1 はじめに …………………………………………………………………*124*

2 電子マネーの法的性質と取引の法的構成 ……………………*124*

　⑴ はじめに …………………………………………………………*124*

　⑵ 電子マネーの法的性質と取引の法的構成に関する各見解 …………*125*

　　㈠ ①債権譲渡構成 ……………………………………………*125*

　　〈図20〉 債権譲渡構成 ……………………………………*126*

　　㈡ ②更改（債権者の交替による）構成 ………………………*127*

　　〈図21〉 更改構成 …………………………………………*127*

　　㈢ ③支払指図構成 ……………………………………………*128*

　　〈図22〉 支払指図構成 ……………………………………*128*

　　㈣ ④債務引受構成 ……………………………………………*129*

　　〈図23〉 債務引受構成 ……………………………………*129*

　　㈤ ⑤有価証券（自己宛小切手）構成 ………………………*130*

　　〈図24〉 有価証券（自己宛小切手）構成 ………………*130*

　　㈥ ⑥金券構成 …………………………………………………*131*

　　〈図25〉 金券構成 …………………………………………*132*

　　㈦ ⑦価値構成 …………………………………………………*132*

　　㈧ ⑧合意構成 …………………………………………………*132*

　　〈図26〉 合意構成 …………………………………………*133*

　⑶ 各見解の分類 …………………………………………………*134*

　　㈠ 分 類 …………………………………………………………*134*

　　㈡ 本書での検討対象 …………………………………………*134*

　　〔表11〕 法的構成の比較表 ………………………………*135*

3 具体的問題点の検討 ………………………………………………*136*

　⑴ 電子マネーのデータの紛失・毀損 ………………………*136*

　　㈠ はじめに ……………………………………………………*136*

　　㈡ 法的構成の検討 ……………………………………………*137*

14

目 次

  ㈽ 「電子マネーのデータの破損・消失について発行者は一切の責任

   を負わない」との規定の有効性 ……………………………………137

  ㈿ 電子マネー利用約款を作成するにおいて留意すべき点 ……………138

 ⑵ 電子マネーの不正利用（なりすまし）……………………………………140

  ㈵ はじめに ……………………………………………………………140

  ㈶ 法的構成の検討 ……………………………………………………141

  ㈽ 加盟店契約を作成するにおいて留意すべき点 ……………………141

  【コラムＶＭ⑪】 電子マネーと加盟店管理責任 ……………………143

 ⑶ 意図していたサービスの一部停止・変更 ………………………………145

  ㈵ 検 討 ………………………………………………………………145

  ㈶ 電子マネー利用約款の作成において留意すべき点 ………………146

 ⑷ 電子マネーのシステム障害 ………………………………………………147

  ㈵ 検 討 ………………………………………………………………147

  ㈶ 電子マネー利用約款の作成における留意点………………………148

 ⑸ 電子マネーの使用期間 ……………………………………………………149

  ㈵ はじめに ……………………………………………………………149

  ㈶ 法的構成の検討 ……………………………………………………150

  ㈽ 電子マネー利用約款などの作成において留意すべき点 ……………151

第3 電子マネーと倒産・執行手続 ……………………………153

◙ポイント◙ ……………………………………………………………………153

1 電子マネーと倒産手続 ………………………………………………………153

 ⑴ 発行者に倒産手続が開始した場合 ………………………………………154

  ㈵ 加盟店と利用者の関係 ……………………………………………154

  ㈶ 発行者と利用者の関係 ……………………………………………155

  ㈽ 発行者と加盟店の関係 ……………………………………………159

  ㈿ 発行者複数の電子マネーの場合 …………………………………161

15

(オ) 発行者倒産時の加盟店による利用拒絶の可否 ················· 161

(2) 加盟店に倒産手続が開始した場合 ·························· 163

(ア) 加盟店と利用者の関係 ································· 163

(イ) 加盟店と発行者の関係 ································· 163

(ウ) 利用者と発行者の関係 ································· 163

【コラムVM⑫】 破産者の電子マネー ··················· 164

2 電子マネーと執行手続 ································· 165

(1) 電子マネーの強制執行の可否 ···························· 165

(2) 具体的な手続内容 ····································· 165

(ア) 電子マネーの法的構成別による検討 ··················· 165

(イ) 電子マネーの媒体からの検討 ······················· 166

(ウ) まとめ ··· 167

第4 電子マネーとM&A ························· 168

◙ポイント◙ ··· 168

1 発行者のM&A ··································· 168

(1) 契約関係の承継 ······································· 168

(2) 資金決済法との関係 ··································· 169

(ア) 自家型前払式支払手段の発行業務を第三者に承継する場合 ··· 169

(イ) 第三者型支払手段の発行業務を第三者に承継する場合 ······· 169

(ウ) 発行保証金の承継 ··································· 170

2 加盟店のM&A ··································· 170

第5 資金移動業を活用したビジネススキーム ········· 171

◙ポイント◙ ··· 171

1 はじめに ··· 171

2 資金移動業とはなにか ····························· 172

(1) 資金移動業の新設の背景 ……………………………………*172*

(2) 資金移動業の業規制 ……………………………………*173*

(3) 履行保証金の保全 ……………………………………*173*

3　具体的なスキーム ……………………………………*174*

　　【コラムＶＭ⑬】　電子マネーと税務 …………………*176*

第3章 ポイントに関する 法的問題

第1　ポイントに関する法的規制 ……………………………*180*

◇ポイント◇ ……………………………………………………*180*

1　ポイントプログラムの発展・複雑化 ……………………*180*

2　ポイントを対象とした法的規制・制度整備の検討 ………*182*

(1) 経済産業省企業ポイント研究会報告書 ……………………*182*

(2) 経済産業省企業ポイントの法的性質と消費者保護のあり方に
関する研究会報告書 ……………………………………*182*

(3) 産業構造審議会金融部会・流通部会商取引の支払に関する小
委員会報告書 ……………………………………………*183*

(4) 金融審議会金融分科会第二部会決済に関するワーキング・グ
ループ報告書 ……………………………………………*184*

(5) まとめ ……………………………………………………*186*

**3　ポイントプログラムに関連する法律とポイントプログラム運用
上の注意点** ……………………………………………*186*

目 次

(1) 消費者契約法との関係 ························186

　(ア) ポイントプログラムにおいて問題となる消費者契約法の条項 ········186

　(イ) 不実告知、不利益事実の不告知による取消し ···················187

(2) 景品表示法との関係 ·······················189

　(ア) 不当表示の規制（有利誤認）····················189

　(イ) 不当景品類の規制 ·························192

　〔表12〕 一般懸賞規制 ·························193

　〔表13〕 総付景品規制 ·························193

　〈図27〉 ポイント提供と不当景品規制の関係····················195

(3) 資金決済法との関係 ·······················199

　【コラムＶＭ⑭】 従業員が出張時に取得したマイルの扱い ·················200

第2　具体的問題点の検討 ·························203

◻ポイント◻ ·······························203

1　ポイントの法的性質 ·······················204

(1) はじめに ·····························204

(2) ポイントが法的権利であるか否かの検討 ···················204

　(ア) ポイントが法的権利であるかを検討する意義····················204

　(イ) ポイントが法的権利であるか否かの判断要素····················205

　(ウ) 法的権利ではなく購買履歴にすぎないポイント ···················207

　(エ) まとめ ····························208

(3) ポイントは法的権利ではない旨のポイント規約の条項の効力・

意義 ······························209

(4) ポイント発行企業と消費者との契約関係 ···················210

2　具体的なポイント規約の条項の検討 ···················212

(1) ポイントの有効期限に関する条項 ···················212

　(ア) はじめに ····························212

(ｲ)　ポイントの価値 ……………………………………………… *213*

(ｳ)　ポイント条項の説明状況 ……………………………… *214*

(ｴ)　ポイントの最低利用数量 ……………………………… *215*

(ｵ)　任意規定からの逸脱の程度 ………………………… *215*

(ｶ)　まとめ …………………………………………………… *216*

(2)　キャンセル時のポイント不返還条項 ……………………… *216*

(ｱ)　はじめに　………………………………………………… *216*

(ｲ)　マイルの価値 …………………………………………… *217*

(ｳ)　マイレージ規約の説明状況 ………………………… *218*

(ｴ)　任意規定からの逸脱の程度 ………………………… *219*

(ｵ)　内容の合理性・必要性 ……………………………… *219*

(ｶ)　まとめ …………………………………………………… *220*

(3)　ポイントの利用条件の変更 …………………………………… *220*

(ｱ)　はじめに ………………………………………………… *221*

(ｲ)　ポイントの価値 ………………………………………… *221*

(ｳ)　ポイント規約の内容の説明状況 ………………… *221*

(ｴ)　猶予期間 ………………………………………………… *222*

(ｵ)　ポイントプログラムを終了させる動機・原因 …… *222*

(ｶ)　改正民法との関係 ……………………………………… *222*

(ｷ)　まとめ …………………………………………………… *223*

【コラムＶＭ⑮】　ポイントの不正使用に対する救済 ……………… *224*

【コラムＶＭ⑯】　適格消費者団体による不当条項の使用差止請求の

動き ……………………………………………………… *225*

第3　ポイントと倒産手続 ……………………………………… *227*

◙ポイント◙ …………………………………………………………… *227*

1　ポイント発行企業に倒産手続が開始した場合のポイントの保護

19

目　次

への期待 ……………………………………………………………………*227*

2　ポイント発行企業に倒産手続が開始した場合のポイントの取扱
いの現状 ………………………………………………………………*228*

3　ポイントに対する倒産手続上の保護 ………………………………*229*

4　倒産手続の種類による違い …………………………………………*230*

⑴　清算型倒産手続（破産手続）の場合 …………………………*230*

㋐　はじめに ……………………………………………………*230*

㋑　評価額の算出 ………………………………………………*231*

㋒　清算型倒産手続内での実現 ………………………………*231*

⑵　再建型倒産手続（再生手続・更生手続）の場合 ……………*232*

第4　ポイントとM&A ……………………………………………*235*

◙ポイント◙ ………………………………………………………………*235*

1　はじめに ………………………………………………………………*235*

2　スキームの検討 ………………………………………………………*236*

⑴　合併・株式取得 …………………………………………………*236*

⑵　会社分割 …………………………………………………………*237*

⑶　事業譲渡 …………………………………………………………*238*

3　ポイントプログラムの終了方法 ……………………………………*238*

⑴　ポイント規約の規定どおりの終了方法 ………………………*238*

⑵　ポイント規約に適切な終了事由の定めがない場合の終了方法 ……*239*

第5　ポイント交換の動きと共通ポイント ………………………*240*

◙ポイント◙ ………………………………………………………………*240*

1　ポイントの利用促進の動き …………………………………………*241*

2　ポイント交換 …………………………………………………………*241*

⑴　交換系ポイント事業者 …………………………………………*241*

(2) ポイント交換に対する資金決済法の適用についての議論 ···········*242*

(ｱ) 積極説と消極説の対立 ·······································*242*

〈図28〉 ポイント交換の仕組み ·······························*243*

(ｲ) 積極説における資金決済法の適用対象範囲·····················*244*

(ｳ) 積極説が資金決済法の適用対象と想定しているポイント発行企業 ···*245*

(3) ポイント交換に対する資金決済法の適用についての検討 ···········*246*

(ｱ) 資金決済法の趣旨 ·······································*246*

(ｲ) ポイント交換において消費者が支出する財産的価値の評価 ···········*246*

3 共通ポイント ···*248*

【コラムＶＭ⑰】 災害と電子マネー・ポイント ·······················*250*

【コラムＶＭ⑱】 「ゲーム内通貨」と電子マネー・ポイント ···············*251*

第4章 仮想通貨に関する 法的問題

第1 仮想通貨に関する法的規制·································*254*

◻ポイント◻ ···*254*

1 資金決済法との関係 ·······································*254*

(1) 「仮想通貨」とは···*254*

(ｱ) 資金決済法2条5項1号規定の仮想通貨（1号仮想通貨）·············*255*

(ｲ) 資金決済法2条5項2号規定の仮想通貨（2号仮想通貨）·············*256*

2 出資法との関係 ···*257*

3 銀行法との関係 ···*258*

目　次

4　紙幣類似証券取締法との関係 ……………………………… *259*

5　金融商品取引法との関係 …………………………………… *260*

6　金融商品販売法との関係 …………………………………… *261*

7　外為法との関係 ……………………………………………… *261*

第2　仮想通貨交換業に関する法規制 ……………… *263*

◙ポイント◙ ……………………………………………………… *263*

1　仮想通貨交換業の業規制 …………………………………… *263*

　⑴　仮想通貨交換業とは ……………………………………… *263*

　　㈠　仮想通貨の売買または他の仮想通貨との交換 ……… *264*

　　㈡　㈠に掲げる行為の媒介、取次または代理 …………… *264*

　　㈢　㈠㈡に掲げる行為に関して、利用者の金銭または仮想通貨の管

　　　理をすること …………………………………………… *264*

　　㈣　具体的な検討 …………………………………………… *265*

　⑵　仮想通貨交換業の参入規制 ……………………………… *266*

　　㈠　趣　旨 …………………………………………………… *266*

　　㈡　参入規制の内容（登録型） …………………………… *266*

　　㈢　登録の拒否 ……………………………………………… *267*

　　㈣　届出事項の変更 ………………………………………… *269*

　　㈤　名義貸しの禁止 ………………………………………… *269*

2　仮想通貨交換業の行為規制 ………………………………… *270*

　⑴　資金決済法上の行為規制 ………………………………… *270*

　　㈠　行為規制の概要 ………………………………………… *270*

　　㈡　情報の安全管理 ………………………………………… *270*

　　㈢　委託先に対する指導 …………………………………… *271*

　　㈣　利用者の保護等に関する措置 ………………………… *271*

　　㈤　利用者財産の管理 ……………………………………… *271*

(カ)　金融 ADR ……………………………………………………………*272*

　(2)　犯罪収益移転防止法上の行為規制 ……………………………………*272*

　3　仮想通貨交換業への監督 ………………………………………………*273*

第3　仮想通貨の法的性質と具体的問題点………………*274*

1　仮想通貨の法的性質 ……………………………………………………*274*

　◎ポイント◎ ……………………………………………………………………*274*

　(1)　仮想通貨は「通貨」か ……………………………………………………*274*

　(2)　仮想通貨は所有権の対象たり得るか ……………………………………*275*

　(3)　法的性質に関する各見解 …………………………………………………*277*

　　　(ア)　はじめに ……………………………………………………………*277*

　　　(イ)　モノ説 ………………………………………………………………*277*

　　　(ウ)　債権説 ………………………………………………………………*279*

　　　(エ)　合意構成 ……………………………………………………………*279*

　　　(オ)　各見解のまとめ ……………………………………………………*280*

　　　〔表14〕　仮想通貨の法的構成に関する見解 ………………………*280*

　(4)　仮想通貨の管理方法と権利性 ……………………………………………*281*

　　　(ア)　はじめに ……………………………………………………………*281*

　　　(イ)　ウォレットにより管理している場合 …………………………*281*

　　　(ウ)　仮想通貨交換業者に預けている場合 …………………………*283*

　　　〔表15〕　取引所の保管方法による顧客の権利………………………*284*

　(5)　マイニングの位置づけ ……………………………………………………*285*

2　具体的問題点の検討 ……………………………………………………*285*

　◎ポイント◎ ……………………………………………………………………*285*

　(1)　はじめに ……………………………………………………………………*286*

　(2)　ビットコインの移転先を誤った場合 ……………………………………*286*

　　　(ア)　問題の所在………………………………………………………………*286*

23

目 次

〈図29〉 ビットコインの誤送金 ……………………………………287

㈡ 不当利得返還請求権の行使 …………………………………287

㈢ 強制執行 ……………………………………………………288

㈣ ビットコインがさらに処分された場合 …………………289

〈図30〉 誤送金されたビットコインの処分 ……………………289

〈図31〉 処分の相手方への請求 ………………………………290

⑶ 他者にビットコインを盗まれた場合 ……………………………290

⑷ 送金額の入力ミス ……………………………………………291

⑸ ビットコインによる決済をめぐる法的論点 ……………………292

㈠ ビットコイン決済の仕組み ………………………………292

〈図32〉 ビットコイン決済の仕組み …………………………292

㈡ ビットコイン決済をめぐる法的関係 ……………………293

㈢ ビットコイン決済の過程でシステム障害等が発生し、ビットコ

イン決済が完了できない場合の法的関係 …………………294

〔表16〕 システム障害等で決済が完了しない場合の法律関係 ………296

【コラムＶＭ⑲】 仮想通貨決済サービスに係る賠償責任保険の登場 ………296

第4 仮想通貨と倒産・執行手続 ……………………………298

1 はじめに ………………………………………………………298

2 倒産手続における取扱い ……………………………………298

⬦ポイント⬦ ……………………………………………………298

⑴ 仮想通貨交換業者に預けている場合 ……………………………299

㈠ 仮想通貨交換業者が倒産した場合 ………………………299

㈡ 顧客について倒産手続が開始した場合 …………………300

⑵ ウォレットにより保管している場合 ……………………………300

㈠ クライアント型・オフライン型の場合 …………………300

㈡ オンライン型（秘密鍵ユーザー管理型） ………………300

24

㈡　オンライン型（秘密鍵ウォレット提供者管理型）……………………301

3　仮想通貨と差押え ……………………………………………………302

　◎ポイント◎ ……………………………………………………………302

　⑴　はじめに ……………………………………………………………302

　⑵　ユーザーの債権者による差押え …………………………………302

　　㋐　ウォレットにより保管している場合 …………………………302

　　㋑　仮想通貨を仮想通貨交換業者に預けている場合 ……………304

　　【実際に発令された例】　債権差押目録（仮想通貨）……………305

　⑶　仮想通貨交換業者の債権者による差押え ………………………307

参考資料

1　資金決済に関する法律（抄）…………………………………………310
2　企業ポイントに関する消費者保護のあり方（ガイドライン）………352

■事項索引 ………………………………………………………………368
●編者・執筆者紹介● …………………………………………………372

凡 例

凡 例

【法令・ガイドライン等】

資金決済法	資金決済に関する法律（平成21年法律第59号）
施行令	資金決済に関する法律施行令（平成22年政令第19号）
前払府令	前払式支払手段に関する内閣府令（平成22年内閣府令第3号）
発行保証金規則	前払式支払手段発行保証金規則（平成22年内閣府・法務省令4号）
プリカ法	前払式証票の規制等に関する法律（平成元年法律第92号）（廃止）
仮想通貨府令	仮想通貨交換業者に関する内閣府令（平成29年内閣府令第7号）
出資法	出資の受入れ、預り金および金利等の取締りに関する法律（昭和29年法律第195号）
犯罪収益移転防止法	犯罪による収益の移転防止に関する法律（平成19年法律第22号）
預金者保護法	偽造カード等及び盗難カード等を用いて行われる不正な機械式預貯金払戻し等からの預貯金者の保護等に関する法律（平成17年法律第94号）
外為法	外国為替及び外国貿易法（昭和24年法律第228号）
金融商品販売法	金融商品の販売等に関する法律
景品表示法	不当景品類及び不当表示防止法（昭和37年法律第134号）
独占禁止法	私的独占の禁止及び公正取引の確保に関する法律（昭和22年法律第54号）
個人情報保護法	個人情報の保護に関する法律（平成15年法律第57号）
個人情報保護法ガイドライン	
	個人情報の保護に関する法律についてのガイドライン
電子消費者契約法	電子消費者契約及び電子承諾通知に関する民法の特例に関する法律
事務ガイドライン	金融庁「事務ガイドライン　第三分冊　金融会社関係（平成

凡 例

29年5月現在）

平成21年経産省ガイドライン

　　　　　　　　経済産業省「企業ポイントに関する消費者保護のあり方（ガ
　　　　　　　　イドライン）」（平成21年1月20日）

パブリックコメント　金融庁「資金決済に関する法律の施行に伴う政令案・内閣府
　　　　　　　　令案等に対するパブリックコメントの結果等について　コ
　　　　　　　　メントの提案とそれに対する金融庁の考え方」（平成22年2
　　　　　　　　月23日公表）

事務ガイドラインに関するパブリックコメント

　　　　　　　　金融庁「事務ガイドライン（第三分冊：金融会社関係　5
　　　　　　　　前払式支払手段発行者関係、14　資金移動業者関係）（案）」に
　　　　　　　　対するパブリックコメントの結果等について　コメントの
　　　　　　　　提案及びそれに対する金融庁の考え方」（平成22年3月1日
　　　　　　　　公表）

パブコメ回答　　金融庁「『銀行法施行令等の一部を改正する政令等（案）』等
　　　　　　　　に対するパブリックコメントの結果等についてコメントの
　　　　　　　　概要及びコメントに対する金融庁の考え方」（平成29年3月
　　　　　　　　24日公表）中の「●　資金決済に関する法律（仮想通貨）関
　　　　　　　　係

【報告書等】

平成19年経産省研究会報告書

　　　　　　　　経済産業省企業ポイント研究会報告書「企業ポイントのさら
　　　　　　　　なる発展と活用に向けて」（平成19年7月2日公表）

平成21年経産省研究会報告書

　　　　　　　　経済産業省「企業ポイントの法的性質と消費者保護のあり方
　　　　　　　　に関する研究会報告書」（平成21年1月20日公表）

産業構造審議会報告書

　　　　　　　　産業構造審議会金融部会・流通部会　商取引の支払いに関す
　　　　　　　　る小委員会報告書「商取引の支払サービスに関するルールの

凡　例

あり方について」（平成20年12月26日公表）

金融審議会報告書　　金融審議会金融分科会第二部会報告「資金決済に関する制度
　　　　　　　　　　整備について－イノベーションの促進と利用者保護－」（平
　　　　　　　　　　成21年1月14日公表）

部会資料　　　　　　法制審議会民法（債権関係）部会　部会資料

【判例集】

民集　　　　　　　　最高裁判所民事判例集

刑集　　　　　　　　最高裁判所刑事判例集

判時　　　　　　　　判例時報

判タ　　　　　　　　判例タイムズ

金法　　　　　　　　金融法務事情

商事　　　　　　　　旬刊商事法務

【文献】

消費者庁・逐条解説　消費者庁消費者制度課編『逐条解説　消費者契約法〔第3
　　　　　　　　　　版〕』（商事法務・平成30年）

高橋・詳説　　　　　高橋康文編著『詳説　資金決済に関する法制』（商事法務・
　　　　　　　　　　平成22年）

高橋・逐条解説　　　高橋康文編著『逐条解説　資金決済法〔増補版〕』（金融財政
　　　　　　　　　　事情研究会・平成22年）

潮見・改正法案　　　潮見佳男『民法改正（債権関係）改正法案の概要』（金融財
　　　　　　　　　　政事情研究会・平成27年）

青山・民法改正　　　青山大樹編『民法改正の要点と企業法務への影響』（中央経
　　　　　　　　　　済社・平成27年）

筒井ほか・一問一答　筒井健夫・村松秀樹編『一問一答　民法（債権関係）改正』
　　　　　　　　　　（商事法務・平成30年）

第1章

電子マネー・ポイント・仮想通貨とはなにか

〔第1章〕 第1 電子マネーとは

第1 電子マネーとは

───❖ポイント❖───

➤ 電子マネーによる決済金額は、毎年増加の一途をたどっており、電子
　マネーは急激なスピードで普及しました。

➤「電子マネー」は明確な定義があるわけではありませんが、ここではあ
　らかじめ入金（チャージ）したうえで、その金額の範囲内で利用でき
　る形式をとる「前払式電子マネー」を取り上げます。

1　増加する電子マネー

　主要8電子マネー（楽天 Edy、SUGOCA、ICOCA、PASMO、Suica、Kitaca、
WAON、nanaco、〔表1〕参照）の年間決済金額は、2016年に5兆円を突破し、
2017年は5兆1994億円で、前年比1.1％増加している。2014年の前年比28.0％
増加、2015年度の前年比15.7％増加、2016年の前年比10.8％に比べれば、一時
の爆発的な増加は落ち着いたとみることもできるが、相変わらず堅調な増加
を示している（日本銀行「決済動向」、〔表2〕）。現在では、あらゆるコンビニ
エンスストアやスーパーマーケットはもちろんのこと、多くの自動販売機、
飲食店でも当たり前のように電子マネーが使えるようになってきており、電
子マネーが1枚あれば1日の生活に事足りるほどである。

　このように「電子マネー」という言葉もすっかり市民権を得たといえるが、
10年前に、電子マネーと聞いてピンとくる人がいったいどれほどいただろう

2

〔表1〕 主要8電子マネーの利用状況

	名称	運営主体	発行枚数 (枚)	利用可能拠点 数(店/カ所)	月間決済件数 (件)
流通系	nanaco	セブン&アイ・ ホールディングス	6223万	32万9000店	2億150万
流通系	WAON	イオン、イオンフィ ナンシャルサービス	(非公表)	(非公表)	(非公表)
交通系	Suica	東日本旅客鉄道 (JR東日本)	7161万	23万7750店	1億3214万
交通系	PASMO	PASMO協議会 (首都圏私鉄・バス)	3628万	9万2799店	4370万
交通系	ICOCA	西日本旅客鉄道 (JR西日本)	1845万	6万6091店	1158万
交通系	SUGOCA	九州旅客鉄道 (JR九州)	252万	4万3000店	332万1000
交通系	Kitaca	北海道旅客鉄道 (JR北海道)	137万	1万6390店	116万8000
独立系	楽天Edy	楽天Edy	1億1250万	56万5000カ所	4130万

（注） 数字は2018年7月末時点（月刊消費者信用2018年9月号27頁）

〔表2〕 主要8電子マネーの決済件数等の推移

	決済件数 (百万件)	決済金額 (億円)	発行枚数 (万枚)	残高 (億円)
2010年	1,915	16,363	14,647	1,196
2011年	2,237	19,643	16,975	1,372
2012年	2,720	24,671	19,469	1,540
2013年	3,294	31,355	22,181	1,770
2014年	4,040	40,140	25,534	2,034
2015年	4,678	46,443	29,453	2,311
2016年	5,192	51,436	32,862	2,541
2017年	5,423	51,994	35,833	2,747

（注） 日本銀行「決済動向」、月刊消費者信用2018年9月号29頁

〔第1章〕 第1 電子マネーとは

か。ここ数年の電子マネーの普及のスピードは、実にめざましいものがある。

2 電子マネーとはなにか

電子マネーについては、明確な定義が法律で定まっているわけではなく、その意味合いは用いられる場面によって区々であるのが現状のようである。たとえば、電子マネーのうち、あらかじめ入金（チャージ）したうえで、その金額の範囲内で利用できる形式をとる場合を「前払式電子マネー」、利用前に入金するのではなく、利用後、一定の期日に指定した口座から利用額が引き落とされる等の方式をとる場合を「後払式電子マネー」もしくは「ポストペイ型電子マネー」とよぶことがある。しかし、「後払式電子マネー」ないし「ポストペイ型電子マネー」は、クレジットカードと多くの共通点を有しており、クレジットカードの枠組みで理解すれば足りると考えられることから、本書においては、混乱を避けるためにも、「前払式電子マネー」だけを、いわゆる電子マネーとして扱う。

ところで、利用者があらかじめ対価を支払って購入して商品購入代金の支払いに用いることができる前払式の支払手段については、資金決済法において以下のとおり定義されている。

【資金決済法おける定義】

　（定義）

第3条　この章において「前払式支払手段」とは、次に掲げるものをいう。

　一　証票、電子機器その他の物（以下この章において「証票等」という。）
　　に記載され、又は電磁的方法（電子的方法、磁気的方法その他の人の
　　知覚によって認識することができない方法をいう。以下この項において
　　同じ。）により記録される金額（金額を度その他の単位により換算して

表示していると認められる場合の当該単位数を含む。以下この号及び第3項において同じ。）に応ずる対価を得て発行される証票等又は番号、記号その他の符号（電磁的方法により証票等に記録される金額に応ずる対価を得て当該金額の記録の加算が行われるものを含む。）であって、その発行する者又は当該発行する者が指定する者（次号において「発行者等」という。）から物品を購入し、若しくは借り受け、又は役務の提供を受ける場合に、これらの代価の弁済のために提示、交付、通知その他の方法により使用することができるもの

二　証票等に記載され、又は電磁的方法により記録される物品又は役務の数量に応ずる対価を得て発行される証票等又は番号、記号その他の符号（電磁的方法により証票等に記録される物品又は役務の数量に応ずる対価を得て当該数量の記録の加算が行われるものを含む。）であって、発行者等に対して、提示、交付、通知その他の方法により、当該物品の給付又は当該役務の提供を請求することができるもの

これによると、前払式支払手段の要件は、

① 金額等の財産的価値が記載・記録されていること
② 金額・数量に応ずる対価を得て発行されるものであること（前払い）
③ 代価の弁済等に使用できること

とまとめることができる。そして、前払式支払手段のうち、①の要件について、金銭等の財産的価値が電子的方法によって記録されているものを、本書では電子マネーとして整理することとする。

3　電子マネー普及の沿革

本書において取り扱う電子マネーは上記のとおりであるが、それでは、なぜ電子マネーがこれほどまでに普及したのか、その沿革をみていくことにし

〔第1章〕 第1 電子マネーとは

たい。

(1) 現金代替物としての電子マネー

貨幣経済の成立以来、支払手段として最もポピュラーなものは現金である。現金のメリットとしては、一般に以下のようなものがあげられている。

【現金のメリット】

① 流通性、連続譲渡性

② 汎用性

③ 完了性

④ 安全性

⑤ 匿名性

一方、現金のデメリットとしては、以下のようなものがあげられている。

【現金のデメリット】

① 遠隔地送金の不便さ

② 価値の分割や統合の困難さ

③ 保管などの不便さ

④ 紙幣には高品質用紙が必要となるところ、その資源が枯渇するという問題

このような現金のデメリットを補うため、あるいは、現金にはないメリットを志向して、金銭価値を何らかの媒体に表象させることについては、従来も商品券やプリペイドカード等で試みられてきたところである。そして、**IT**技術の進歩も相まって、現金に代わる支払手段、未来の貨幣として、電子マネーの開発が各国で進められたのである。

6

電子マネーを用いるメリットとしては、以下のようなものが考えられる。

【電子マネーのメリット】

① 利用者は小銭を持ち歩く必要がなくなる。また、加盟店においても、現金の管理コストやリスクを軽減することができる。

② 決済をスピーディに行うことができるため、利用者は待ち時間のストレスから解放される。また、加盟店においても、レジの混雑を緩和することができ、業務効率を向上することができる。

③ 電子マネーは前払いであるため、その範囲でのみしか使用することできないことから、利用者にとって安全性が高く、心理的抵抗が少ない。また、発行者や加盟店にとっても、未回収のリスクがない。

④ 電子データであるため、分割や統合も容易であるし、高品質用紙を確保する必要もない。

⑵ 電子マネーの歴史

㋐ 実験期

日本国内において、IC チップ内蔵型電子マネーの実証実験は、平成 8 年ころから行われており、海外においても、多くのプロジェクトの実証実験が平成 6 年以降行われていた。しかし、当初の実証実験はほとんどのものがうまくいかず、市民生活に根づくことはなかったといわれている。その原因としては、①加盟店の参加が部分的であったため、一般的支払手段としての機能が欠如していたこと、②セキュリティ上の問題についての不安を払拭することができなかったこと等が指摘されている。

また、電子マネーは、基本的に小口の決済に用いられることが想定されており、チャージできる金額に上限を設けることが多いことからも、手数料額が小さく、発行者からすると投資回収が困難であるといわれていた。利用者

や加盟店からしても、必ずしも利用の必然性がなく、単なる支払手段としてはなかなか普及が進まなかった。

⑷ 変革期

このような状況に変化が生じ始めたのは、平成12年ころからである。ソニーや東京三菱銀行等が共同出資して設立したビットワレットが運営する"Edy"（現在の「楽天Edy」）が、平成13年にサービスを本格的に開始し、クレジットカードや社員証等にEdyを搭載することでその発行数を増加させ、加盟店数も拡大させていった。また、JR東日本が発行・運営する"Suica"は、平成13年のサービス開始から切符に代わるものとして徐々に定着していき、さらに、平成16年ころからは、キオスクや自動販売機をはじめ、駅ビル内の店舗等でも利用可能になるなど、その汎用性を高めていった。

このように、電子マネーの普及が進んだ理由としては、その利便性が利用者に受け入れられたことに加え、マイレージをはじめとするポイントプログラムとの連携の寄与するところが大きい。ポイント交換についての詳細は後述するが、利用者は、各方面で貯めたポイントを電子マネーに交換し、自分の好きな買い物に利用できるようになるため、そこに電子マネーを利用するインセンティブが生じる。また、発行者や加盟店は、利用者の利用情報を収集し、購買分析をすることで、効果的なプロモーションを行うことが可能となる。さらに、利用者は、ポイントを貯めるため、あるいは貯めたポイントを電子マネーと交換して利用するため、それらを扱っている店舗に繰り返し足を運ぶことが期待でき、いわゆる顧客の囲い込み効果が生じるのである。

⑺ 電子マネー元年から

平成19年には、イオングループの各店舗で利用することができる電子マネー"WAON"や、セブンイレブンで利用することのできる"nanaco"が相次いで登場した。同年、電子マネーの発行枚数は8000万枚を超え、決済金額も5000億円を超えるなど、急速な拡大をみせた。こうした動きをとらえて、平成19年は「電子マネー元年」とよばれることもある。

"WAON"や"nanaco"といった流通系電子マネーは、現在も発行数を増加させているが、流通系電子マネーはもともと日常的な利用が予想され、利便性の点からのインセンティブが見込まれることに加え、電子マネーを利用するとポイントが付与され、そのポイントを電子マネーに交換して利用することができるお得感も加わって、発行数、利用数が増加したものといえる。

　そして、平成28年には、Apple Pay（アップルペイ）日本版が利用開始となり、電子マネーにおけるモバイル決済が進むともみられている。現状では、モバイル決済に対応した電子マネーは限定されているため、爆発的な増加には至っていないが、日々進化する電子マネーの今後の動向は注目されるところである。

⑶　現状における電子マネーの限界

　発行枚数、決済件数・金額ともに急速な拡大を続けている電子マネーであるが、そのデメリットとして、以下の点を指摘することができる。

【電子マネーのデメリット】
① 　加盟店でしか使うことができないため、汎用性には限界がある。
② 　出資法上の預り金規制や銀行法上の為替取引規制との関係で、流通性、連続譲渡性を満たす電子マネーは今のところほとんどない。
③ 　匿名性の確保された電子マネーもある一方で、前述のとおり、ポイントプログラム等と組み合わされることによってマーケティング・ツールとして利用されているものもあり、匿名性は一定程度失われている。
④ 　少額決済に用いられることが想定されており、高額な買い物には利用できない。

---

　①については、電子マネーの利用可能拠点数は現在も増加を続けており、

汎用性は今後さらに高まっていくことが予想される。

②については、資金決済法により、銀行以外の者が資金移動業を営むことが一定の条件・範囲で認められたため、今後、新しいビジネススキームとして、流通性、連続譲渡性を満たす電子マネーが登場することが期待されている。

③については、発行者によるデータ管理の徹底が求められるほか、利用者の希望によって、匿名性について差異のある、数種類の電子マネーを設計することも検討に値すると思われる。

④については、現在のところ、少額決済には電子マネーを利用し、高額の取引の際にはクレジットカードや銀行振込み等、他の決済方法を用いるといった棲み分けが進む傾向にあるように思われる。

今後、電子マネーがどういった発展をみせるのか、その動向に注目したい。

4 電子マネーの分類

本書で取り扱う電子マネーの特徴、普及の沿革については、おおむね上記で述べたとおりであるが、このような電子マネーの中にもさまざまな種類のものがある。ここでは、一般的な電子マネーの分類について簡単にみておくこととする。

(1) 自家型と第三者型

その電子マネーの発行者から物品の購入等を行う場合に限り使用できるものを「自家型電子マネー」、発行者以外の第三者（加盟店）から物品の購入等を行う場合に使用できるものを「第三者型電子マネー」とよぶ。

現在、広く普及が進んでおり、また、法的なトラブルが生じやすいのは第三者型電子マネーであると考えられるので、本書においては、基本的に第三者型電子マネーを念頭に検討を進めていくこととする。

⑵ IC 型とサーバ型

利用可能残高等の情報等が、利用者の手元にある IC カードや携帯電話の IC 端末に記録されているものを「IC 型電子マネー」、これら情報等が利用者の手元にあるカードや携帯電話等には記録されておらず、発行者のサーバのみに記録されているものを「サーバ型電子マネー」とよぶ。サーバ型電子マネーの場合、利用者は、暗証番号等を入力してサーバにアクセスすることで電子マネーを利用することができるようになる。サーバ型電子マネーは、店頭での利用よりも、インターネット上での取引に利用されることが多い。

資金決済法が施行される以前においては、プリカ法によって、IC 型電子マネーについては規制対象とされていたのに対し、証票が存在せず、番号、記号などが交付されるにすぎないサーバ型電子マネーについてはプリカ法の規制が及ばなかった。そこで、資金決済法においては、上述した前払式支払手段の定義において、サーバ型電子マネーが規制対象となることを明確化したのである。

〔表3〕 IC 型とサーバ型の特徴

	IC 型	サーバ型
特　徴	金額情報等が利用者の手元にある IC カードや携帯電話の IC 端末に記録されている。	金額情報等が発行者のサーバのみに記録されている。
具体例	楽 天 Edy、Suica、PASMO、nanaco、WAON など	WebMoney、NET CASH、ちょコムeマネー　など

⑶ 一元発行型と多元発行型

電子マネーの発行者がそもそも1社のみであるもの、あるいは、複数の業者が発行にかかわっているものの、電子マネーの発行・管理のために、電子

〔第1章〕 第1 電子マネーとは

マネーの原始的な発行者ともいうべきオリジネーターを設置し、電子マネーの発行・換金を最終的にはオリジネーターに一元化させているものを「一元発行型電子マネー」、オリジネーターを置かず、複数の発行者がそれぞれの利用者および加盟店との間で電子マネーを発行・換金するものを「多元発行型電子マネー」とよぶ（〔表4〕参照）。

　従来の"Edy"は、開示されていた資料によれば、電子マネーの発行業務はビットワレットに委託されているものの、本来的な発行者としては複数の

〔表4〕 一元発行型と多元発行型の特徴

	一元発行型	多元発行型
特　徴	電子マネーの発行者がそもそも一社のみ、あるいは、電子マネーの原始的な発行者ともいうべきオリジネーターを設置し、電子マネーの発行・換金を最終的にはオリジネーターに一元化させる。	オリジネーターを置かず、複数の発行者がそれぞれの利用者および加盟店との間で電子マネーを発行・換金する。
イメージ		
具体例	PASMO、nanaco、Suica、楽天Edy など	
相違点	誰が、電子マネーの発行・決済サービスの提供・換金といった事項に対し責任をもつのか（かかる差異は、発行者等が倒産した場面で顕在化する）。	

12

会社が存在しているため、多元発行型に分類されると考えられていたが、現状では「楽天 Edy 株式会社」による発行となっており、一元発行型であると整理できよう。

⑷ クローズド・ループ型とオープン・ループ型

一度使用された電子マネーを発行者に還流させなければならないものを「クローズド・ループ型電子マネー」、一度使用された電子マネーを発行者に還流させることなく、次の決済に利用できるものを「オープン・ループ型電子マネー」とよぶ。

オープン・ループ型の場合、電子マネーが複数の利用者間で転々流通しうるため、より貨幣としての機能に近づく半面、流通経路が複雑になるため管理が難しく、偽造や変造のリスクも高まる。また、電子マネーの移転に関する行為に瑕疵があったが、電子マネーがさらに第三者に移転してしまっていたような場合、当該第三者にどのような影響を与えるかといった問題も生じ

〔表 5 〕 クローズド・ループ型とオープン・ループ型の特徴

	クローズド・ループ型	オープン・ループ型
特　徴	一度使用された電子マネーを発行者に還流させなければならない。	一度使用された電子マネーを発行者に還流させることなく、転々流通させることが可能。
具体例	Suica、PASMO、nanaco、WAON など	
メリット	電子マネーの偽造や変造のリスクは少ない。 流通経路が限られており、管理が容易	利用者間の取引が可能で、貨幣としての機能に近づく。
デメリット	利用者間の取引に電子マネーが使えず、現金代替物としての機能が完全には実現されない。	流通経路が複雑になるので管理が難しく、偽造や変造のリスクも高まる。

13

〔第1章〕 第1 電子マネーとは

うる。
　なお、詳細は後述するが（第2章第1・3・4）、オープン・ループ型の電子マネーは、為替取引に該当する可能性があるとされていたことから、現在日本国内で発行されている電子マネーのほとんどは、クローズド・ループ型の電子マネーである。今後、新しいビジネススキームとして、資金決済法上の資金移動業者の登録をしたうえで、オープン・ループ型の電子マネーを発行する業者が出てくることも予想されるところである。

5　他の支払手段・支払方法との比較

　ここまで、電子マネーの定義や特徴、分類等についてみてきたが、これらが電子マネーの法的性質を決定づけるものではないということには注意を要する。電子マネーの法的性質と、トラブルが生じた際の帰結については後述するが（第2章第2）、これらを考える手がかりとして、他の支払手段・支払方法の仕組みを概観することとする。

(1) クレジットカード（後払い）

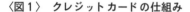
〈図1〉　クレジットカードの仕組み

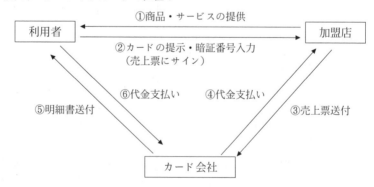

14

㈔　仕組み

クレジットカード取引においては、利用者が加盟店から商品・サービスの購入代金を、カード会社が利用者に代わって加盟店に支払い、利用者は一定の期日に、カード会社に対してその利用代金を支払う。

㈙　法律構成

クレジットカード取引の法律関係について、日本では、契約により二つの方式が用いられており、一つは、カード会社が加盟店から代金債権を譲り受け、利用者から期日に弁済を受けるという構成であり、もう一つは、利用者がカード会社に加盟店への支払いを委託し、第三者弁済をしたカード会社が利用者に対し期日に求償するという構成である。

㈕　電子マネーとの比較

このように、クレジットカードによる決済の時点は取引の時点と分離しているため、カード会社から利用者へ一定期間与信が生じることとなり、カード会社は、クレジットカード発行の際の身元確認や与信管理にコストをかける必要がある。また、利用限度額が比較的高額であることから、盗難や不正利用が生じた場合にこうむる被害も大きくなるという問題も生じやすい。さらに、一時的にせよ、実質的にお金を借りて買い物をすることに対し利用者が心理的な抵抗を感じるということも考えられ、日本国内におけるクレジットカードの利用率は、諸外国に比べると、まだまだ低いというのが現状である。

これに対し、電子マネーは、利用者が前払いを行うため、発行者において利用者に関する与信管理が必要なく、利用者からしても、自分であらかじめ決めた金額の範囲内で買い物をすることになるので、心理的な抵抗は少ないと思われる。また、電子マネーが主に少額決済に利用されている現状においては、盗難にあっても被害金額は限られており、安全面での問題も比較的生じにくいと考えられる。

(2) デビットカード

〈図2〉 デビットカードの仕組み

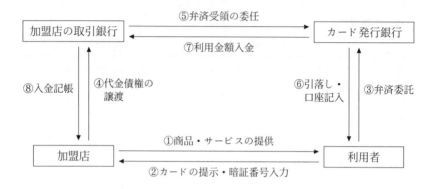

(ア) 仕組み

　デビットカードとは、銀行が共同で展開する決済サービスで、支払いの際にキャッシュカードを提示し、端末に暗証番号を入力することで、代金が利用者の預金口座から即時に引き落とされ、数日後に加盟店の口座へ入金される仕組みである。

　日本では、1999年にスタートした金融機関で発行されたキャッシュカードをそのまま決済に使用できる **J-Debit** というサービスに加えて、**Visa** などの国際ブランドのクレジットカード会社のネットワークを用いるブランドデビットといわれるサービスがあるところ、前者の利用は減少している一方、後者の増加によってデビットカード全体の利用は増加傾向をたどっている（日本銀行「最近のデビットカードの動向について」2017年5月）。

(イ) 法律構成

　デビットカードに関する法律関係は、銀行の倒産リスクを排除するため、後述する銀行振込みとはやや異なる、次のような仕組みがとられている。

　まず、利用者はカード発行銀行に対して、代金債務の弁済を委託する（〈図

2〉③）。他方、加盟店は、代金債権を加盟店の取引銀行に譲渡する（同④）。そして、加盟店の取引銀行は、その債権の弁済の受領を発行銀行に委任する（同⑤）。この結果、発行銀行は、同一の代金債権について、弁済の委託と弁済受領の委任を同時に受けたことになり、利用者の預金から代金額を引き落とした時点で（同⑥）、利用者の代金債務は消滅する。その後、カード発行銀行から加盟店の取引銀行の加盟店の口座に入金がなされる（同⑦）。

このような法律構成をとることで、発行銀行が加盟店口座への入金前に倒産した場合にも、利用者は加盟店に対する支払義務を負わず、加盟店は加盟店の取引銀行から債権譲渡の対価を受け取ることができる。

(ウ) 電子マネーとの比較

デビットカードは、取引の際に現金が不要であるという点で電子マネーと共通し、しかも、銀行口座と直結しているので、口座に残高がある限り、チャージをする必要もない。しかし、銀行口座と直結しているだけに、紛失・盗難の際には口座残高の全額が危険にさらされることになり、また、偽装・盗難キャッシュカードによる現金引出しの被害について預金者の保護を図っている預金者保護法においては、デビットカードの不正利用は補償の対象外とされていることからも、利用に不安を感じる人も少なくないのが実情である。

これに対し、電子マネーの残高は銀行口座とは無関係であり、また、チャージ額の上限が設定されているものが多く、紛失・盗難の際も一定額以上の損失は生じない。また、実際の利用の場面においても、利用のたびに暗証番号の入力が必要なデビットカードよりも、ワンタッチで利用が可能な電子マネーのほうが小口の決済には向いていると考えられる。

(3) 銀行振込み

〈図3〉 銀行振込みの仕組み

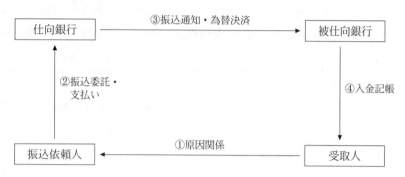

(ア) 仕組み

銀行振込みは、振込依頼人が受取人に対して支払いを行おうとする場合に、振込依頼人が有する預金債権を受取人に移転する形で決済する仕組みである。

決済の流れとしては、まず、振込依頼人が仕向銀行に対し振込委託を行い、振込金額を支払う（〈図3〉②）。振込委託を受けた仕向銀行は、被仕向銀行に対して振込通知を行うとともに、為替決済を通じて被仕向銀行に相当額の入金を行う（同③）。その後、被仕向銀行が受取人の預金口座に入金記帳を行い（同④）、受取人に振込金額分の預金債権が成立する。

(イ) 問題点

銀行振込みによれば、相手方に対して迅速・安全に支払いを行うことができるので、隔地間取引・多額の取引・企業間取引などで多用されているが、現在の銀行による為替取引については、送金手数料が高いことが指摘されており、特に海外送金の場合が顕著で、地下銀行の存在等が問題視されている。なお、資金決済法においては、新たに資金移動業に関する規定が設けられ、銀行以外の者が一定の範囲で為替取引を行うことが認められている。

(4) 小切手・手形

〈図4〉 小切手の仕組み

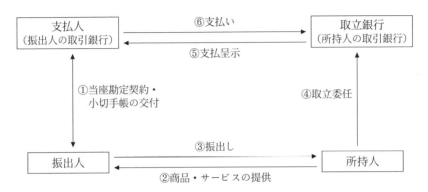

(ア) 仕組み

　小切手は、現金の代わりに使用する支払手段として作成される有価証券である。振出人が作成・交付し（これを「振出し」という。〈図4〉③）、表示された支払人（振出人の取引銀行）に対して、小切手の所持人に額面金額を支払うように委託するという仕組みになっている。支払資金の受入れは、振出人と支払人との間の当座勘定契約に基づいて、支払人が当座預金を受け入れ、支払いについて包括的な授権を受けるという方法で行われる（同①）。通常、小切手の振出しを受けた所持人は、自己の取引銀行にその取立てを依頼する（同④）。

(イ) 電子マネーとの比較

　小切手を振出す際には、振り出す金額と同額以上の預金残高が必要であり、その意味で、小切手は前払式の決済の仕組みである。また、小切手の振出人が自ら支払人となっている小切手を自己宛て小切手というが、自己宛て小切手と電子マネーは仕組みが非常に似ており、電子マネーを有価証券として扱うべきであるとの議論もなされている。しかし、小切手は小切手法により形

〔第1章〕 第1 電子マネーとは

式や成立要件等が定められており、当事者間の契約により設計される電子マネーとは相違する。

為替手形も基本的な法律関係は小切手と共通するが、手形の場合、支払資金は、手形に記載された支払期日までに入金すればよく、前払式にはなっていない点で異なっている。このため電子マネーとの類似性は少ない。

第2　ポイントとは

―◎ポイント◎―

➤ 航空会社のマイルに代表される企業ポイント（ポイント）は、顧客である消費者に将来の代金決済への利用や景品類の提供等のさまざまな特典の提供手段として多くの企業で利用されています。

➤ 企業にとってのポイント利用の意義は、顧客への利益還元を通じて、将来への販促効果を期待するという面や、購入履歴等の顧客情報の収集手段として面があります。ポイントは発行額が年々増加する傾向にあり、今後も増加が見込まれます。

➤ ポイントは、決済手段に使用できるものも多くなってきたことや、ポイント交換により他のポイント発行企業が発行するポイントと交換も可能となっています。ポイントの利便性向上に伴い、それを利用する消費者の期待を保護する必要があるのではないかとの指摘もなされています（もっとも、現状では具体的な法規制・制度整備の動きはみられません）。

1　ポイントの定義

　家電量販店、クレジットカード会社が発行しているポイントや航空会社が発行しているマイルなどに代表される企業ポイント（以下、「ポイント」という）は近年急速に発展してきた。各業界の代表的なポイントの例は下記のような

〔第1章〕 第2 ポイントとは

ものである（このようなポイントの発行・利用に応じた特典の提供等を行う制度
を、以下「ポイントプログラム」という）。

【代表的なポイントの例】

〔家電量販店〕

　購入額に応じて購入者にポイントを付与し、「1ポイント＝1円」で次
回以降の商品等の購入時に代金支払いに充てることができる。

〔クレジットカード会社〕

　クレジットカードの利用額に応じてカード利用者にポイントを付与し、
ポイントは景品、電子マネー、航空会社のマイル等との交換ができる。

〔航空会社〕

　搭乗区間毎に設定されたマイルを搭乗した乗客に付与し、マイルは航
空券購入やツアー申込み等に使うことができる。

　ポイントは、消費者と直接取引のある多くの業種で採用されており、どの
ような場合にポイントを発行するかという点や、ポイントを利用して得られ
る特典の内容は、ポイント発行企業が定めるポイントに関する取り決め（以
下、「ポイント規約」という）の内容によりさまざまなものがある。

　ポイントについてはさまざまな定義がなされているが（野村総合研究所企業
通貨プロジェクトチーム『企業通貨マーケティング』（東洋経済新報社・平成20年）
222頁、松本恒雄「ポイントサービスの法的性質と消費者保護の課題」月刊国民生
活37巻9号9頁等）、ポイントの法的性質と消費者保護のあり方についての検
討がなされた平成21年経産省研究会報告書では、以下の3点の特徴を有する
ものを対象に議論がなされている。

【平成21年経産省研究会報告書における検討対象のポイントの特徴】

①　発行企業は、ポイントプログラムに加入した消費者に対し、商品・

> サービスの購入や、店舗への来店、ウェブページへのアクセス、アン
> ケートへの回答等を契機として、付与条件や有効期限、利用条件など
> の条件付きでポイントを付与する。
>
> ② 消費者は、ポイントプログラムの条件の中で、貯めたポイントを活
> 用することで、ポイント発行企業や提携企業等から特典の提供を受け
> る。
>
> ③ 消費者は、金銭によるポイント購入ができない。

　本書においても、上記①～③の特徴を有するポイントを対象にポイントに
関する法的問題等を検討する。

2　ポイント利用の意義

　まず、ポイント発行企業の中には、家電量販店の例のように、自社で商品・
サービスを購入した際に購入代金の決済に充てることができるポイントを発
行しているものが多くなってきている。

　こうしたポイントは、顧客に次回以降の購入時にポイントを代金決済に充
てることができるようにすることで、顧客が（競合他社ではなく）再度自社か
ら商品・サービスを購入することを促すという効果を有するものであり、顧
客の囲い込みを目的としたマーケティング・ツールとしての意義を有する。
また、次回以降の取引で代金決済に充てることができるとすることで、「ポイ
ントを使って安く購入できるのでまた買おう」というように将来における購
入意欲を誘発するという販売促進効果も有している。これがポイント利用の
第1の意義である（**NTT**ドコモモバイル社会研究所ほか編『モバイルバリュー・
ビジネス』（中央経済社・平成20年）31頁）。

　このほか、値引きではなくポイントを発行する意義としては、ポイントは
発行時点から使用時点まで一定の時間的な間隔があるため、その間ポイント

〔第1章〕　第2　ポイントとは

発行企業としては出費を免れることができ、手持ち資金を確保できるという
メリットもあげられる（伊藤亜紀『電子マネー革命－キャッシュレス社会の現実
と希望』（講談社・平成22年）109頁）。購入履歴等の顧客情報の収集手段として
も利用されており、得られた顧客情報をマーケティングの材料、リコール対
象商品の顧客への連絡などの危機管理にも活用されているといわれている
（平成21年経産省研究会報告書2頁）。

　また、貯まったポイントを景品類に交換できたり、商品・サービスの無料
券・割引券等と交換できたりするポイントも同様の効果を有しているといえ
る。

　このように、ポイントは主として販売促進のための手段として利用されて
いることから、ポイントの発行やポイントの利用により生じる費用は、販売
促進費や広告宣伝費として事業者が負担をしているのが通常である。

3　ポイントの発行状況

　上記のような意義をもつポイントプログラムは、今や重要なマーケティン
グ・ツールとして位置づけられている。

　株式会社野村総合研究所の調査結果によれば、国内11業界における売上上
位に属するポイント発行企業が平成26年度に発行したポイントやマイレージ
などの発行額の推計によれば、各社のポイント発行額合計は8400億円を超え
る水準となっている（〔表6〕参照）。また、同調査結果によると2012年に発行
額合計は発行企業の売上減少やポイント付与率低減等により減少したが、そ
の後は増加傾向にあるとのことであり、2020年には1兆円を超えるのではな
いかと予測されている。

　クレジットカード、家電量販店、携帯電話の3業界のポイント発行額は、
ポイント総発行額の5割超を占める状況となっている。今後、ポイント発行
規模の拡大が見込まれる業界としては、「クレジットカード」「インターネッ

3　ポイントの発行状況

〔表6〕　国内11業界のポイント・マイレージ年間最少発行額（推計値2014年度）

業界	ポイント付与基本指標・数値		ポイント適用率 ※1	ポイント還元率 (％、円／マイル) ※2	年間最少発行額 (億円) ※3
	指標	数値			
クレジットカード（業界全体）	ショッピング取扱高（億円）	462,663	100.0%	0.5%	2,313
家電量販店（上位8社）	売上総計（億円）	42,509	80.0%	6.4%	2,173
携帯電話（上位3社）	売上総計（億円）	98,741	100.0%	1.1%	1,079
航空（上位2社）	有償旅客マイル ※4（億人・マイル）	835	50.0%	1.5円／マイル	626
ガソリン（主要3社）	売上総計（億円）	149,822	65.0%	0.6%	604
コンビニエンスストア（主要4社）	売上総計（億円）	88,193	60.0%	0.9%	473
総合スーパー（上位5社）	売上総計（億円）	87,487	60.0%	0.9%	401
インターネット通販（Yahoo!、楽天）	売上総計（億円）	32,499	100.0%	1.0%	325
百貨店（上位8社）	売上総計（億円）	45,376	60.0%	1.0%	272
ドラッグストア（上位5社）	売上総計（億円）	24,659	80.0%	1.0%	192
外食（主要7社）	売上総計（億円）	7,039	60.0%	0.8%	36
				総額	8,495

出典：株式会社野村総合研究所ウェブページ〈https://www.nri.com/jp/news/2016/161005_1.aspx〉

※1　各社の総売上に対する、ポイントカードの提示などでポイント付与が

〔第1章〕 第2 ポイントとは

適用される売上の比率。株式会社野村総合研究所が2015年7月〜8月に
10,316人に対し実施した訪問留置型のアンケート調査結果や、各種公開
情報を参考に5％単位で設定している。

※2 ポイントが利用者に還元される際の販売金額に占める比率で、各種公
開情報を参考に、最も低い値などを業界基準値として採用。航空の全額
換算については、1マイルあたり1.5円としている。

※3 ここでは来店キャンペーン等、購買金額にかかわらず発行されるもの
や、特別会員向け等の追加発行分を除いたため、推計額を「年間最少発
行額」としている。ポイント・マイレージ発行額＝ポイント付与基本指
標・数値×ポイント適用率×ポイント還元率

※4 有料で搭乗する旅客毎の飛行距離の総和。

ト通販」「コンビニエンスストア」があげられている。「クレジットカード」
と「インターネット通販」は、ポイント付与率は変化はないものの、全体と
して売上が今後も拡大すること、また「コンビニエンスストア」はポイント
カードを保有・利用する顧客の割合が高まっていくため、拡大が見込まれる
とされている。また、電力やガスなどの業界においても、ポイント制度を導
入する事業者自体の増加や、それに伴うポイント利用者の拡大によって、ポ
イントの発行額が増加していくことが予想されるとされている。

4 ポイントの発展と法的規制の動き

ポイントは、上記のように顧客の囲い込みを目的とした販売促進のための
手段の一つとして古くから用いられてきており、小規模な商店でも紙媒体の
スタンプカードに一定数のスタンプが貯まると割引を受けられる等の形で発
行されてきた。

その後、技術の発展により磁気媒体やICカードなどを利用し、コンピュー
タを用いたポイントの管理や購買履歴・顧客情報の処理が行われるように
なった。そして、上記のようなポイントの意義に注目した航空会社や小売

業・サービス業の大手企業等が、競合他社との違いを出し、顧客を獲得するためのツールとしてポイントを発展させてきた結果、次第にポイントは制度化されていき、またポイントで得られる特典やポイント付与対象となる商品・サービスの種類および付与率は多様化してきた（なお、家電量販店、航空会社、インターネット事業者、クレジットカード事業者、交換系ポイント事業者、共通ポイント事業者のポイントプログラムの運用実態の詳細については平成21年経産省研究会報告書4頁以下参照）。

　また、ポイントの中には、提携している他社が発行するポイントと交換することが可能なものも多くみられるようになってきている。特に、他社で発行したポイントとの交換を主たる目的としたポイントの発行を行う事業者（交換系ポイント事業者）の出現によって、ポイント交換の連携を通じて交換可能なポイントの範囲が飛躍的に増加した。ポイント交換を通じて、現金、電子マネー、商品券等への交換が可能なポイントも現れてきている。ポイントは、ポイント交換や現金、電子マネー、商品券等への交換により、そのポイントを発行した企業以外との取引においても利用できるようになってきたことから、流通性のある決済手段としての性質も帯びてきており、「擬似通貨」化が進んできている（杉浦宣彦「電子マネー・企業ポイントをめぐる法制度の現状と今後の課題」オペレーションズリサーチ55巻1号6頁、詳細は【コラムVM①ポイント交換の連携状況】参照）。

　このほか、"Tポイント" "Ponta" のように、複数の企業で共通したポイントが発行され、それらの企業で購入代金の支払いへの充当や特典との交換が行われるポイントも現れており、こうしたポイントは「共通ポイント」とよばれている。

　このようにポイントの利便性を高めることにより、ポイントの価値を高め新たな顧客を呼び込むという効果が期待できるため、ポイント発行企業にとってもメリットがあり、企業間のポイントでの連携は急速に進んできた（NTTドコモモバイル社会研究所ほか編・前掲73頁、平成19年経産省研究会報告書

7頁)。

　そして、こうした決済手段としての機能の発展や利便性の向上とともに、ポイントによって得られる利益について消費者の期待も次第に高まってきている。ポイントを利用する消費者の利益・期待の保護を重視する立場からは、ポイントは金銭による購入ができない(対価性がない)ものではあるが、電子マネーに対する資金決済法における規制と同様の規制がなされるべきとの主張もされている(鈴木尉久「消費者から見た企業ポイント」消費者法ニュース83号346頁)。

　このような状況の変化がみられることから、ポイントについては、①ポイントの財産的価値に対する期待や、権利として行使できるものであるといった意識が消費者の間で高まるのに伴って、そうした消費者の利益・期待を保護すべきという観点や、②決済手段としての機能を果たしている点から電子マネーに類似した決済手段としての信頼性を担保するための法的規制を施すべきではないかといった議論がなされている状況にある(高橋・詳説104頁、金融審議会報告書6頁、詳細は第3章第1参照)。

ポイント交換の連携状況

　ここ数年、各社は競って独自のポイントプログラムを立ち上げ、顧客の囲い込みを図ってきました。この背景には、タッチ式のICチップ内蔵型のカードや携帯機器が爆発的に普及して比較的安価にポイントカードを発行することができるようになったという技術的な背景や、平成元年に大手家電量販店ヨドバシカメラが値引き交渉に代えてポイントの提供を開始し、それが定着したことなどがあげられます。

　そして、日本の航空会社は平成9年から国内線にマイレージプログラムを導

入し、航空会社以外のポイント発行企業はマイルと交換できることを自社のポイントのアピール材料の一つとすることが多くなりました。これにより、平成15年ころからは航空会社を主軸としたポイント交換が普及していきました。また、独自にポイントプログラムを立ち上げずに、"Tポイント"に代表される、いわゆる「共通ポイント」の加盟企業として加わる形でポイントを発行する企業も増加しました（高野雅晴『新しいお金』（アスキー・平成19年）98頁以下参照）。

　その結果、ポイント発行企業においては、ライバル企業もポイントを発行し始めたためポイントプログラムでの自社の差別化が困難になり、管理コストの割には期待に見合う顧客獲得や囲い込み効果が生じない状況がみられるようになってきました。こうした傾向を受けて、ポイント発行企業の中には、ポイント戦略を見直す動きが生じています。

　ポイント発行企業の多くがとっている対策としてまずあげられるのが、ポイントプログラムのあり方や内容を縮小や廃止する方向です。具体的には、ポイント還元率や他のポイントとの交換比率の引下げや、自社へのメリットが少ない共通ポイントからの脱退、あるいは大手家電量販店などではポイントプログラムを廃止して現金値引きを強化するといった対応です。

　また、逆にポイント戦略を転換・強化する方向の対策も活発で、より有力なポイントプログラムと連携してポイント交換を充実させたり、平成22年3月から始まった"Ponta"など共同で新たなポイントプログラムを立ち上げたりする動きがあります。

　ポイントプログラムが市場に相当浸透した今、他社との差別化を図りつつポイントプログラムについて独自の魅力や他社への優位性を維持するためには、消費者の多くが魅力的だと考えて保有しているポイントを含む交換のネットワークを形成している企業群の動向を無視できず、これらと適切な範囲で連携できなければ自社のポイントプログラムの魅力が低下してしまう可能性も出てきています。

　ポイント交換の連携の中心となる企業は、航空会社からコンビニエンスストアや大手スーパーのような小売業者（流通系企業）へと移りつつあります。その背景として、こうした流通系企業が平成19年春頃に相次いで店頭に一斉に電

〔第1章〕 第2 ポイントとは

子マネーを導入し、電子マネーでの支払い時にポイントを付与するなど、電子
マネーと一体化したポイントプログラムを開始したことにより流通系企業のポ
イント発行数が大幅に増加したことがあげられます。ポイントから電子マネー
への交換が多くなってきたためか、交換レートを低く変更する等の対応もみら
れています（伊藤亜紀『電子マネー革命－キャッシュレス社会の現実と希望』
（講談社・平成22年）106頁以下参照）。

　ポイント発行企業は、こうした時代の潮流を先読みし、自社にとって最適な
ポイント交換の連携強化や連携の解消を行い、自社のポイントの優位性を高め
るという戦略が必要となっています（ポイント交換の連携を含めポイントプロ
グラムの成功例については、岡田祐子『成功するポイントサービス』（WAVE
出版・平成22年）80頁以下参照）。

第3　仮想通貨とは

1　仮想通貨とはなにか

---◎ポイント◎---

➢ 現在、仮想通貨は1000種類以上が存在するといわれていますが、代表的な仮想通貨は、ビットコインです。

➢ ビットコインには、日本銀行のような特定の発行体は存在せず、物理的なコインも存在しません。ビットコインは、発行時から現在までの取引履歴を計算することによって算出される観念的な数値です。

➢ ビットコインの利用目的は、大きく分けて決済手段と投資対象が考えられます。長らく、投資対象が主な利用目的でしたが、近時は決済手段としても注目を集めています。日本においても、利用者保護と利用促進を図るための取組みがみられ始めています。

(1)　仮想通貨の現状

　仮想通貨は、日本においては、平成28年5月25日に成立した情報通信技術の進展等の環境変化に対応するための銀行法等の一部を改正する法律により、資金決済法が改正され、資金決済法上で定義されるに至った。

　資金決済法が改正されたのは、金融庁作成に係る平成28年3月付け「『情報通信技術の進展等の環境変化に対応するための銀行法等の一部を改正する法

〔第1章〕 第3 仮想通貨とは

律案』に係る説明資料」にもあるとおり、平成27年6月8日のG7エルマウ・サミット首脳宣言において、仮想通貨等の新たな支払手段の適切な規制を定めることが合意され、同月26日のFATF（金融活動作業部会）ガイダンスにおいて、仮想通貨の交換所に登録・免許制度を課し、マネーロンダリング・テロ資金供与規制を課すべきことが各国に要請されるに至ったことが背景にある。

　仮想通貨という用語は、日本においては、代表的な仮想通貨であるビットコインの取引所であった株式会社MTGOXが、平成26年2月28日、東京地方裁判所に民事再生手続開始を申し立てたことを契機に各種メディアで報道がなされ、より一般にも知れわたることになり、資金決済法が改正される前から新聞等のメディアでは使われていた。

　そこで、ここでは資金決済法上の定義である仮想通貨からは少し離れて、新聞等のメディアで言及されている仮想通貨の観点から、仮想通貨のマー

〔表7〕　主要な仮想通貨の状況

名称	ビットコイン	主要な、アルトコイン（ビットコインの派生）／Bitcoin2.0（通貨以外に機能を有する）		
		ライトコイン	リップル	イーサリアム
略　称	BTC	LTC	XRP	Ether
分　類	－	アルトコイン	Bitcoin2.0	Bitcoin2.0
開始年	2009年	2011年	2013年	2015年
時価総額	約1411億ドル	約86億ドル	約261億ドル	約536億ドル
発行量上限	2100万（2140年に上限に達する予想）	8400万	1000億	未決定

（注）　時価総額の数字は平成30年3月19日時点（http://coinmarketcap.com/）であり、その他については、Bitcoin日本語情報サイト（http://jpbitcoin.com/）より作成。

ケットの全体像をみてみたい。

　仮想通貨は、ビットコインを起源として、その派生も含めると、1000種類以上が存在するともいわれている。その詳細は、「Crypto Currency Market Capitalizations」（http://coinmarketcap.com/）で確認することができ、主要なものとして、〔表7〕のものがあげられる。

⑵　ビットコインの概要

　仮想通貨全体のマーケット時価総額に占めるビットコインの時価総額の割合は、平成30年3月19日時点で44％を超えているともいわれており、仮想通貨の起源たるビットコインの技術面を理解することは、ビットコインから派生した各種の仮想通貨を知るためにも有用である。

　ビットコインには、日本銀行券における日本銀行のような特定の発行体は存在しない。ビットコインは、ブロックチェーンという分散型台帳に原始から現在までの取引履歴が記録されている。分散型という言葉のとおり、ブロックチェーンは、P2P型のビットコインネットワークに接続した各参加者のコンピュータにそのすべての情報が共有され、保管されている。各参加者は、採掘者（マイナー）の作成したブロックといわれる直前の平均10分間に行われたビットコインの取引記録の束について、その内容を検証して、不正な取引記録が含まれていないことを確認して、既存のブロックチェーンにその確認が成功したブロックを接続する。このようにして、原始から現在までに連なるブロックチェーンに接続された各ブロックについては、改ざんが技術的に不可能とされている。ブロックの作成においては、各参加者による計算競争が行われ、その計算競争の勝利者が採掘者（マイナー）として、ブロック作成に際して一定のビットコインを得られる（ビットコインに関する唯一の発行機会であり、各参加者が計算競争に参加するインセンティブになっている）（以上の詳細については、岡田仁志・高橋郁夫・山崎重一郎『仮想通貨　技術・法律・制度』（東洋経済新報社・2015年）、山崎重一郎『Fintech 中核技術「ブロッ

〔第1章〕　第3　仮想通貨とは

クチェーン」完全解説』（日経 BP ムック・2016年）等を参照）。

　なお、ブロックチェーンは原始から現在までの取引履歴を記録しているものであるため、各利用者のビットコインの現在残高を表象するものではない。この点、東京地判平成27年8月5日（判例集未登載）おいても、「特定の参加者が作成し、管理するビットコインアドレスにおけるビットコインの有高（残量）は、ブロックチェーン上に記録されている同アドレスと関係するビットコインの全取引を差引計算した結果算出される数量であり、当該ビットコインアドレスに、有高に相当するビットコイン自体を表象する電磁的記録は存在しない」と判示されている。また、改正された資金決済法における仮想通貨の定義においては、発行体の有無やブロックチェーン（分散型台帳）利用の有無などは、定義とは無関係と整理されている。

　ビットコインは、上述のとおり、直前の平均10分間に行われた取引録の束ごとにブロックを作成していくことから、取引の完了に約10分程度かかってしまう。このブロックの生成時間を短縮し、約2.5分としたのがライトコインの特徴の一つとなる。このように、ビットコインの仕組みを利用しつつも、その一部に変更を加えた仮想通貨は多く、それらは総称してアルトコインなどといわれている。

　一方、Bitcoin2.0 と呼ばれる新世代の仮想通貨システムも存在し、イーサリアムは、ブロックチェーンを活用し、電子契約の遂行など、分散型アプリケーションのプラットフォームとして開発されたものである（山崎・前掲）。リップルは、借用証書を取引の対象とするものであり、同じく Bitcoin2.0 に分類されている（詳細については、野口悠紀雄『仮想通貨革命』（ダイヤモンド社・2014年）115頁以下を参照）。Bitcoin2.0 においては、ブロックチェーンの仕組みを活用しつつ、ビットコインの有する決済手段としての機能以外の機能を持たせることを目的に開発等されているものと理解できる。

　以上のとおり、仮想通貨にはさまざまな種類のものが存在するが、以下では、代表的な仮想通貨であるビットコインについて、その利用状況等をみて

34

いきたい。

 ブロックチェーンの活用

　仮想通貨を支える技術であるブロックチェーンは、仮想通貨に利用されるだけでなく、さまざまな分野で活用される動きがあります。
　原始から現在までの取引記録がつけられ、かつ、改ざんが技術的に不可能というブロックチェーンの特性を活かし、契約書等の書類、登記情報、カルテ等の医療情報など、さまざまな情報をブロックチェーン上に記録し管理することが検討されています。
　また、ブロックチェーンを活用しながらも、ビットコインの価格変動リスクを取り除き、たとえば「1コイン＝1円」などと固定し、決済手段として特化するような独自コインの開発も進んでいます。
　ブロックチェーンを活用したイノベーションについては、その担い手がスタートアップ企業であることも多く、その観点からも、注目されているビジネス領域であると考えられます。

(3) ビットコインの利用状況

　ビットコインの利用目的は、大きく分けて2点が考えられる。決済手段と投資対象である。
　決済手段としてのビットコインについては、たとえば、平成30年5月4日時点において、関東地方の実店舗で利用できるのは100店舗程度にすぎない。そして、関西地方においても、40店舗程度にとどまっている。実店舗での利用のほか、いくつかのインターネット・ショッピング・サイトなどでもビッ

35

〔第1章〕 第3 仮想通貨とは

〈図5〉 日本の月間取扱高の推移

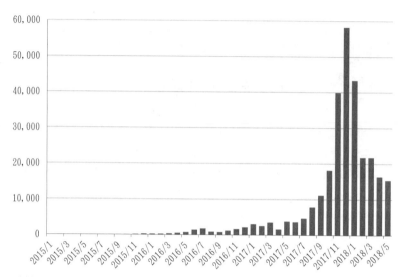

（注） Bitcoin 日本語情報サイト（http://jpbitcoin.com/）のデータを基に作成。

トコインを決済手段として利用することができる。なお、ビットコインが利用できる実店舗については、Coinmap（https://coinmap.org/）で検索が可能である。

　このように、決済手段としてのビットコインについては、日本においては、いまだ定着しているとはいいがたく、現状では、投資対象とすることが主な利用目的となっているものと認められる。ビットコインの日本における取扱高の推移は、〈図5〉のようになっており、決済手段としての広がり以上に、投資対象として注目度が増していることがわかる。

　もっとも、平成29年7月11日付け日本経済新聞によると、ビックカメラが全店舗でビットコインによる決済に対応することなどが報じられ、日本においても、ビットコインが決済手段として注目されつつあるものと考えられる。

36

⑷　ビットコインが認知度を高めた理由

ビットコインは、2008年、サトシ・ナカモトと名乗る人物の論文により提唱された。その後、2013年3月にキプロス共和国において、金融危機が発生し、政府が銀行預金へ課税することを決め、預金封鎖などがなされると、資金の逃避先としてビットコインが一躍注目を集めた。また、平成29年1月5日付け日本経済新聞によると、中国人民元の下落が進む中、ビットコインが最高値を更新するなど、元安リスク回避目的で買いが増えていた、などと報じられている。このように、ビットコインは資金の逃避先として注目を集め、認知度を高めていったものと考えられる。

⑸　ビットコインのメリット・デメリット

㋐　メリット──低廉な取引コスト

ビットコインにおいては、送金先のビットコインアドレス（詳細については後述2を参照されたい）がわかれば、直接、送金先にビットコインを送金することが可能である。たとえば、スマートフォンにウォレット（詳細については後述2を参照されたい）をインストールしているのであれば、スマートフォンの操作により相手方にビットコインを簡易に直接送金できる。日本円の送金であれば、通常は銀行などを介する必要があるのとは異なる特徴である。

ビットコインは、送金について銀行などを介さないことから、その手数料等の取引コストが低廉であることがメリットとされている。

㋑　デメリット

⒜　盗難・消失リスク

ビットコインの取引については、先述したとおり、ブロックチェーンの改ざんが技術的に不可能とされていることから、その安全性は高いとされているものの、ビットコインの取引所に対するサイバー攻撃によりビットコインが盗難・消失される事例はみられる。この点、株式会社MTGOXの事例のほ

〔第1章〕 第3 仮想通貨とは

か、たとえば、平成28年8月4日付け日本経済新聞よると、香港を拠点とするビットコインの取引所において、顧客口座のビットコインがハッキングにより盗難された（被害額約65億円）とのことである。また、仮想通貨取引所サービス「Coincheck」を運営するコインチェック株式会社は、平成30年1月26日、同社が取り扱っていた仮想通貨 NEM が外部に不正送金されたと発表した。その不正送金額は、約580億円分とも報道された。

　もっとも、後述第4章第3・1(4)(ウ)のとおり、顧客は、ビットコインの取引所に対する債権(ビットコインの返還請求権)を有しているものと解されることから、ビットコインの取引所からビットコインが盗難・消失したとしても、ビットコインの取引所に対する債権自体はなくなるものではないものと考えられる。

　なお、この点は、後述(6)のとおり、保険商品の開発が発表されている。

(B) 価値変動リスク

　ビットコイン取引所の提供するビットコインの価値変動のチャートを参照してもわかるとおり、ビットコインの価値変動のボラティリティーは高いと認識されている。そのため、ビットコインは、価値保存手段としては適さないとの意見もある。

(6) 日本における規制等に関する流れ

(ア) 全体的な流れ

　日本においては、仮想通貨に対する規制は存在していなかったものの、先述したとおり、仮想通貨に係る法制度の整備を要請する国際的な議論を踏まえ、資金決済法の改正により、資金決済法上で定義されるに至り、支払手段の一つとして位置づけられた。また、ビットコイン取引所は仮想通貨交換業者と整理され、登録制となり、利用者保護の観点から顧客資産との分別管理や、情報の安全管理措置等を講ずることなどのさまざまな義務が課されることとなった。

その後も、下記にても記載するとおり、日本においては、利用者保護と利用促進を図るための取組みがみられ始めている。

(イ)　消費税

従来、ビットコインの売買には消費税が課せられていたが、平成29年度税制改正において、仮想通貨の譲渡について消費税を非課税とする改正が行われた。

すなわち、消費税が非課税とされる支払手段に類するものの範囲に、資金決済法2条5項に規定する仮想通貨が追加された（消費税法施行令9条4項）。また、仮想通貨の譲渡については、法定通貨等の支払手段と同様に、課税売上割合の計算に含めないこととされた（消費税法施行令48条2項1号）。

この改正は、平成29年7月1日以後に国内において事業者が行う資産の譲渡等および課税仕入れについて適用され、同日前に国内において事業者が行った資産の譲渡等および課税仕入れについては、なお従前の例によることとされている（平成29年政令第109号附則2条）。

上記改正により、ビットコインの決済コストがさらに低減することにより、利用がより促進されるものと期待される。

(ウ)　保　険

先述のとおり、ビットコインの取引所に対するサイバー攻撃によりビットコインが盗難・消失される事例はみられ、利用者保護の必要性が認識されていた。

この点、三井住友海上火災保険株式会社および国内ビットコイン取引所である株式会社bitFlyerの平成28年11月24日付けプレスリリース（【国内初】ビットコイン事業者向けサイバー保険を共同開発）によると、ビットコイン事業者向けにサイバー攻撃等によるリスクを包括的に補償する専用保険を共同開発したとのことであり、ビットコイン利用者の保護に資する取組みが国内においても始まっており、この観点からも、ビットコインの利用がより促進されるものと期待される。

〔第1章〕 第3 仮想通貨とは

 ビットコインの分裂

　平成29年8月2日、ビットコインは分裂し、「ビットコインキャッシュ」が誕生しました。同年7月ころからビットコイン分裂に関する新聞報道などがなされ始め、その動向が注目されていました。

　分裂の背景としては、ビットコイン取引量が急増したことに伴い、取引確定に時間を要するようになり、その対処方法について、関係者（マイナー、取引所、利用者など）の意見が対立したことなどが指摘されています。

　ビットコインの分裂は、分裂によっては時価総額は変わらないが（分裂前のビットコインの時価総額＝分裂直後のビットコインの時価総額＋ビットコインキャッシュの時価総額）、分裂後はビットコインとビットコインキャッシュのそれぞれの需給で個別に価格変動をしていくことになるとされています。ビットコインの価格は、分裂前は分裂への警戒感などから急落した局面もありましたが、分裂に特段の混乱がみられなかったことなどから、分裂後は上昇基調となり（分裂前に20万円程度になったこともありましたが、平成29年11月30日時点では120万円程度まで上昇しました）、その後、コインチェックの仮想通貨流出事件の影響などもあり、下降基調となっています。なお、1回目の分裂後、再分裂に関する報道もなされていますが、実際には再分裂が中止される場合もあるなど、流動的な状況となっています。

 仮想通貨と税務

　保有する仮想通貨を売却したり、商品の対価として使用した場合には、税務上どういった処理がなされるのでしょうか。
　この点、国税庁が発表した「仮想通貨に関する所得の計算方法等について（情

報)」(以下、「国税庁情報」といいます)によると、仮想通貨を売却又は使用することにより生じる利益は、原則として、雑所得に区分されるとしつつ、税務上の処理は以下のようになされます。

① 仮想通貨を売却した場合は、その売却価額と仮想通貨の取得価額との差額が所得金額となります。

② 仮想通貨で商品を購入した場合は、その使用時点での商品価額と仮想通貨の取得価額との差額が所得金額となります。

国税庁情報に掲載されている具体例によると、

3月9日2,000,000円(支払手数料を含む)で4ビットコインを購入した。9月28日155,000円の商品購入に0.3ビットコイン(支払手数料を含む)を支払った。

場合に、所得金額は、

155,000円 −(2,000,000円÷4 BTC)×0.3BTC =5,000円

とされています。

その他、国税庁情報には、仮想通貨と仮想通貨の交換、仮想通貨の分裂(分岐)、仮想通貨のマイニング等、などについての税務処理が記載されています。

新たな資金調達手段としての Initial Coin Offering(ICO)

ICOとは、企業がトークンと呼ばれるデジタル権利証を発行し、投資家はトークンを引き受ける対価を仮想通貨で支払う、というものです。企業からすると、ICOにより投資家から資金を調達できることになります。

この点、ICOの法規制については、世界的に明確になっていないと指摘されていますが、日本においては、金融庁発表に係る平成29年10月27日「ICO(Initial Coin Offering)について～利用者及び事業者に対する注意喚起～」中で、「ICOの仕組みによっては、資金決済法や金融商品取引法等の規制対象とな」ると言及されていることには留意が必要です。

ICOにより、特にスタートアップ企業への新たな資金調達の道が開かれよう

〔第1章〕 第3 仮想通貨とは

としているので、利用者保護も加味したうえでの適切な法規制の整備が待たれるところです。

2 ビットコイン取引の概要

─◘ポイント◘─

➤ ビットコインを用いた取引を行うためには、専用の秘密鍵・公開鍵が必要で、これらをつくるために必要となるものがビットコインアドレスです。

➤「ビットコイン」という物理的なコインは存在しません。ビットコインは、発行時から現在までの取引履歴を計算することによって算出される観念的な数値です。

➤ ビットコインの取引をする場合、銀行振込みのように誰かの特定の口座にビットコインが直接移転するわけではありません。ビットコイン取引に参加する全員が閲覧できるブロックチェーンと呼ばれる専用の帳簿に取引が記録されることで、ビットコイン取引の成立が裏づけられます。

➤ ビットコインアドレスの作成に必要なビットコイン・ウォレットには、さまざまな種類がありますが、それぞれのメリット・デメリットを正確に理解したうえで、適切に使い分けることが重要です。

➤ ビットコイン取引所においては、ビットコインの売買や送金等さまざまなサービスが提供されています。この点、ビットコイン取引所を介したビットコイン取引のすべてが、必ずしもブロックチェーンに反映されているわけではなく、ビットコイン取引所が管理する顧客帳簿上の数値のみが変動している場合もあります。

➤ ビットコイン取引所を介したビットコインの取引は、法的に分析すれ

42

ば、証券会社を介した有価証券の取引や金融機関を介した為替取引と
の共通点を見出すことができます。

(1) はじめに

仮想通貨と資金決済法の関係を論じる前提として、仮想通貨を現実に利用
するためには、どのようなツールが必要となるのであろうか。

本項では、仮想通貨の代表例であるビットコインを前提に、その利用を支
える「ビットコイン・アドレス」と「ビットコイン取引所」を中心に、それ
ぞれその概要を簡単に紹介する。

(2) ビットコイン取引の概要

(ア) ビットコイン取引を行うために必要なものは？

ビットコインによる取引は、公開鍵暗号系を利用したデジタル署名を用い
て行われている。具体的には、ビットコイン取引は、秘密鍵（64文字の文字列
で表されている）、秘密鍵に対応する公開鍵（130文字の文字列で表される）およ
び公開鍵をもとに生成されるビットコインアドレスを用いて行われている。
したがって、ビットコイン取引の主体となるためには、まず、秘密鍵と公開
鍵を入手する必要がある（岡田ほか・前掲85頁）。

(イ) 秘密鍵・公開鍵・ビットコインアドレスの入手方法

では、かかる秘密鍵や公開鍵は、どのようにして入手すればよいのだろう
か。

まず、秘密鍵は、通常、「ウォレット」と呼ばれる管理ソフトをパーソナル
コンピュータやモバイル機器へインストールすることや、ウェブアプリケー
ションに登録する等により入手することができる（田中幸弘・遠藤元一「分散
型暗号通貨・貨幣の法的問題と倒産法上の対応・規制の法的枠組み（上）」金法1995
号52頁）。つまり、ウォレットのアプリをスマートフォン等にインストールす

43

〔第1章〕 第3 仮想通貨とは

ることで、インストールした利用者は秘密鍵を入手しているということを意味するのである。

　では、公開鍵やビットコインアドレス（以下、単に「アドレス」という）はどうか。公開鍵は、秘密鍵が生成されれば、その秘密鍵をもとに自動的に生成される（秘密鍵と公開鍵は対応関係にある）。そして、この公開鍵のデータをもとに生成されるのが、アドレスである。アドレスは、銀行口座でいうところの口座番号に近い役割を果たしており、ビットコインの移転先を特定するための機能を果たしている（ブロックチェーンの中の取引記録の中に記録されているのは、このビットコインアドレスである）。

　このように、ビットコイン取引に必要な秘密鍵、公開鍵およびアドレスは、上記のように、ウォレットという管理ソフト等のインストール等を通じても入手することができるのである（なお、ウォレットの種類については、後記⑶にて紹介する）。

㈦　ビットコインを保有しているとは？

　ビットコインは、「ビットコイン」という物理的な硬貨が存在するわけではないし、これを個々に表象するデータすら存在しない観念的な存在であって、ブロックチェーンによって、観念的な存在であるビットコインの数を、アドレスごとに確認できるにすぎない。つまり、ブロックチェーンに記録されている（膨大な）取引履歴を辿ることにより、現時点で、「Aというアドレスには10」といった、ビットコインの数（以下、ビットコインの単位を「BTC」という）が存在することを計算・確認できるにすぎない（要は、アドレスごとのビットコインの残高は、これまでの取引履歴を確認した結果算出された一定の観念的な数値なのである）。この状況をもって、一般的には、「Aアドレスを管理する取引参加者が10BTCを保有している」と表現されている（小林信明「仮想通貨（ビットコイン）の取引所が破産した場合の顧客の預け財産の取扱い」金法2047号40頁）。

　そして、Aアドレスに存在すると計算されたビットコインを他のビットコ

44

インアドレスに移転するためには、Aアドレスに対応する秘密鍵を管理していることが必須であることからすると、Aアドレスの秘密鍵を管理している者が、Aアドレスの10BTCを排他的に保有し、次の取引に利用することができる状態にあるということができる（以上のようなビットコインの性質を踏まえ、ビットコインの移転については金銭の「所有＝占有」法理と同様のルールが適用されることになるとの指摘もなされている（末廣裕亮「連載 FinTech 深化に向けた制度のデザイン―新しい金融パラダイム実現のために　第3回　仮想通貨の私法上の取扱いについて」NBL1090号70頁参照））。なお、ビットコインの誤送金が発生した場合に、誤送金されたビットコインの移転先のアドレスを管理している者等に対して、何らかの債権的な請求がなされる可能性がある点については、後記第4章第3・2(2)を参照されたい。

㈑　ビットコイン取引の概要

「Aアドレスから、Bアドレスへ1 BTCを移転させる」という場合、ブロックチェーン上、実際にはどのようなことが起こっているのだろうか。

まず、Aアドレスを管理する者が、「Aアドレスから、Bアドレスへ1 BTCを移転する」旨のトランザクションデータを作成する（このデータの作成の際には、上述した秘密鍵が必要となる）（〈図6〉②）。

次に、Aアドレスの管理者は、当該トランザクションデータを、ビットコインネットワークの他の参加者に送付する。この送付先は、参加者の中から無作為に選択され、必ずしも移転先であるBアドレスの管理者に送付されるわけではない（〈図6〉③）。

そして、当該トランザクションデータを受信した参加者は、同データの検証を行う。ここでは、ⓐ受診した当該データが、Aビットコインアドレスの秘密鍵を用いて作成されたものであること、およびⓑ移転させようとする数（1 BTC）が、移転元となるアドレス（Aビットコインアドレス）に関し過去にブロックチェーン上で記録された全取引を差引計算した数値以下であること（銀行の送金手続でいえば、送金しようとする金額が、当該口座の残高以下であ

〔第1章〕 第3 仮想通貨とは

〈図6〉 ビットコイン取引のイメージ

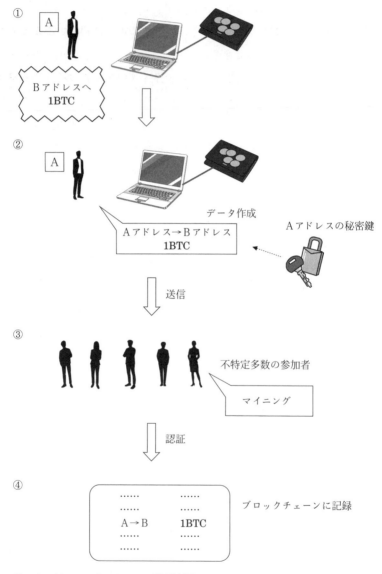

ること）等が検証される。この検証に成功した場合、当該データを受信した参加者は、他の参加者に対し、同データを転送する。かかる転送を繰り返すことにより、当該データはビットコインネットワークに広く拡散されることになる（〈図6〉③）。

このようにして拡散した当該トランザクションデータは、マイニングという行為の対象とされることにより、ブロックチェーンに新たに記録される。そして、ブロックチェーンへ記録されることによって、AアドレスからBアドレスへの移転が完了することとなる（〈図6〉④）。

このように、AアドレスからBアドレスへ1BTCを移転させる場合でも、Aアドレスの管理者の端末からBアドレスの管理者の端末へ、1BTCを表象する特定のデータが送信されるわけではないのである（以上、小林・前掲40頁以下）。

(3) ビットコイン・ウォレット

(ア) ビットコイン・ウォレットの種類

前記(2)で述べたように、ビットコイン・ウォレットは、それを取得する過程で、ビットコイン取引に必要な秘密鍵や公開鍵の作成を伴うものである。語弊をおそれずにいえば、ビットコイン・ウォレットとは、自らの秘密鍵、公開鍵およびアドレスを管理し、取引のために利用できる状態にするためのソフトウェアであるということができる（岡田ほか・前掲85頁）。

ビットコイン・ウォレットは、ソフトウェアの種類に応じて、以下の三つに分類することができると考えられる（なお、分類に用いた名称は、筆者が便宜上付したたものであることにご留意いただきたい）。

① クライアント型（デスクトップウォレット）

　自らのパソコンやスマートフォン上に、ブロックチェーンの取引履歴をダウンロードするタイプのソフトウェアである（遠藤元一「仮想通貨に関する法案の概要と実務への影響」旬刊経理事情1445号61頁参照）。各パソコ

〔第1章〕 第3 仮想通貨とは

〈図7〉 オンラインウォレットの例

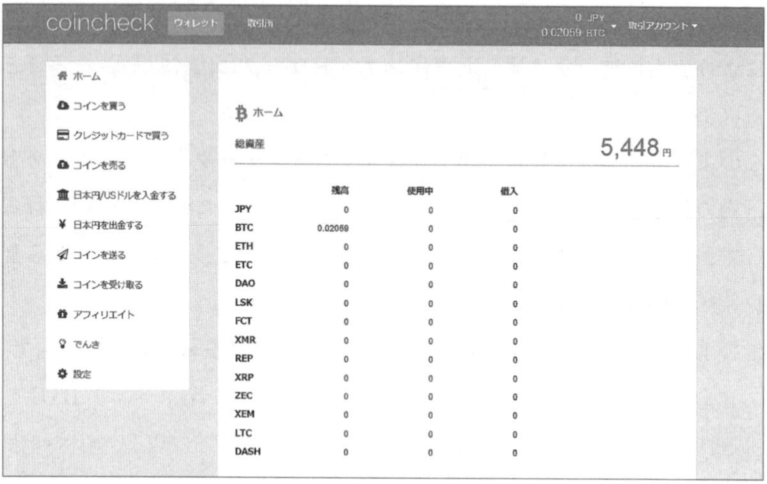

〈図8〉 ペーパーウォレットの例

ン等のローカルドライブ上で管理することになるため、コンピュータウィルスやハッキングによる秘密鍵の漏洩や当該デスクトップが使用不能になるリスクが存在する（また、ローカルドライブで情報共有可能な範囲の利用者による漏洩のリスクはある）。

② オンライン型

インターネット上のブラウザを使用して管理するインターネット上のウォレットである。秘密鍵の管理を利用者自らが行うか、ウォレットの

提供者が行うかによりビットコイン紛失のリスクの内容は異なる。いわゆるビットコイン取引所が提供するビットコイン・ウォレットは、このオンライン型に分類されるものと考えられる。

③　オフライン型（コールド・ストレージ）

　ネットワークにつながっていない媒体でビットコインを管理するものである。ペーパー・ウォレット、ハードウェアウォレット等がこれに該当する。コンピュータウィルスやハッキングといったオンライン上のリスクはない一方、これらの媒体の紛失や破損等のリスクが存在する。

(イ)　ビットコイン・ウォレットの種類とビットコインの管理者

　前記(ア)にて紹介した②オンライン型のビットコイン・ウォレットは、専門のウォレット業者から提供されていることが多い。この場合、ビットコインの保有者は、サービスを提供するウォレット業者において開設・維持されているアカウントを通じてビットコインの管理を行うことになる。そうすると、当該ビットコインの管理に複数の者が関与しているともいえる状態になるため（ウォレットのシステムにもかかわってこようが、ウォレットを開設した利用者とウォレット業者の双方が当該ウォレットに対応する秘密鍵を管理しているといえる状態が生じ得る）、ビットコインの帰属者が誰かという点については、慎重に検討すべき場面が生じ得ると考えられる（末廣・前掲72頁参照）。

(4)　ビットコイン取引所

(ア)　ビットコイン取引所とは

　ある者が法定通貨とビットコインを交換したいと考えた場合、ビットコインのシステム外で購入希望者を探索し、かつ交換金額について合意する必要があるが、かかる合意を個々の取引希望者が探索することは現実的ではない。そのため、ビットコインの取引所（以下、単に「取引所」という）が必要となる。

　取引所が担う重要な役割の一つは、ビットコインの売却希望者と購入希望

〔第1章〕 第3 仮想通貨とは

者とのマッチングの場を提供する点にある。

(イ) **取引所での取引の具体的方法（例）**

　取引所を媒介として、ビットコインの売却希望者と購入希望者とのマッチングがなされた場合、取引所においてどのような処理がなされているのだろうか。この点、現実の取引所における内部処理を探求することは困難であるが、複数の方法が考えられるところである。

　その一つは、取引所が、ビットコインの売却希望者からビットコインを、購入希望者から現金をそれぞれ預かる方法である。たとえば、ある参加者が取引所において1BTCの売却を希望する場合、当該参加者は、自らが管理するアドレスから、取引所の管理するアドレスへ1BTCを送付する。当該送付を確認した取引所は、自らの顧客帳簿において、当該参加者のビットコイ

〈図9〉 取引所での取引例①（顧客ごとの専用アドレスがある場合）

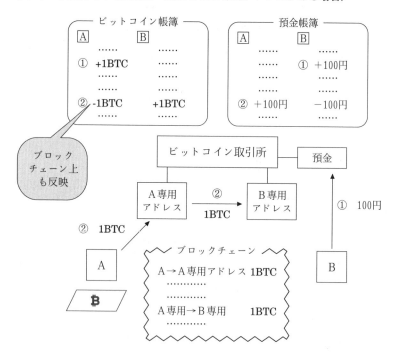

50

ン残高（以下、「ビットコイン残高」という）を1BTCと記録する（〈図9〉①、〈図10〉①）。

　同様に、ビットコインの購入希望者は、取引所の銀行口座等へ現金を送金する。当該送金を確認した取引所は、自らの顧客帳簿において、当該希望者の預かり現金残高（以下、「現金残高」という）を送金額に応じて記録する（〈図9〉①、〈図10〉①）。

　そして、取引所が提供するマッチングシステムによって顧客間で売買が成立した場合、それに応じて、売却者のビットコイン残高の減少および現金残高の増加、並びに購入希望者のビットコイン残高の増加および現金残高の減少をそれぞれ顧客帳簿へ反映する（〈図9〉②、〈図10〉②）。

　取引所の顧客がビットコインの引出しを希望する場合、その旨を取引所に

〈図10〉　取引所での取引例②（取引所の保管用アドレスによる場合）

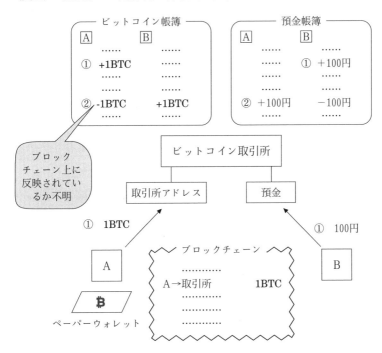

51

〔第1章〕 第3 仮想通貨とは

要請し、取引所は自らが管理するアドレスから顧客が指定したアドレスへ
ビットコインを送付し、顧客帳簿において送付分のビットコイン残高を減少
させる。

(ウ) 取引所の顧客帳簿とブロックチェーンの関係

取引所の顧客帳簿は、ビットコインのシステムとは関係のない、取引所独
自の存在である。そのため、顧客帳簿とブロックチェーンとの連関の程度は、
各取引所が採用するシステムによって異なり得る（顧客帳簿の記載事項等の詳
細は、資金決済法63条の13、仮想通貨府令26条・28条を参照）。

たとえば、売却希望の顧客からビットコインの送付を受ける際、取引所が
顧客ごとに専用のアドレスを作成し、同アドレスにて当該顧客分のビットコ
インを管理する手法が考えられる（なお、この場合、顧客ごとに作成された専用
アドレスであっても、取引所が作成したアドレスである以上、秘密鍵をもって当該
アドレスを管理するのは取引所のみであり、各顧客は、自己のための専用のアドレ
スがあるからといっても、取引所を介さずに、ビットコインを送付できるわけでは
ない）。そして、顧客間でビットコインの売買が成立した際に、単に顧客帳簿
を変更するのみならず、売却者のための専用アドレスから購入者のための専
用アドレスに対して成約相当分のビットコインを送付することも考えられる
（送付主体は取引所である）。この方法の場合、個々の顧客にかかる顧客帳簿上
のビットコイン残高と、顧客ごとに作成した専用アドレスのブロックチェー
ン上のビットコインの数値は一致することとなる（〈図9〉参照）。

一方、顧客ごとの専用のアドレスではなく、取引所の保管用のアドレスを
作成し、当該保管用のアドレスにて、ビットコインをまとめて保管する方法
も考えられる。かかる管理方法を選択する場合には、顧客間で売買が成立し
たとしても、取引所の顧客帳簿上のビットコイン残高が操作されるのみで
あって、売却希望者から取引所の作成した保管用のアドレスに送付された
ビットコインは、ブロックチェーン上移転しないことになる（購入希望者が取
引所に対し、購入したビットコインの送付を要請すること等で、ブロックチェーン

52

上、購入希望者の管理するアドレスへの送付が反映される）（〈図10〉参照）。

　この点、ブロックチェーン上でビットコインを送付するためには、通常、時間と手数料を要するため、現在の取引所においては、後者の管理方法、すなわちブロックチェーンとは独立して管理する方法を採用しているようであり、かかるビットコインの管理方法を採用している取引所が存在することが明らかになっている（以上、小林・前掲41〜42頁、末廣・前掲70〜71頁、パブコメ回答№116・117を参照）。

取引所を介した取引とブロックチェーンの関係

　たとえば、ある顧客（以下、「Ａ」という）が、ペーパー・ウォレットにて管理する１BTCを、取引所を通じて売却したいと考える場合、まずＡは、ペーパー・ウォレットの１BTCを、Ａが取引所に開設したアドレスに移転したうえ、取引所にてマッチングした購入希望者（以下、「Ｂ」という）との間で、取引を成立させることになります。この場合、Ａの管理するペーパー・ウォレットからＡが取引所に開設したアドレスへのビットコインの移転は、ブロックチェーン上に反映されます。一方、取引所は、ＡからＢへの１BTCの移転について、ブロックチェーン上には反映せず、取引所が管理する顧客帳簿上の残高を変動させることで管理している可能性があります。そして、Ｂが、購入した１BTCを取引所のサービスを利用して別のアドレスに送金するときにはじめて、取引所が管理するいずれかのアドレス（取引所としては、Ｂの顧客帳簿上のビットコイン残高より多いビットコインの送金さえしなければよいため、Ｂが指定するアドレスへの送金が、Ａが取引所に開設したアドレスからなされているとは限りません）から、Ｂの指定したアドレスへの送金がブロックチェーン上記録される、という処理がなされていることが考えられます。

〔第1章〕 第3 仮想通貨とは

コラム VM⑦ コインチェックの仮想通貨流出事件の背景

　平成30年1月26日、仮想通貨取引所「Coincheck」が利用者から預かっている仮想通貨NEM約580億円分が、外部からの不正アクセスにより流失したことが発表されました。流出の原因の一つとして、コインチェックが仮想通貨であるNEMを外部のネットワークと接続できる状態で管理していたことがあげられる旨の指摘がなされています（平成30年1月27日付日経新聞「仮想通貨580億円分流出」）。

　取引所が利用者から預かっている仮想通貨の管理方法については、資金決済法上、仮想通貨交換業者には「仮想通貨交換業の利用者の保護を図り、及び仮想通貨交換業の適正かつ確実な遂行を確保するために必要な措置を講じなければならない」義務が課されています（同法63条の10）。また、事務ガイドラインにおいても、仮想通貨交換業者の分別管理体制の監督においては、「利用者の仮想通貨について、利用者の利便性等を損なわない範囲で、可能な限り、仮想通貨を管理・処分するために必要な暗号鍵等をインターネット等の外部のネットワークに接続されていない環境で管理しているか」という点が確認の項目としてあげられているところです。

　コインチェックによる仮想通貨流出事件を契機に、資金決済法に基づき、金融庁は複数の仮想通貨交換事業者に立入検査を実施しており、今後、仮想通貨交換事業者による仮想通貨の管理体制の強化が図られるものと考えられます。

(5) ビットコイン取引所における取引と、証券取引所における有価証券の売買および金融機関による為替取引との比較

(ア) はじめに

取引所におけるビットコインの取引をめぐる法的問題点の検討の前提とし

て、証券取引所における有価証券の売買および金融機関による為替取引とビットコインの取引を比較しつつ、ビットコイン取引所とその顧客の間の法的関係を試論してみることとしたい。

(イ)　**証券取引所における有価証券の取引の概要**

我々が上場株式の取引（信用取引ではない取引を想定している）を行う場合、いわゆる証券会社を通じてこれを行う必要がある。たとえば、ある顧客Xが、Y証券会社を介して、Z会社の株式を購入したいと考える場合、Xは、Y証券会社に対して、Z会社という銘柄や数量、買付金額の限度、注文の有効期間等を指示したうえ、Y証券会社の受託契約準則に定められた期限までに、買付代金を交付する（〈図11〉①）。そして、現実にZ株式にかかる売買が成立すれば、XはZ株式をY証券会社から受領することとなる（もちろん、Y証券会社の保管口座にて保管することもできる）（〈図11〉②）。

この場合、Y証券会社は商法上の問屋（商法551条）、すなわち自己の名をもって（自身が契約当事者となって）他人の計算で物品の販売または買入れを行うことを業とする者に該当すると解されている。このとき、XとY証券会社との間の契約の性質は委任契約であると解されるため、Xが交付する買付代金の交付は、委任事務処理に要する費用の前払いという性質を有することとなる。また、問屋の性質上、Z株式を取引市場で購入する際、当該売買契約の当事者となっているのはY証券会社であり、Xではない。そのため、Y証

〈図11〉　**証券取引所における取引**

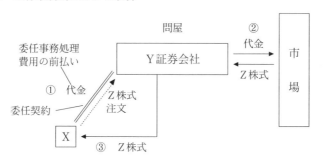

〔第1章〕 第3 仮想通貨とは

券会社は売主に対し、売買代金を支払う義務を負うことになるし、売主はＹ証券会社に対し、Ｚ株式を引き渡す義務を負う。もっとも、当該取引における経済的利益の帰属主体は顧客であることに鑑み、Ｙ証券会社から顧客に対する特別な権利移転手続を経ることなく、当然にＺ株式にかかる権利が顧客に帰属するものと解されている（商法552条2項、大判大正12年12月1日刑集2巻895頁参照）。

なお、同様のことは、顧客ＸがＹ証券会社を介して、Ｚ株式を売却したいと考える場合にも妥当すると考えられる。

(ウ) 金融機関による為替取引の概要

〈図12〉 金融機関による為替取引

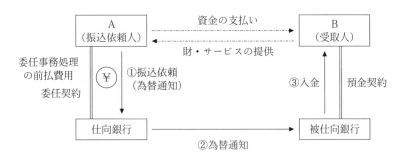

上記の図は、Ａ（振込依頼人）とＢ（受取人）の間で、ＢからＡに財・サービスの提供がなされ、ＡがＢに対する代金債務を負担し当該債務をＡがＢへの振込みによって決済する場合を想定している。

この場合、Ａは振込依頼人として、仕向銀行に対して振込依頼（支払指図）を行うとともに振込資金を交付する（現金を交付する場合と、仕向銀行の預金口座からの引落しによる場合とが考えられる）（〈図12〉①）。仕向銀行は、全国銀行データ通信システム（全銀システム）を通じて為替通知を被仕向銀行に送信し（〈図12〉②）、被仕向銀行は受信した為替通知に基づきＢ（受取人）の預金口座に入金記帳する（〈図12〉③）。

56

かかる状況での各当事者間の契約関係として、①Aと仕向銀行間の振込依頼契約、②仕向銀行と被仕向銀行間の為替取引契約、③被仕向銀行とBとの間の預金契約の三つを抽出することができる。

まず①の振込依頼契約は、委任契約の一種であると解される。この理解を前提とすれば、当該振込依頼契約において、Aは仕向銀行に対して、委任事務処理に要する費用の前払いとして振込資金を交付して、Bが被仕向銀行に保有する預金口座に預金債権を成立させることを委託し、他方、仕向銀行は受任者として振込依頼人の振込依頼を実行すべき義務を負うこととなる。

また、②仕向銀行から被仕向銀行への為替通知は、為替通知の内容に従って受取人の預金口座への入金記帳を行うという処理についての委任契約たる為替取引契約に基づき、仕向銀行が自らの名義で行う被仕向銀行に対する支払委託であると解される。

そして、③被仕向銀行からの入金およびBと被仕向銀行との間の預金契約に基づき、Bは被仕向銀行に対する預金債権を取得することになる。

㈎ ビットコイン取引所における取引と、ビットコイン取引所とその参加者との間の法律関係

それでは、1 BTC を100円で売却することを希望する参加者Pと、1 BTC を100円で購入することを希望する参加者Qが取引所を通じてマッチングした場合、P、Qおよび取引所の間の法的関係はどのように整理されるのだろうか。

⒜ 売却希望者Pと取引所との関係

まず、Pと取引所の間では、Pが管理するアドレスにて保管しているビットコインを、Pが取引所に開設したアドレスに移転する手続が履践される必要がある（〈図13〉①）。そのうえで、取引所は1 BTC を100円で購入することを希望する参加者とマッチングができ次第、Pが指定する口座に、1 BTC の対価に相当する100円を入金することとなる（〈図13〉②）。

以上の流れを前提にすれば、Pと取引所の間では、「1 BTC を100円で購入

〔第1章〕 第3　仮想通貨とは

〈図13〉　ビットコイン取引所における取引

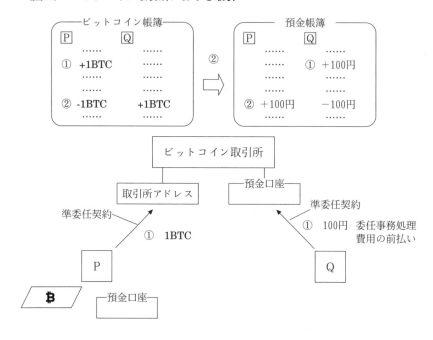

することを希望する参加者が発見されることを条件に、100円をＰの指定する口座に入金する」ことを委託する準委任契約が締結されているものと考えられる。なお、この場合、Ｐが取引所に開設した口座に１BTCを移転させる行為は、委任事務処理に要する費用の前払いに類した性格を有する行為であると考えられる（Ｐによる１BTCの移転は、厳密には、ブロックチェーン上での送信行為であって、取引所を直接の名宛人とする行為ではないため、「委任事務処理費用の前払い」には直接該当しないように思われる）。

(B)　取引所と購入希望者Ｑとの関係

次に、取引所とＱの間では、Ｑが取引所の指定する口座に100円を入金したうえで、取引所は１BTCを100円で売却することを希望する参加者とマッチングをすることとなる（〈図13〉①）。もっとも、マッチングが完了したとし

ても、上記(4)(ウ)で指摘したとおり、Qへの 1 BTC の移転が、直ちにブロックチェーン上も反映されるとは限らない（この点は、各取引所が採用するシステムによることとなる）（〈図13〉②）。もっとも、Qは、1 BTC を、取引所を介して売却することや、自らのペーパー・ウォレット等に移転させて保管することができて然るべきである。

　以上の流れを前提にすれば、取引所とQの間では、「1 BTC を100円で売却することを希望する参加者が発見されることを条件に、Qが指定する時期に、ブロックチェーン上、1 BTC をQが指定するアドレスに移転する旨のトランザクションデータを送信する」ことを委託する準委任契約が締結されているものと考えられる。この場合、Qが取引所の指定する口座に100円を移転させる行為は、委任事務処理に要する費用の前払いの性質を有するものと考えられる。また、取引所がQに対して負担する「Qが指定する時期に、ブロックチェーン上、1 BTC をQが指定するアドレスに移転する旨のトランザクションデータを送信」すべき義務は、いわゆる「なす債務」の性質を有するものであると考えられる。

(C)　取引所と各参加者との関係

　上記の法律関係を前提とすれば、取引所と参加者の間の法律関係については、上記証券取引所における有価証券の取引や金融機関における為替取引との比較の観点から、以下の点を指摘することができると思われる。

　まず、ビットコインの取引においては、（上述した態様でのビットコイン取引が行われている場合には、）取引所が管理するアドレスを経由して行われることとなる以上、取引所が取引の主体になるという意味で、証券会社の問屋としての性質との類似性を指摘することができよう。

　また、Pと取引所の関係については、顧客XとY証券会社ないし振込依頼人Aと仕向銀行の間で委任契約が成立することとの類似性を指摘することができると思われるし、Qと取引所の関係は、（準）委任契約であるという点において、顧客XとY証券会社の間で委任契約が成立することとの類似性を指

〔第1章〕 第3 仮想通貨とは

摘することができる。

　一方で相違点としては、取引所がQに対して負担する義務が「なす債務」であると解される点をあげることができる。まさにこれは、ビットコインの移転がブロックチェーン上で行われるという性質に起因するものであると評価することができる。

第4　電子マネーとポイントの異同

─◇ポイント◇─

➢ ポイントの中には将来の取引における代金決済に充てることができる
　ものもあり、この点で決済手段としての電子マネーと類似の機能を果
　たしています。

➢ 電子マネーとポイントの異同は、金銭を支払って取得されいているか
　否か（対価性の有無）という点にあると理解されています。

➢ ポイントを利用する消費者を保護すべきという観点から、一見すると
　無償で発行されているようにみえるポイントについても、対価性があ
　ると考えるべきではないかという見解もあります。しかし少なくとも
　現在発行されている多くのポイントは、対価性がないと考えられるも
　ので、実態が電子マネー（前払式支払手段）であるとして規制対象とな
　るものは少ないと考えられます。

1　電子マネーとポイントの区別の基準

　電子マネーは、発行額が増加しており決済手段として多く利用されてきて
いる。また、ポイントも、代金決済に充てることができるものもあり、電子
マネーと類似の機能を果たしているものも多くなってきている。さらに、ポ
イントから電子マネーへの交換も行われていることから、電子マネーおよび
ポイントは、これらを利用する消費者の目から見れば類似したサービスとい

61

〔第1章〕 第4 電子マネーとポイントの異同

える。

決済手段として用いることが可能なポイントと電子マネーの違いは、取得するために対価が支払われているか否か（対価性の有無）にあるとされている（高橋・詳説105頁）。

したがって、「ポイント」という名称で発行されていたとしても、対価の支払いと引き換えに発行されるなど資金決済法における前払式支払手段の要件を満たすものは、本書でいうポイントではなく、電子マネー等の前払式支払手段に該当し資金決済法の規制を受けることになる。

2　ポイントに対価性があるか

(1)　ポイントが商品等の購入代金の一部で購入されているとの見解

ポイントの中で、特に商品やサービスの購入時に発行されるものについては、消費者はポイントの利用を見込んでおり、ポイントと商品等をセットで購入していると考えられるとして、購入代金の一部はポイントの対価となっていると考えることもできるとの指摘がある（松本恒雄「ポイントサービスの法的性質と消費者保護の課題」月刊国民生活37巻9号9頁）。たとえば、1000円の商品購入時に次回以降の商品購入時に「1ポイント＝1円」で代金決済に充てることができるポイント100ポイントを発行した場合には、ポイント発行企業は、商品代金を900円に値引きするとともに、100円という対価を得て100ポイントを発行しているという考え方である。

この場合、確かに、商品購入時に支払われる代金の内訳を明示して、購入代金の一部をポイントの購入に充てるという契約内容になっているのであれば、商品購入時に発行されたポイントは対価と引き換えに発行されたものと

なると思われる。

しかし、購入代金の一部が商品の購入に当てられ、残部がポイントの購入に充てられているという点が明確にされているポイント規約は現実には見当たらない。逆に譲渡や購入ができない旨をポイント規約に定めているものも多い。商品購入時に、消費者が商品だけを購入したのか、商品とポイントをセットで購入したのかは、契約当事者が売買の対象をどのように認識して契約を行ったのかという点に照らして検討すべき問題（契約の解釈問題）といえるが、これは消費者側の見込みや期待のみに依拠しては判断できず、ポイント発行の実態に即して両当事者の意思解釈を行うべきである。

現状においては、小売業・サービス業の大手企業が発行しているポイントのほとんどが、ポイントプログラムに加入した消費者に対し、商品・サービスの購入を契機として付与されるものであって、ポイントのみを対価を支払って購入することはできないという取扱いがされている。こうしたポイント発行の実態からすれば、ポイントは商品・サービスの購入を行ったことに付随して付与されるものであって、あくまでも商品やサービスについては店頭・ウェブページ上等で表示された販売価格で購入したことを前提に、今後の販売促進のための「おまけ」として無償で消費者に提供されたものと考えられる。

なお、商品代金の一部がポイントの対価となっているとすれば、ポイントを大量に発行している大手家電量販店は、資金決済法に基づく前払式支払手段発行者に該当することになり金融庁への届出や登録が必要になるが、ポイントを大量に発行しているとみられる家電量販店の中には届出や登録を行っていない企業がある。これらの企業においては、次回以降の商品購入時に代金決済に充てられるポイントが発行されているものの、こうしたポイントは対価を得て発行していない、すなわち、無償で発行されているとの理解を前提としているものと考えられるが、こうした対応が資金決済法に違反する等の問題は現在生じていないようである。

⑵ ポイントが対価を得て発行されているとするその他の見解

　また、上記のほか、ポイントが対価を得て発行されているとする見解は、それぞれ異なる以下の4点を指摘してポイントに資金決済法の適用を及ぼすべきとしている（鈴木尉久「消費者から見た企業ポイント」消費者法ニュース83号346頁）。

㋐　消費者の行動への対価であるとの考え方

　まず、ポイントを、消費者がポイント発行企業との取引を選択したことに対する報酬ととらえれば、ポイントは消費者の行動に対する対価としての性格があり、消費者の行動自体がポイントに対する対価に当たるとの指摘がある。

　しかし、消費者の行動を対価としてポイントが発行されているか否かは、上記⑴と同様に消費者とポイント発行企業との間で、消費者の行動に対する対価としてポイントを発行するという契約が成立しているかどうかによる。

　これは、ポイント発行の実態に即して具体的に判断するべき問題であるが、現状、商品やサービスの購入に応じて発行されるポイントは、購入額が多いほどポイントは多く発行されるので、消費者がポイント発行企業との取引を選択したことに対する見返りというよりは、購入額に応じた今後の販売促進のための優良顧客への「おまけ」として無償で提供されたものという実態を有するものが多いと思われる。

　他方で、店舗への来店、ウェブページへのアクセス、アンケートへの回答等を契機として付与されるポイントについても、そうした行動の対価としてポイントが付与されている旨が明らかになっているものは、対価を得て発行されていると見る余地も十分あるだろう。なお、同一種類のポイントについて無償で発行されるものと、有償で発行されるものがある場合には、両方を合計した発行総額に対して対価が支払われた額の割合（有償割合）を基準に、

有償割合が50パーセントを超えていれば対価を得て発行されている（前払式支払手段に当たる）と判断するという見解がある（高橋・詳説79頁）。この見解によれば、対価を得て発行されているもの（消費者の行動への対価として発行されているもの）があったとしても、商品サービスの購入に応じて無償で発行されているポイントの発行額に比べて、わずかである場合には、ポイント全体としては対価を得て発行していないことになる。

　また、ポイント発行企業の説明内容、消費者の理解等から、無償でポイントを付与することで、消費者を一定の行動に誘導しているにすぎない場合も相当程度あると思われ、消費者の行動を対価としてポイントが発行されているといえる例は少数ではないかと思われる。

(イ)　汎用的な決済手段として電子マネーと類似しているとの考え方

　ポイントは、電子マネーと交換可能であるなど決済手段としての要素が強くなってきており、現金の代替物としての性格が強くなっているため、電子マネーは有償でポイントは無償という建前が崩れているという点からも、対価性があると考えるべきとの指摘もある。

　たしかに、ポイントは、決済手段としても利用されるようになっているという実態はあるものの、発行時点で対価が支払われることなく発行されているのであれば、ポイントの決済手段としての機能が強まっても無償で発行されているといわざるを得ないのではないかと思われる。すなわち、利便性の高い支払手段であるという機能面と、対価を得て発行されたかは別次元の問題なのである。

(ウ)　個人情報の提供が対価であるという考え方

　ポイントプログラムに加入したときに提供する個人情報は、消費者がポイント発行企業に売り渡したものととられば、ポイントは個人情報の対価としての性格があるという点も、ポイントが対価を得て発行されているという理由としてあげられることがある。

　しかし、消費者が個人情報を対価として提供しているとの点は、消費者が

〔第1章〕 第4 電子マネーとポイントの異同

ポイントプログラムに加入する際に、そのような意識を有していないのではないかという疑問がある。また、ポイントプログラムへの加入後に、購入額に応じて付与されるポイントに関しては、購買履歴という情報への対価とみることも不可能ではないと思われるが、取引を前提とせずに付与される販売促進のための懸賞企画等で付与されるポイントも存在するから、そのような場合は応募者自身の情報の提供は応募の前提であって、個人情報を対価として付与されているとはいい難く、ポイントが個人情報を対価として発行されているとの考え方には無理がある。

(エ)　**販売促進費等による販売価格への転嫁が対価であるという考え方**

ポイントの発行原資は直接には販売促進費等であるとしても最終的には商品等の価格に転嫁され消費者が負担している点をあげて、ポイントは対価を得て発行されていると考えるべきとの指摘もある。

しかし、経済実態としてそのような側面があるとしても、消費者やポイント発行企業が、対価と引き換えにポイントが発行されていると認識しているか否かは別問題であり、かかる側面から直ちにポイントが対価を得て発行されているとはいえない。

(3)　まとめ

以上のように、消費者からポイント発行企業に対する金銭等の支払いと引き換えに発行されているわけではないポイントについても、実質的にみて対価を得て発行されていると考え、資金決済法の適用を検討するべきとの見解もある。

しかし、上記の見解が指摘する点を考慮しても現状のポイントプログラムを前提とすれば、あくまでも対価を得て発行されていない（無償で発行されている）と考えられるポイントが多数である。本書が検討の対象としている金銭等による購入ができないポイントについては、資金決済法上の前払式支払手段の3要件、すなわち①金額等の財産的価値が記載・記録されていること、

②金額・数量に応じた対価を得て発行されるものであること（前払い）、③代価の弁済等に使用できること、のうち対価を得て発行されるという②の要件を満たさないと考えられる。

したがって、現状のポイントプログラムを前提とすれば、金銭等による購入の可否が、電子マネーとポイントを区別する基準といえる。

なお、ポイント全般ではなく、ポイント交換によって発行されるポイントについてのみ前払式支払手段として資金決済法による規制を及ぼすべきとの議論もなされているが、詳細は第3章第5・2を参照されたい。

〔第1章〕 第5 仮想通貨と電子マネーおよびポイントとの異同

第5 仮想通貨と電子マネー およびポイントとの異同

―◧ポイント◧―

➤ 仮想通貨と電子マネーの違いは、使用できる相手方が特定の者に限定
されているか否かにあると考えられます。

➤ 仮想通貨とポイントの違いも、同様に使用できる相手方が特定の者に
限定されているか否かにあると考えられます。

1 仮想通貨と電子マネーの異同

仮想通貨は、電子マネーと同じく流通額が増加しており決済手段として多く利用されてきている。

さらに、仮想通貨の中でも、発行者が存在するものについては、発行者がシステム全体の管理者となっている点で、発行者が必ず存在する電子マネー（前払式支払手段）に類似する。

しかし、「仮想通貨」が不特定の者との間での決済利用、売買、交換ができるものであるものに対し（資金決済法2条5項1号・2号）、電子マネー（前払式支払手段）は、発行者との契約または規約等に基づき特定者に対してのみ使用することが想定されている点で大きく異なり、ある支払手段が仮想通貨に該当する場合には前払式支払手段に該当することはないと整理されている（パブコメ回答№.37）。

仮想通貨と電子マネーの異同について、それぞれの主な規制法および規制

68

内容について整理すると、下表のとおりである。

〔表8〕 仮想通貨と電子マネーの規制の異同

		仮想通貨	電子マネー	
			自家型	第三者型
規制法		資金決済法	資金決済法	
規制内容	参入規制	登録制	届出制（※1）	登録制
	財務規制	最低資本金1000万円、純資産額が負の値でないこと（法63の5Ⅰ③、令9）	―	最低純資産額1億円（法10Ⅰ②イ、令5Ⅰ）（※2）
	資産保全	利用者の財産の分別管理と外部監査（法63の11）	発行保証金（未使用残高の2分の1以上）の供託（法14の1）	
	体制整備	・仮想通貨交換業を適正かつ確実に遂行する体制、法令遵守に必要な体制の整備が行われていないことが登録拒否・取消事由（法63の5Ⅰ、法63の17Ⅰ①） ・利用者の保護を図り、仮想通貨交換業の適正かつ確実な遂行を確保するために必要な措置を講じる義務（法63の10）	―	前払式支払手段により購入等ができるものが公序良俗を害するおそれがないことを確保する体制、加盟店への支払いを適切に行う体制、法令遵守に必要な体制の整備が行われていないことが登録拒否事由・登録取消事由（法10Ⅰ、法27Ⅰ①）

69

〔第1章〕　第5　仮想通貨と電子マネーおよびポイントとの異同

情報管理	情報の安全管理（法63の8）	情報の安全管理（法21、府令43〜45）
顧客への情報提供	仮想通貨と通貨の誤認防止の説明、契約の内容についての情報提供（法63の10）	表示または情報提供義務（法13、府令21・22）
業務委託	委託業務の適正かつ確実な遂行を確保するために必要な措置（法63の9）	個人利用者情報の委託先の監督（府令44）
苦情・紛争処理	苦情処理・紛争処理（法63の12）	苦情の適切かつ迅速な処理（法21の2）
報告徴求検査業務改善命令等	・報告、資料の提出、立入検査（法63の15） ・業務改善命令（法63の16） ・登録の取消し等（法63の17）	・報告、資料の提出、立入検査（法24） ・業務改善命令（法25） ・登録の取消し等（法27）　・業務停止命令（法26）
その他	—	払戻しの原則禁止（法20）

（法：資金決済法　令：施行令　府令：仮想通貨府令）

※1　発行を開始して以後、その未使用残高が基準日において1000万円を超えることとなった場合に、最初に基準額を超えたとき

※2　発行する前払式支払手段の利用可能な地域が一の市区町村の場合は1000万円

2　仮想通貨とポイントの異同

　現在流通している主な仮想通貨は、採掘（マイニング）によって利用権が原始取得されるため、取得対価を観念しづらい。この点は、ポイントが対価性なく取得されるものであることと類似する。

　また、ポイントについては、"Tポイント"や"Ponta"のように、複数の企業で共通したポイントが発行され、それらの企業において購入代金の支払

70

いに充当されるポイントが生活に浸透しており、決済手段としての機能の発展も目覚ましくみられるところである。この点も、決済手段として利用される仮想通貨と類似する。

　もっとも、仮想通貨とポイントの違いは、「仮想通貨」が不特定の者との間での決済利用、売買、交換ができるものであるものに対し（資金決済法2条5項1号・2号）、ポイントは、発行者との契約または規約等に基づき特定者に対してのみ使用することが想定されている点であるとされている（湯山壮一郎ほか「情報通信技術の進展等の環境変化に対応するための銀行法等の一部を改正する法律の概要（2・完）」商事法務2108号48頁、栗田口太郎「ビットコイン等の仮想通貨をめぐる法環境の進展」金法2041号4頁）。

　なお、ポイントについては、その決済手段としての機能の発展や利便性の向上とともに、ポイントによって得られる利益について消費者の期待も次第に高まっていることから、かかる消費者の利益・期待を保護すべきとの観点から、決済手段として法的規制を施すべきとの議論がなされている状況である（前掲第2・4）。

〔第1章〕 第6 電子マネー利用約款・ポイント規約・仮想通貨交換所利用約款に対する改正民法の適用

第6 電子マネー利用約款・ポイント規約・仮想通貨交換所利用約款に対する改正民法の適用

◙**ポイント**◙

➤ 改正民法により約款について新たに定められることとなり、電子マネー利用約款、ポイント規約や仮想通貨交換所利用約款については、基本的には改正民法の規定の対象となる「定型約款」に該当すると考えられます。

➤ ポイント規約等を契約の内容とすることについて、消費者と「合意」するか、あらかじめ消費者に「表示」していた場合には、「みなし合意」があったものとして、消費者は定型約款の条項に合意したものとみなされることとなります。

➤ 「みなし合意」が認められる場合であっても、①相手方の権利の制限・義務の加重となるものであり、②定型取引の態様等に照らして信義則に反して相手方の利益を一方的に害すると認められるものについては、その部分に関して合意しなかったものとみなされることとなるので注意が必要です。

➤ 定型約款については、個別に相手方と合意せずとも、①変更が相手方の一般の利益に適合する場合、または②変更が契約の目的に反せず変更の必要性等に照らして合理的な場合には、内容を変更することができることとなります。

1 電子マネー・ポイントを発行する企業と消費者との契約関係

　電子マネーの発行者、ポイント発行企業や仮想通貨交換所（以下、「発行者等」という）とそれらを利用する消費者との間の契約は、発行者等が作成した電子マネー利用約款（発行者と利用者との間の約款をいう。以下同じ）、ポイント規約や仮想通貨交換所約款に基づいて行われている。

　電子マネー利用約款、ポイント規約や仮想通貨交換所利用約款は、発行者等により作成されるものであるから、消費者としてはその内容を十分に把握していない場合もありうるが、そのような場合であっても、これら利用約款等の効力が消費者に対して及ぶかが問題になる。

　この点、これら利用約款等は発行者等と多数の消費者との間に適用される定型的な条項であり、約款としての性格を有している。そして、約款による契約については、平成29年6月2日に公布され平成32年4月1日に施行される民法の一部を改正する法律（平成29年6月2日法律第44号。以下、同法により改正された民法を「改正民法」といい、同法による改正前のものを「改正前民法」という）により、新たに定められることとなった。

　改正民法においては、約款のうち、一定の要件を満たすものについては、「定型約款」として取引に拘束力を認めることとなったが（改正民法548条の2第1項）、信義則に反する不当条項については効力が生じないものとされている（同条2項）。

73

〔第1章〕 第6 電子マネー利用約款・ポイント規約・仮想通貨交換所利用約款に対する改正民法の適用

2 定型約款の合意

(1) 定型約款

「定型約款」とは、①ある特定の者が不特定多数を相手方とし、②取引内容の全部または一部が画一的であることが双方にとって合理的な取引において、③取引契約の内容とすることを目的としてその特定の者により準備された条項の総体を指す（改正民法548条の2第1項）。

電子マネー利用約款、ポイント規約や仮想通貨交換所利用約款については、通常、不特定多数の消費者に対して、同一の内容で契約を締結することが通常であり、交渉による修正の余地のない契約条項を、発行者等が契約の内容に組み入れることを目的として準備するものであるから、基本的には「定型約款」に該当することとなると考えられる。

(2) みなし合意

消費者がたとえ定型約款の個別の条項を把握していなくとも、①定型約款を契約の内容とする旨の合意をした場合、または②定型約款を準備した者があらかじめその定型約款を契約の内容とする旨を相手方に表示していた場合には、「みなし合意」があったものとされ、定型約款の条項に合意したものとみなされることとなる（改正民法548条の2第1項）。

たとえば、発行者等が定型約款であるポイント規約を契約の内容とすることについて、消費者と「合意」した場合には①の要件を満たすこととなり、他方、あらかじめ消費者に「表示」していた場合には（消費者の合意がなくとも）②の要件を満たすことになると考えられる。

なお、鉄道・バス等による旅客運送取引や、電気通信事業等については、②の「表示」すら困難であるが、取引自体の公共性や約款による契約内容の

補充の必要性が高いことから、特別法により、契約の内容が補充されること
をあらかじめ「公表」していれば、②の要件が満たされることとなる（部会
資料86－2・2頁、潮見・改正法案205頁）。

(3)　不当条項規制

　上記のとおり定型約款についてみなし合意が認められる場合であっても、
①相手方の権利を制限しまたは相手方の義務を加重する条項であって、②そ
の定型取引の態様およびその実情並びに取引上の社会通念に照らして民法1
条2項に規定する基本原則に反して相手方の利益を一方的に害すると認めら
れるものについては、その部分に関して、合意しなかった（そもそも契約に組
み込まれなかった）ものとみなされる（改正民法548条の2第2項）。

　②の信義則に反するかどうかの判断にあたっては、当該条項そのもののみ
ならず、取引全体にかかわる事情に照らして広く考慮することを意味してお
り、当該条項を単体でみた場合に消費者に不利であっても、取引全体をみれ
ばその不利益を補うような定めがあれば、全体としては信義則に反しないと
解される（部会資料86－2・4頁）。

3　定型約款の内容の表示

　上記の要件が満たされていれば、たとえ消費者が定型約款の具体的な内容
を見ていなかったとしても、定型約款の条項は効力を生じることとなる。し
かし、定型取引合意の前またはその後相当の期間内に相手方から請求があっ
た場合には、定款準備者は、遅滞なく、相当な方法で定型約款の内容を示さ
なければならないものとされている（改正民法548条の3第1項本文）。もっと
も、相手方に定型約款を書面や電磁的方法（CD-ROM の交付や PDF ファイル
のメール送信等）によって提供している場合には、すでに相手方が確認できる
状態になっていることから、重ねて定型約款の内容を示す必要はない(同項た

〔第1章〕 第6 電子マネー利用約款・ポイント規約・仮想通貨交換所利用約款に対する改正民法の適用

だし書）。

　もし、相手方から請求があったにもかかわらず、正当な理由なく定型約款の内容の表示を拒んだ場合には、定型約款のみなし合意が認められないこととなる（改正民法548条の3第2項）ので注意が必要である。

4　定型約款の変更

　改正民法においては、以下の①または②のいずれか要件を満たした場合には、定型約款の変更をすることにより、個別に相手方と合意をすることなく契約の内容を変更することができるものとされている（改正民法548条の4第1項）

　　①　定型約款の変更が、相手方の一般の利益に適合するもの（同項1号）
　　②　定型約款の変更が、契約をした目的に反せず、かつ、変更の必要性、変更後の内容の相当性、この規定により定型約款の変更をすることがある旨の定めの有無およびその内容その他の変更に係る事情に照らして合理的なもの（同項2号）

　定型約款の変更をするためには、定型約款に定型約款の変更をすることがある旨を定める条項があることは必ずしも必要ではないが、変更される対象やどのような場合に変更されるかについて具体的な変更条項が設けられている場合には、変更の合理性が認められやすくなると考えられる（青山・民法改正235頁）。変更の合理性の判断にあたっては、相手方に解除権を与えるなどの措置が講じられていることや、変更の効力が発生するまでに猶予期間を設けること等は、定型約款の変更を認める方向で勘酌される（部会資料83-2・41頁、筒井ほか・一問一答260頁）。

　また、定型約款を変更する場合には、定型約款準備者は、インターネットの利用その他の適切な方法により、定型約款を変更する旨および変更後の定型約款の内容並びにその効力発生時期を周知しなければならず（改正民法548

76

条の4第2項)、これを怠った場合には変更の効力が生じないものとされている (同条3項)。

5 消費者契約法との関係

上述した改正民法における不当条項規制は、後述する消費者契約法10条と同様の枠組みである。

しかし、改正民法における不当条項規制が契約内容の具体的な認識がないことに問題意識をもつのに対し、消費者契約法10条における不当条項規制は事業者・消費者間の構造的な情報格差・交渉力格差を基礎に据えたものである。このように両者は趣旨を異にするものであるため、不当とされる条項の範囲が必ずしも重なり合うものではない (部会資料86-2・4頁、青山・民法改正238頁)。それゆえ、電子マネー利用約款、ポイント規約や仮想通貨交換所利用約款の内容が不当条項にあたるかどうかの検討にあたっては、改正民法における定款約款の規制と消費者契約法10条の規制の両方の検討が必要となる。

もっとも、対消費者との関係では主に消費者契約法を検討することになると考えられるため、不当条項にあたるかどうかの検討について、以下においては消費者契約法を中心に検討する。

〔第1章〕 第7 電子マネー利用約款・ポイント規約・仮想通貨交換所利用約款に対する消費者契約法の適用

第7 電子マネー利用約款・ポイント規約・仮想通貨交換所利用約款に対する消費者契約法の適用

---**◙ポイント◙**---

> 電子マネー利用約款、ポイント規約や仮想通貨交換所利用約款の内容に関して、消費者にとって明確かつ平易なものとなるよう配慮し、契約の勧誘時には消費者の理解を深めるために契約の内容についての必要な情報を提供するとともに、消費者が規約の内容を確認できるような対応をとることが望ましいと考えられます。

> 電子マネー利用約款、ポイント規約や仮想通貨交換所利用約款の中で、消費者に不利益な条項（①任意規定から逸脱し、②信義則違反となるもの）については、消費者契約法10条により、無効とされる可能性があるので注意が必要です。

1 消費者に対する情報提供義務

　電子マネー利用約款、ポイント規約や仮想通貨交換所利用約款に基づく契約は、事業者・消費者間の契約であるから消費者契約法における「消費者契約」（消費者契約法2条3項）に該当する。

　消費者契約法3条により、事業者である発行者等に対しては、電子マネー利用約款、ポイント規約や仮想通貨交換所利用約款の内容に関して、消費者にとって明確かつ平易なものになるよう配慮すること、および契約の勧誘時

78

には消費者の理解を深めるために契約の内容についての必要な情報を提供することについて努力義務が課される。

この義務は努力義務であり、義務の不履行が、直ちに消費者契約の取消し・無効や損害賠償責任の発生につながるものではない。

もっとも、たとえば消費者契約法10条に違反する不当な条項として契約条項が無効となるか否かの検討においては、契約内容に関する説明・情報提供の内容や程度も考慮して判断されることになる。

発行者等においては、電子マネー利用約款、ポイント規約や仮想通貨交換所利用約款の内容について消費者に理解しやすい内容とするとともに、上記ポイントで述べたように消費者が電子マネー利用約款、ポイント規約や仮想通貨交換所利用約款の内容を確認しようと思えば確認できるような対応が望まれる。

2　不当条項の無効

(1)　消費者契約法10条の規定

消費者契約法は、消費者に一方的に不利益な条項によって消費者の正当な利益が害されることを防ぐために、消費者契約の中の不当条項の全部または一部を無効とする規定（消費者契約法 8 条〜10条）をおいており、これら消費者契約法の規定によって電子マネー利用約款、ポイント規約や仮想通貨交換所利用約款の条項が無効とされることがありうる。

消費者契約法 8 条ないし10条のうち、特にこれら利用約款等の中の消費者に不利益な条項については、消費者契約法10条が適用される可能性が高い。

消費者契約法の一部を改正する法律（平成28年法律第61号）が平成28年 6 月 3 日に公布され、公布の日から起算して 1 年を経過した日（平成29年 6 月 3

〔第1章〕 第7 電子マネー利用約款・ポイント規約・仮想通貨交換所利用約款に対する消費者契約法の適用

日）から施行されているところ、改正後の消費者契約法10条は、以下のように規定されている（改正箇所は下線部）。

【消費者契約法】

（消費者の利益を一方的に害する条項の無効）

第10条　消費者の不作為をもって当該消費者が新たに消費者契約の申込み又はその承諾の意思表示をしたものとみなす条項その他の法令中の公の秩序に関しない規定の適用による場合に比して、消費者の権利を制限し又は消費者の義務を加重する消費者契約の条項であって、民法第1条第2項に規定する基本原則に反して消費者の利益を一方的に害するものは、無効とする。

消費者契約法10条により消費者契約の条項が無効となる場合は以下の二つの要件を満たす場合である。

① 　任意規定からの逸脱（前段）

② 　信義則違反（後段）

なお、ポイント規約に関して、平成21年経産省研究会報告書29頁は、「契約内容を事業者が自由に変更できるとの条項があっても、たとえば、消費者が大量に貯めたポイントを発行企業が事前告知なく一方的に失効させる場合のように、通常の消費者の期待に反し、著しく消費者に不利益をもたらす変更は無効となりうると考えられる」と指摘している。

また、同報告書は、ポイント規約における条項の内容が、消費者契約法により無効になるか否かの判断にあたっては、「約款等の記載だけでなく、実際の勧誘・広告・表示の実態、交渉の経緯等も踏まえ、消費者が一定の期待を抱くことが通常であるかどうかといった点や、当該期待が保護に値するものかどうか、事業者が消費者に不利益な取扱いを行うことが事前の説明内容等との関係で消費者の期待に著しく反するものかどうか等といった点が考慮さ

れるべき」としている（同報告書29頁）。

⑵　前段要件──任意規定からの逸脱

　最高裁判例によれば、前段要件にいう任意規定には、法律の明文の規定の
みならず一般的な法理等も含まれると解されているが（賃貸借契約の更新料条
項の有効性に関する最判平成23年 7 月15日民集65巻 5 号2269頁）、この点は改正
前の消費者契約法10条の文言上必ずしも明らかではなかった。そこで、改正
後の同条においては、最高裁判例の趣旨を明らかにするとともに、紛争を予
防する等の観点から、前段要件に該当する条項の例として、「消費者の不作為
をもって当該消費者が新たな消費者契約の申込み又はその承諾の意思表示を
したものとみなす条項」があげられることとなった。もっとも、この条項は、
あくまでも前段要件に該当する条項を例示したものであるから、改正前の10
条と同様に、後段要件にも該当して初めて当該条項は無効と判断されること
となる（消費者庁消費者制度課「消費者契約法改正の概要」法律のひろば第69巻第
12号26頁（2016年））。

　電子マネー利用約款、ポイント規約および仮想通貨交換所利用約款の条項
に消費者契約法10条の適用があるかどうかの具体的な検討において前段要件
が適用対象を限定する意味は大きくはない。もっとも、比較対照すべき任意
規定がある場合には、任意規定を適用した場合との比較で消費者の不利益が
どの程度大きいものかを具体的に想定することが可能であるため、その不利
益が大きい場合には信義則違反（後段要件）の検討において無効と判断される
可能性が高まる。

⑶　後段要件──信義則違反

　民法 1 条 2 項に規定されている信義誠実の原則とは、民法上、社会共同生
活の一員として互いに相手の信頼を裏切らないように誠意をもって行動する
ことを要求するルールを意味するとされている（我妻榮『新訂民法総則（民法

〔第1章〕 第7 電子マネー利用約款・ポイント規約・仮想通貨交換所利用約款に対する消費者契約法の適用

講義 I）』（岩波書店・昭和56年）34頁）。「民法第1条第2項に規定する基本原則に反して消費者の利益を一方的に害する」という本要件に関しては、民法1条2項で無効となるものだけが本条の適用対象となるとする見解（確認説：消費者庁・逐条解説238頁）と、民法1条2項で無効となるものだけに限られないとする見解（創造説：山本敬三「消費者契約立法と不当条項規制」NBL686号20頁）とがある。後者は、現行民法では無効とならない契約条項についても新たに適用対象とするものとして、無効領域を「創造」するとの意であると解されている。

　この点、消費者契約法10条の趣旨からしても、同法と民法では、予定する契約当事者も立法目的もまったく異なるのであるから、創造説に立ち、本条は現行民法では必ずしも無効とされない契約条項についてもこれを無効とする旨規定した条項と理解すべきといえよう。

　次に、民法1条2項で無効となるものだけに限られないとして、具体的にいかなる契約条項が本条に反して無効になるのか、いかなる契約条項が信義則に反して消費者の利益を一方的に害するものといえるのかが問題となる。

　消費者契約法の立法目的は、その1条に規定されているとおり、「消費者と事業者との間の情報の質及び量並びに交渉力の格差を是正し、消費者の利益を擁護すること」にある。かかる立法目的からすれば、「民法第1条第2項に規定する基本原則に反して消費者の利益を一方的に害する」場合とは、事業者の反対利益を考慮してもなお、消費者と事業者との間の情報格差・交渉力格差の是正を図ることが必要であると認められる場合を意味すると解されている（日本弁護士連合会消費者問題対策委員会編『コンメンタール消費者契約法〔第2版〕』（商事法務・2010年）195頁、大阪高判平成21年10月29日金法1887号130頁参照）。

　具体的には、当該契約条項によって消費者が受ける不利益とその条項を無効にすることによって事業者が受ける不利益とを衡量し、両者が均衡を失し、消費者の受ける不利益が大きいと認められる場合を意味するものと解されて

いる（日本弁護士連合会消費者問題対策委員会・前掲195頁、消費者庁・逐条解説239頁）。

　この考え方によれば、電子マネー利用約款、ポイント規約や仮想通貨交換所利用約款におけるこの利益衡量の際には、①当該条項の任意規定からの乖離の程度、必要性・合理性の有無、②契約締結前に当該条項に関する情報がどの程度消費者に与えられていたか、また、消費者にとって交渉の余地があったのかどうか、③消費者にとっての、当該契約条項が発動した場合に生じる事態の予測可能性等の事情が、考慮されるべきと考えられる。

〔第1章〕 第8 電子マネー・ポイント・仮想通貨と個人情報保護法との関係

第8 電子マネー・ポイント・仮想通貨と個人情報保護法との関係

◎ポイント◎

➤ 改正個人情報保護法が平成29年5月30日に施行され、「個人情報」の定義が明確化されたほか、5000人分以下の個人情報の取扱事業者に対しても個人情報保護法の適用があることとなりました。

➤ 個人情報取扱事業者に該当する発行者等は、個人情報の利用目的をできるだけ特定することが求められ、原則として、個人情報を取得したときは速やかに利用目的を本人に通知または公表する必要があります。また、あらかじめ個人情報を提供した本人の同意を得ないで、利用目的の達成に必要な範囲を超えて個人情報を取り扱うことはできません。

➤ 個人情報取扱事業者に該当する発行者等は、原則としてあらかじめ本人の同意を得た場合でなければ、第三者に個人データを提供することはできません。①提供先が「第三者」に該当しない場合、および②第三者提供の制限の適用除外に当たる場合には、事前同意は不要となります。

➤ 改正個人情報保護法では、匿名加工情報の規定が新設され、法律で定められる一定の措置を講じて、特定の個人を識別することができないように個人情報を加工し、復元して特定の個人を再識別できないようにした個人情報については、一定の制約の下で、匿名加工情報を第三者に提供し、利用することが認められています。

84

1　ポイントプログラムを通じた個人情報の収集

　発行者等は、消費者が記入した申込書などを通じて、氏名・住所等の特定の個人を識別することができる情報を取得することが通常である。

　特に、ポイントを発行することによるポイント発行企業のメリットの一つとして、ポイント付与の前提として誰がいつ何を購入したかという購買履歴の情報を蓄積することができ、その購買履歴の情報をもとに顧客のニーズに合った効果的なマーケティングを行うことができるという点がある。ポイントの発行は、こうした消費者のビッグデータを収集するための手段という側面も大きい。また、電子マネーもポイントプログラムと組み合せることで、マーケティング・ツールとしての側面を有することはすでに指摘したとおりである。

　このような消費者の情報が、個人情報保護法における「個人情報」に該当し、個人情報保護法による規制対象となるかどうかについて、従前の個人情報保護法では定義があいまいとなっており、ビッグデータの活用に支障が生じるものとなっていた。そこで、ビッグデータの適正な活用促進を目的の一つとして、個人情報保護法が改正され（平成27年9月9日法律第65号）、個人情報の定義が明確にされた（平成29年5月30日施行）。従前、「個人情報」とは、①生存する個人に関する情報であって、当該情報に含まれる氏名、生年月日その他の記述等により特定の個人を識別することができるもの（他の情報と容易に照合することができ、それにより特定の個人を識別することができることとなるものを含む）と定義されていたが、改正後では、①の定義に加え、②個人識別符号が含まれるものとして政令で具体的に定めるものと定義し、個人情報の定義をより明確化している。

　また、従前、個人データ（個人情報を検索可能にしているもの）によって識別される個人が5000人を超えない場合には個人情報取扱事業者ではなく、個

〔第1章〕 第8 電子マネー・ポイント・仮想通貨と個人情報保護法との関係

人情報保護法の適用を受けないとされていたが、改正後は、かかる適用制限がなくなっており、5000人分以下の個人情報の取扱事業者に対しても個人情報保護法の適用がある。

このように、電子マネーおよびポイントの発行により個人情報を収集する場合には、個人情報を多数収集して事業活動に用いることになるため、その取得および管理等について、以下で述べるような個人情報保護法による規制を受ける。

2 利用目的の特定および利用目的の通知または公表

個人情報取扱事業者に該当する発行者等は、個人情報の利用目的をできるだけ特定することが求められ（個人情報保護法15条）、原則として、個人情報を取得したときは速やかに利用目的を本人に通知または公表する必要があり（「本人に通知」する場合の方法については個人情報保護法ガイドライン（通則編）22頁参照。「公表」する場合の方法については同ガイドライン（通則編）23頁参照）、本人から直接書面で個人情報を取得する場合にはあらかじめ本人に利用目的を明示する必要がある（同法18条）。

利用目的の記載は、具体的に記載することが求められ、たとえば、「マーケティング活動に用いるため」といった記載では不十分であり、「○○事業における商品の発送、関連するアフターサービス、新商品・サービスに関する情報のお知らせのために利用します」といった程度の具体化が必要である（特定の程度に関しては、個人情報保護法ガイドライン（通則編）26頁参照）。

3 利用目的の範囲内で利用する義務

また、個人情報取扱事業者に該当する発行者等は、あらかじめ個人情報を

提供した本人の同意を得ないで、利用目的の達成に必要な範囲を超えて個人情報を取り扱うことはできない（個人情報保護法16条1項）。合併、会社分割、営業譲渡等により他の個人情報取扱事業者から個人情報を承継した場合は、承継前の目的達成に必要な範囲を超えては、個人情報を利用できない（同条2項）。

　発行者等について合併等が行われ、電子マネーの発行やポイントの運用を継続する場合には、将来における個人情報の利用可能な範囲を確認するため、個人情報を取得した時点等における利用目的が、どのような内容と定められ、説明されていたかを確認するべきである。

　その結果、当初の利用目的を変更する必要がある場合には、①個人情報を提供した本人が、社会通念上想定することが困難でないと認められる範囲内での変更にとどまるのであれば、本人への通知または公表のみで足りる（個人情報保護法15条2項）。他方、②本人が、社会通念上想定することが困難である目的へ変更するのであれば、本人の同意を得て変更しなければならない（同法16条1項。「本人の同意」を得る場合の方法については、個人情報保護法ガイドライン（通則編）24頁参照）。

4　第三者提供の制限

　さらに、個人情報取扱事業者に該当する発行者等は、原則としてあらかじめ本人の同意を得た場合でなければ、第三者に個人データ（個人情報を検索可能にしているもの）を提供することはできない（個人情報保護法23条）。

　ただし、①提供先が「第三者」に該当しない場合、および②第三者提供の制限の適用除外に当たる場合には、本人の事前の同意なく個人データの提供ができる。

〔第1章〕 第8 電子マネー・ポイント・仮想通貨と個人情報保護法との関係

(1) ①提供先が「第三者」に該当しない場合

提供先が「第三者」に該当しない場合の一つとして、複数の事業者で個人データを共同利用する場合がある。

共同利用においては、以下の5点を、あらかじめ本人に通知し、または、本人が容易に知り得る状態においておくことが必要である（なお、以下の5点以外に取り決めておくことが望ましい事項については、個人情報保護法ガイドライン（通則編）54頁参照。また、「本人が容易に知り得る状態」におくための方法については、同ガイドライン49頁ないし51頁参照）。

【個人情報の共同利用において本人に通知等すべき事項】

① 共同利用をする旨

② 共同して利用される個人データの項目（例：氏名、住所、電話番号）

③ 共同利用者の範囲（本人からみてその範囲が明確であることを要するが、範囲が明確である限りは、必ずしも個別列挙が必要ない場合もある。たとえば、最新の共同利用者のリストを本人が容易に知り得る状態においているとき等が、その代表例である）

④ 利用する者の利用目的（共同して利用する個人データのすべての利用目的）

⑤ 開示等の求めおよび苦情を受け付け、その処理に尽力するとともに、個人データの内容等について、開示、訂正、利用停止等の権限を有し、安全管理等個人データの管理について責任を有する者の氏名または名称

多元発行型電子マネーやポイント交換等により複数の企業で個人データを共同利用するという場合には、個人情報を取得する時点で通知する個人情報の利用目的においても、共同利用を念頭においた内容を通知しなければなら

ない（上記のほか、個人情報取扱事業者に対する規制として、偽りその他不正な手段による個人情報の取得禁止（個人情報保護法17条）、個人データの正確性の確保（同法19条）、漏えいや紛失を防止するため必要かつ適切な安全管理措置を講じること（同法20条）、従業員・委託先への必要かつ適切な監督（同法21条・22条）がある）。

　共同利用の場合には、個人情報の取扱いに関する委託先についての監督責任と同様の責任までは個人情報保護法上定められていないが、共同利用者の一部が杜撰な個人情報の管理を行っていることを知り得たにもかかわらず改善等を申し入れなかった結果として個人情報の漏えいがあった場合等には、他の共同利用者も民事上の損害賠償責任を負うことになろう。このため、多元発行型電子マネーやポイント交換等による他の企業との提携契約では個人情報の適切な管理についての条項を設けておくことは必須である。

(2)　②第三者提供の制限の適用除外に当たる場合

　第三者提供の制限の適用除外として、あらかじめ本人に対して個人データを第三者提供することについて通知または認識し得る状態にしておき、本人がこれに反対をしない限り、同意したものとみなす、いわゆるオプトアウトの場合がある。オプトアウトの手続によって、氏名や商品購入履歴を第三者に提供することが可能となる。

　ただし、オプトアウト手続は、改正後は、第三者への個人データの提供を行う場合には、以下の①～⑤について、あらかじめ本人に通知し、または本人が容易に知り得る状態に置くとともに、個人情報保護委員会に届け出なければならない（個人情報保護法23条2項）とされており、改正前よりも厳しい要件が課されている。

【通知し、または容易に知り得る状態に置くとともに、届出が必要な事項】

〔第1章〕　第8　電子マネー・ポイント・仮想通貨と個人情報保護法との関係

① 第三者提供を利用目的にすること

② 第三者に提供される個人データの項目

③ 第三者への提供方法

④ 本人の求めに応じて第三者提供を停止すること

⑤ 本人の求めを受け付ける方法

　なお、本人が容易に知り得る状態とは、たとえば、ウェブ画面中のトップページから1回程度の操作で到達できる場所への掲載等が継続的に行われている場合等があげられており（個人情報保護法ガイドライン（通則編）49頁参照）、オプトアウトの手続を利用する場合には、これと同程度に、本人が認識できる方法によらなければならないといえる。

(3)　第三者提供に係る記録の作成等

　改正後は、個人情報取扱事業者は、第三者から個人データの提供を受ける際に、提供者の氏名、個人データの取得の経緯を確認したうえで、その内容等の記録を作成し、一定期間保存することを義務づけられている。第三者が個人情報取扱事業者に対して、確認に係る事項を偽った場合には、10万円以下の過料が科せられる（個人情報保護法88条）。

　また、個人情報取扱事業者は、第三者に個人情報を提供した際も、提供の年月日や提供先の氏名等の記録を作成し、一定期間保存することを義務づけられている（個人情報保護法25条1項・26条1項）。

5 匿名加工情報

　今回の改正で、匿名加工情報の規定が新設され、個人情報の取扱いよりも緩やかな規律の下、自由な流通・利活用が可能となっている。匿名加工情報とは、法律で定められる一定の措置を講じて、特定の個人を識別することができないように個人情報を加工し、復元して特定の個人を再識別できないようにした個人情報であり（個人情報保護法2条9項）、匿名加工情報取扱事業者は、一定の制約の下で、匿名加工情報を第三者に提供し、利用することが認められている。

　ポイントや電子マネーが関連しうる匿名加工情報の活用事例としては、〔表9〕のようなものが想定されている（個人情報保護委員会事務局「パーソナルデータの利活用促進と消費者の信頼性確保の両立に向けて」43頁以下）。

　匿名加工情報を作成する際には、個人情報保護委員会規則で定める基準に従い加工する必要があり（個人情報保護法36条1項）、特定の個人を識別することができる記述等の削除など、必要とされる加工措置が定められている（同法施行規則19条。加工に関する手法例については、個人情報保護法ガイドライン（匿名加工情報編）15頁を参照）。また、匿名加工情報を作成した場合には、個人情報から削除した記述等や、加工の方法に関する情報の漏えいを防止するための安全管理措置を講じる必要がある（同法36条2項、同法施行規則20条。安全管理で求められる措置の具体例については、同ガイドライン（匿名加工情報編）17頁を参照）。

　上記の活用事例でいうと、購買履歴の事例では、小売店での購入者が極めて限定されている商品の購買履歴が含まれており、特定の個人の識別につながるおそれがある場合には、具体的な商品情報（品番・色）を一般的な商品カテゴリーに置き換えることが考えられる。また、乗降履歴の例では、自宅や職場の位置情報が推測されうる場合には、推定につながりうる所定範囲の

〔第 1 章〕 第 8 電子マネー・ポイント・仮想通貨と個人情報保護法との関係

位置情報を削除することが考えられる。

〔表 9 〕 ポイント・電子マネーが関連しうる匿名加工情報の活用事例

事例		活用内容
購買履歴の事例	ID-POS データ	小売事業者が保有する購買履歴（ID-POSデータ）について匿名加工を行ったうえで、匿名加工情報の枠組みを活用して、一般事業者へ提供するもの。 一般事業者においては、そこに含まれる消費者の基本属性と購買傾向から、自社の新商品の開発や販売促進活動等に利用することが想定される。
	クレジットカード利用情報	クレジットカード事業者が保有するカード利用情報について、匿名加工を行ったうえで、匿名加工情報の枠組みを活用して、一般事業者へ提供するというもの。 一般事業者においては、提供を受けた匿名加工情報に基づいて、年収や職業と利用加盟店等の関係を分析することにより、マーケティングに活かすことが想定される。
乗降履歴の例		鉄道会社が保有する乗降履歴情報について、匿名加工を行ったうえで、匿名加工情報の枠組みを活用して、一般の事業者に提供するというもの。 一般事業者においては、鉄道利用者の基本属性（年代、性別等）や鉄道の乗降履歴に基づいて、商圏分析やターゲティング広告の広告戦略に活用することが想定される。

92

第2章

電子マネーに
関する法的問題

〔第 2 章〕 第 1 電子マネーに関する法的規制

第 1 電子マネーに関する法的規制

─◎ポイント◎─

➤ 電子マネーについて法律上明確な定義があるわけではないため、その電子マネーが想定している具体的なスキームに応じて、法的規制を検討する必要があります。

➤ 前払式支払手段に該当する場合には資金決済法が適用されます。また、「預り金」規制（出資法）や為替取引に関する銀行法の規制に抵触しないよう、電子マネーのスキームを検討する必要があります。

1 はじめに

　上述したとおり、「電子マネー」について、法律上も明確な定義があるわけではない。そうだとしても、電子マネーを発行するにあたり、何らの法的規制に服しないものではない。そこで、本項では、電子マネーの発行などにあたって適用が問題となる法律について、電子マネーとの関係において必要な範囲で概説する。

94

2　資金決済法との関係

(1)　規制の概要

　まず、電子マネーに対する法的規制を検討するにあたっての代表的な法律としては、資金決済法があげられる。資金決済法は、前払式支払手段について定めたうえで、その発行者に対して一定額の発行保証金の保全義務など各種行為規制を定めている。この点、第1章第1において述べたとおり、電子マネーは、前払式支払手段に該当する場合がある。そこで、以下では、前払式支払手段について概観しながら、資金決済法における規制の具体的内容を概説する。

(2)　前払式支払手段とは

(ア)　定　義

　資金決済法は、その3条1項において、「前払式支払手段」につき、定義を定めている。かかる条文については、すでに引用したところであるが、重要であるため、再度引用する。

【資金決済法】

　（定義）

第3条　この章において「前払式支払手段」とは、次に掲げるものをいう。

　一　証票、電子機器その他の物（以下この章において「証票等」という。）に記載され、又は電磁的方法（電子的方法、磁気的方法その他の人の知覚によって認識することができない方法をいう。以下この項において同じ。）により記録される金額（金額を度その他の単位により換算して

表示していると認められる場合の当該単位数を含む。以下この号及び第
3項において同じ。）に応ずる対価を得て発行される証票等又は番号、
記号その他の符号（電磁的方法により証票等に記録される金額に応ずる
対価を得て当該金額の記録の加算が行われるものを含む。）であって、そ
の発行する者又は当該発行する者が指定する者（次号において「発行
者等」という。）から物品を購入し、若しくは借り受け、又は役務の
提供を受ける場合に、これらの代価の弁済のために提示、交付、通
知その他の方法により使用することができるもの

二　証票等に記載され、又は電磁的方法により記録される物品又は役
務の数量に応ずる対価を得て発行される証票等又は番号、記号その
他の符号（電磁的方法により証票等に記録される物品又は役務の数量に
応ずる対価を得て当該数量の記録の加算が行われるものを含む。）であっ
て、発行者等に対して、提示、交付、通知その他の方法により、当
該物品の給付又は当該役務の提供を請求することができるもの

　このうち、資金決済法3条1項1号は「代価の弁済のために」使用するこ
とができるものを定義しており、電子マネーは、このうち電子的方法にて金
額などが記録されたものと整理することができる。なお、証票に記録されて
いるものとして商品券やギフト券を例としてあげることができる。

　また、資金決済法3条1項2号は、「物品の給付又は当該役務の提供を請求
できるもの」を定義しており、具体的には、ビール券やテレフォン・カード
がこれに該当するといえる。

(イ)　前払式支払手段の要件

　かかる前払式支払手段の定義を分析すると、その要件は、次の三つに集約
することができる。以下、それぞれの要件の概要を解説する。

【三要件】

① 金額等の財産的価値が記載・記録されていること

② 金額・数量に応じた対価を得て発行されるものであること

③ 代価の弁済等に利用できること

(A) ①金額等の財産的価値が記載・記録されていること

前払式支払手段は、それを行使することにより、そこに化体されたまたは紐づけられた財産的価値が移転することから、商品・サービスの給付を請求することができるものである。そのため、その裏づけとして、給付の対価たる金額や給付を請求できる数量が、前払式支払手段の証票自体そのものまたは別の媒体（コンピュータ・サーバ等）に記録・記載されている必要がある。

(B) ②金額・数量に応じた対価を得て発行されるものであること

前払式支払手段の発行においては、その利用に先立ち、利用者は発行者に対して対価の支払いを行う。このことは、電子マネーと対価の支払いを要件としないポイントとを区別するメルクマールとなる。

(a) 対価性の判断

ところで、電子マネーにプレミアムを付して発行されている例は多いが（たとえば、1万円の払込みに対し1万1000円分の電子マネーが発行されている場合など）、利用者が前払いをした金額相当額については対価性が明らかとしても、プレミアム分、具体例では1000円分については対価発行がなされていないのではないかという問題を指摘できる。

しかし、対価性の判断は社会通念に従って行われるものであり（高橋・逐条解説66頁）、必ずしも利用可能金額と前払いの額が合致せねばならないというものではないと考えられている。そして、上述した例であっても、一般的に、1万1000円分全体について社会通念上対価性があると認められ、特段の問題はないものと考えられる。

(b) 「発行」とは

「発行」とは、証票や電子機器その他の物（証票等）に利用者から前払いさ

〔第2章〕　第1　電子マネーに関する法的規制

れる財産的価値を記録するとともに、利用者に対し証票等・符号等を交付・付与して、利用者がその前払式支払手段を使用することができる状態に置くことをいう（高橋・逐条解説66頁）。

(C)　③代価の弁済等に利用できること

前払式支払手段は、それを使用することにより、商品・サービスの代価の弁済やこれらの給付の請求ができるものである必要がある。これに対して、たとえば、単に金銭を請求することができるもの（たとえば、国債証券、社債券など償還請求権を行使するために利用するもの）については、かかる要件を充足せず、前払式支払手段には当たらない。

(ウ)　定義に該当せず、前払式支払手段に該当しないもの

経済的効用としては前払式支払手段と類似しているものであっても、上記(イ)であげた要件を充足しない場合、資金決済法の規制に服する前払式支払手段には該当しない。

前払式支払手段に該当しないものとしては、法律によってそれ自体が価値物としての効力を与えられているもの（収入印紙、日銀券、切手等）、証拠証券としての性格を有するもの（ゴルフ会員権等）が代表的な例としてあげられている（事務ガイドライン5－Ⅰ－1－1(1)）。

また、記録された財産的価値が使用に応じて減少するものではないものは、商品・サービスの提供と財産的価値とが結びついていないため、前払式支払手段には該当しないとされている（事務ガイドライン5－Ⅰ－1－1(1)⑥）。具体例としては、インターネット上でゲームをダウンロードする仕組みで、利用料を支払えば一定の期間内の利用回数が無制限となるようなサービス等があげられる（事務ガイドラインに関するパブリックコメントNo.11）。

(エ)　前払式支払手段の定義には該当するが適用除外とされているもの

上記(イ)で述べた要件を充足するものの、政策的見地から資金決済法の適用除外とされているものも存在する。

具体的には、資金決済法4条において以下のものが除外されている。

98

> **【除外例（資金決済法 4 条、施行令 4 条）】**
>
> ① 乗車券、入場券その他これらに準ずるものであって、政令で定めるもの
>
> ② 発行の日から 6 カ月に限り使用できるもの
>
> ③ 発行者の信用力に着目して適用除外とするもの
>
> ④ 関係性を考慮して適用除外とするもの
>
> ⑤ 他法に基づき資産保全措置が講じられているもの
>
> ⑥ その利用者のために商行為となる取引においてのみ使用することとされているもの

ここでは、除外例のうち②、④、⑤について説明を加える。

(A) 発行の日から 6 カ月に限り使用できるもの（資金決済法 4 条 2 号、施行令 4 条 2 項）

使用可能期間が短期の場合には一般に早期に使い切ってしまうことから、利用者のリスクは比較的小さく、利用者保護の必要性が小さいため、かかる前払式支払手段は資金決済法の適用除外とされている。

そして、ここにいう、「発行の日」とは、①財産的価値が証票、電子機器その他の物に記載または記録された日、あるいは、②利用者に対し証票等、番号、記号その他の符号を交付または付与された日の、いずれか遅い日をいう（事務ガイドライン 5 － I － 1 － 3 (1)）。

ここで、具体的な期間を 6 カ月としているのは、発行保証金の供託義務が毎年 3 月31日と 9 月30日を基準日として発生するため、有効期限 6 カ月未満の前払式支払手段を規制対象としてしまうと、発行日によっては供託義務が生じないものがあるといったアンバランスが発生すること、プリカ法下でも適用除外とする前払式支払証票の有効期間を「 6 月」と定めていたところ、運用状況に鑑みても特にこれを変更するべき理由が見当たらないことなど

99

〔第 2 章〕 第 1 電子マネーに関する法的規制

（事務ガイドラインに関するパブリックコメントNo.13）による。ただし、始期が明確でないものや、実質的に 6 カ月以降についても使用できるものなど、脱法的なものと評価された場合には別途資金決済法の適用があるか否かが問題となり得る。

(B) 関係性を考慮して適用除外とするもの（資金決済法 4 条 5 号）

利用者と発行者とが生活上密接な関係にあり、利用者と発行者との間に高度の信頼関係が存するといえるような場合には、一般的な利用者保護の仕組みを適用する必要がないので、かかる性質を有する前払式支払手段は資金決済法の適用除外と定められている。会社が従業員に対し発行する、社員食堂で使える食券カードなどがこれにあたる（施行令 4 条 4 項 4 号）。

(C) 他法の規定に基づき資産保全措置が講じられているもの（資金決済法 4 条 6 号）

他の法律によって前受金について資金決済法と同様の資産保全措置が講じられている場合には、重複して規制する必要はないので適用除外とされている。たとえば、百貨店の友の会が発行するお買い物券等がこれにあたる（施行令 4 条 5 項 1 号、割賦販売法 2 条 6 項・16条・35条の 3 の61）。

(3) 参入規制

㋐ 規制の概要

前払式支払手段には、自家型前払式支払手段（資金決済法 3 条 4 項）と、第三者型前払式支払手段（同条 5 項）とがあり、決済システムの安定性の確保および利用者保護の見地から、自家型前払式支払手段の発行者には一定の場合につき届出が、第三者型前払式支払手段の発行者には登録が、それぞれ必要であると定められている。

㋑ 自家型前払式支払手段の発行者に対する参入規制

(A) 参入規制の概要

自家型前払式支払手段とは、その前払式支払手段の発行者（当該発行する者

と政令で定める密接な関係を有する者（以下、「密接関係者」という）を含む）から物品の購入等を受ける場合に限り、これらの代価の弁済などのために使用することができる前払式支払手段をいう（資金決済法3条4項、施行令3条）。

自家型前払式支払手段の場合、利用対象となる商品・サービスが発行者および密接関係者の提供するものに限られており、また、商品・サービス提供者等と利用者との間の資金決済を担うものではないことから、その発行は原則自由に行うことができるとされている。

もっとも、自家型前払式支払手段の発行者についても、利用者から対価の前払いを受け入れており、利用者が発行者に対して信用を供与するものであることから、利用者保護を図る必要がある。そこで、その規模が一定程度を超える場合に限って、事後の届出義務を課している。以下、自家型前払式支払手段の参入規制の具体的内容について解説する。

(B) 参入規制の内容（届出型）

上述したとおり、自家型前払式支払手段のみを発行する場合は、原則として自由にこれを行うことができる。しかし、発行を開始してから、その未使用残高が、毎年3月31日と9月30日（以下、「基準日」という。資金決済法3条2項）において1000万円（以下、「基準額」という。資金決済法14条1項、施行令6条）を超えることとなった場合には、最初に基準額を超えたときに、主たる営業所または事務所の所在地を管轄する財務局長（当該所在地が福岡財務支局の管轄区域内にある場合にあっては福岡財務支局長。以下、「所管財務局長」という。同法104条1項、施行令28条）に対して届出を行う義務がある（資金決済法5条1項。なお、〈図14〉参照）。

そして、基準日未使用残高の算出方法は、当該基準日の直前の基準日における基準日未使用残高に、直前の基準日の翌日から当該の基準日までの期間（以下、「基準期間」という。資金決済法3条8項）の発行額から基準期間の回収額を控除した額を加えることによって算出することができると定められている（事務ガイドライン5－Ⅰ－2－1）。

〔第2章〕 第1 電子マネーに関する法的規制

〈図14〉 自家型発行者に対する規制の概要（高橋・逐条解説77頁）

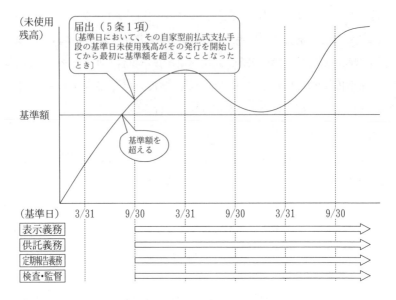

　自家型前払式支払手段の発行者としての届出（以下、かかる届出をした者を「自家型発行者」という。資金決済法3条6項）は、人格のない社団、財団を含めた法人だけでなく、個人も行うことができる。ただし、所管財務局長は、資金決済法上の監督対象であるか否かなど利用者保護に資する情報の提供を広く国民一般に対して行うため、自家型発行者と届出があった者については、名簿を作成し、これを公表しなければならない（同法6条）。

　(C)　届出の手続

　自家型発行者が、資金決済法5条1項の規定による届出をしようとするときは、その自家型前払式支払手段の基準日未使用残高がその発行を開始してから最初に基準額である1000万円を超えることとなった基準日の翌日から2カ月を経過する日までに届出をしなければならない（前払府令9条）。

　また、届出書の記載事項については、資金決済法5条1項各号に定められており、届出書の添付書類については、前払府令11条に列挙されている。

(D) 届出事項の変更

自家型発行者は、届出事項の内容に変更があった場合は、遅滞なく、所管財務局長に届け出なければならない(資金決済法 5 条 3 項)。なお、具体的に変更を求める届出事項ごとに必要となる添付書類が前払府令12条に定められている。

(E) 届出制度の問題点

上記(B)で述べたとおり、未使用残高が基準額を超えた場合に限り、資金決済法上の自家型発行者として規制を受けることになるが、そもそも未使用残高について第三者が逐一確認することはできず、また、無届出で発行業務を行ったものに対する罰則規定の定めは当然あるものの(資金決済法112条)、これも最終的には自発的な届出を促すことしかできないため、届出なくして発行業務を行う自家型発行者が現れるのではないかと懸念されている。

(ウ) 第三者型前払式支払手段の発行者に対する参入規制

(A) 参入規制の概要

第三者型前払式支払手段とは、自家型前払式支払手段以外の前払式支払手段のことをいう(資金決済法 3 条 5 項)。多くの電子マネーはこれに該当するといえよう。

第三者型前払式支払手段では、自家型前払式支払手段と異なり、さらに、利用者と加盟店との間の取引に係る資金決済も予定されているため、発行者から加盟店への代金支払いの確実性も問題となる。また、第三者型前払式支払手段が多数の加盟店を擁するシステムとして運用される場合、発行者の倒産など不測の事態が生ずることがあれば、その損害は広範に及ぶものと懸念されている。このため、第三者型前払式支払手段については、決済手段としての確実性・信用性の維持が特に強く要請されるため、発行額の多寡にかかわらず、その発行には登録を要するものと定められている。

(B) 参入規制の内容(登録型)

第三者型前払式支払手段を発行する者は、発行額の多寡にかかわらず、所

〔第2章〕 第1 電子マネーに関する法的規制

管財務局長の登録を受けなければならない（以下、登録を受けた第三者型前払式支払手段の発行者を「第三者型発行者」という。資金決済法3条7項）。

　この登録にあたっては、資金決済法8条に列挙された事由を記載した登録申請書を所管財務局長に提出しなければならない（登録申請書の添付書類については前払府令16条参照）。また、利用者保護の一環として、所管財務局長は、第三者型発行者登録簿を作成して、これを公表しなければならない（同法9条）。

　(C)　登録の拒否

　所管財務局長は、第三者型発行者が、法人でない、資金決済法上の規定を遵守するのに必要な体制の整備が未了であるなど、資金決済法10条1項各号の事由に一つでも該当する場合、または、登録申請書に虚偽などがある場合には、登録を拒絶しなければならない（同項）。

　登録の申請を受けた所管財務局長は、登録の要件を充足するか否かを審査

〈図15〉　第三者型発行者に対する規制の概要（高橋・逐条解説83頁）

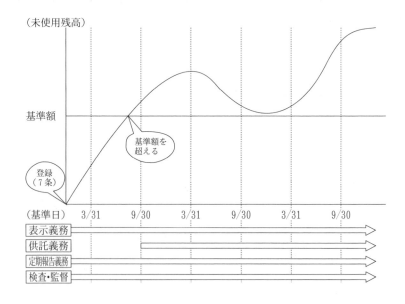

したうえで、登録の要件を充足する場合には、第三者型発行者として登録を行い、申請者にその旨を通知する（資金決済法 9 条 2 項）が、登録の要件を充足しない場合には、遅滞なく、その理由を示して、その旨を申請者に通知しなければならない（同法10条 2 項）。

(D) 届出事項の変更

第三者型発行者は、届出事項の内容に変更があった場合は、遅滞なく、政令で定める事項を所管財務局長に届け出なければならない（資金決済法11条 1 項、前払府令20条）。

(E) 名義貸しの禁止

第三者型発行者は、他人にその発行業務を行わせてはならない（資金決済法12条）。ただし、これは、業務委託等を禁じるものではない。

〔表10〕 参入規制のまとめ

	自家型発行者	第三者型発行者
参入手続	届出型（資金決済法 5 条）ただし、発行を開始して以後、その未使用残高が基準日において1000万円を超えることとなった場合に、最初に基準額を超えたとき	登録型（同法 7 条）
登録簿への記載	あり（同法 6 条）	あり（同法 9 条）
登録・届出受理拒否事由	なし	あり（同法10条）
名義貸し規制	なし	あり（同法12条）

(4) 行為規制

(ア) 規制の概要

以上の参入規制をクリアした、自家型発行者および第三者型発行者（以下、合わせて「前払式支払手段発行者」という。資金決済法 2 条 1 項）には、以下の

105

〔第2章〕 第1 電子マネーに関する法的規制

行為規制が課されている。

【行為規制のポイント】

① 発行者および前払式支払手段に関する情報の提供

② 発行保証金の供託等

③ 前払式支払手段の払戻しの原則禁止

④ 情報の安全管理義務

⑤ 苦情処理体制の設置義務

㈑ ①発行者および前払式支払手段に関する情報の提供

前払式支払手段発行者は、前払式支払手段を発行する場合には、発行者の氏名、商号または名称および前払式支払手段の支払可能金額等の情報を利用者に提供しなければならない（資金決済法13条）。

㈠ 趣 旨

利用者は、前払式支払手段を購入することにより、発行者に信用を供与することになる。そのため、発行者は、利用者に対し、発行者および前払式支払手段の内容を利用者に理解させる必要がある。これを客観的に担保するため、前払式支払手段発行者には、利用可能額など前払式支払手段に関する情報の提供が義務づけられているのである（資金決済法13条）。

㈡ 改正点

この点、改正前の資金決済法では、前払式支払手段そのものが証票等の有体物である場合や、前払式支払手段が書面等何らかの有体物と一体となって交付される場合と、有体物が交付されない場合とに分けて規定し、前者については当該有体物に法定記載事項を表示する義務を、後者については当該事項を購入時に情報提供する義務をそれぞれ定めていた（改正前資金決済法21条1項）。

しかし、近年、スマートフォンと連動させて利用するウェアラブル端末（時

計や指輪など）によるプリペイドカードも登場し、有体物が交付されていると
はいえるものの、そこに法定記載事項を記載することが合理的ではないとい
うサービスも展開されるようになった。そこで、有体物の交付の有無という
画一的な基準を廃止し、資金決済法上は、情報提供義務を定めるにとどめ（資
金決済法13条）、詳細を内閣府令に委ねている。

　具体的には、「前払式支払手段と一体となっている書面その他の物を利用
者に対し交付する場合」には、その発行する前払式支払手段（それと一体と
なっている書面その他の物を含む）に表示する方法により、利用者に対して情
報提供しなければならないとしつつも（前払府令21条1項）、「発行する前払式
支払手段が前払式支払手段発行者の使用に係る電子機器と電気通信回線を介
して接続される利用者の使用に係る電子機器（証票等の使用の開始前に、又は
証票等の使用に際して、当該電子機器と接続される場合における当該証票等を含
む。）を提示して使用されるものである場合」には、「前払式支払手段と一体
となっている書面その他の物を利用者に対し交付する場合」であっても、当
該前払式支払手段ではなく、ウェブサイト上などで必要な情報を利用者が閲
覧できるようにすることで、情報提供義務を履行するという方法も採用でき
ることとなった（同条3項・2項）。

㋑　②発行保証金の供託等～前受金の保全

(A)　発行保証金の供託

(a)　供託義務

　前払式支払手段発行者は、前払式支払手段の基準日未使用残高が1000万円
（施行令6条）を超えるときは、基準日の翌日から2カ月以内に（前払府令24条）、
その基準日未使用残高の2分の1以上の額に相当する金銭を、発行保証金と
して主たる営業所・事務所の最寄りの供託所に供託しなければならない（資
金決済法14条1項）。

　前払式支払手段の利用者は、後述するように、前払式支払手段にかかる債
権に関し、他の債権者に先立って発行保証金から弁済を受けることができる

107

〔第2章〕 第1 電子マネーに関する法的規制

（資金決済法31条1項）。

〈図16〉 **前受金の保全**（高橋・逐条解説101頁）

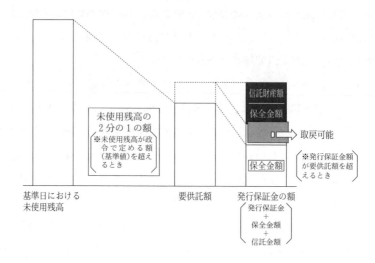

(b) 発行保証金の追加供託

発行保証金の供託義務は、基準日ごとに要供託額が計算され、供託期間内に履行されるのが原則である。

〈図17〉 **発行保証金の追加供託**（高橋・逐条解説102頁）

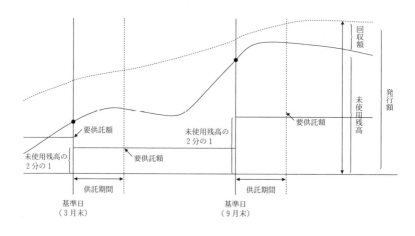

しかし、基準日未使用残高の計算ミスにより過少に供託されていた場合などには、特別に期中で追加供託せねばならない（資金決済法14条2項）。この場合、追加供託は、当該事実の発生を知った日から2週間を経過する日までに行わなければならない（前払府令26条1項）。

(c) 代用有価証券

発行保証金の供託は、金銭のほか、国債、地方債、政府保証債券等をもって行うことができる（資金決済法14条3項、前払府令28条）。この場合のこれら債券等の評価額の算定方法については、前払府令29条にそれぞれ定められている。

(B) **供託に代わる保全手段**

(a) 発行保証金保全契約

前払式支払手段発行者は、①政令で定める要件を満たす銀行等との間で、所管財務局長の命令があれば発行保証金を供託する旨の契約（発行保証金保全契約）を締結し、②発行保証金保全契約を締結した旨を所管財務局長に届け出たときには、契約により保全されている金額の範囲で発行保証金の全部または一部の供託を免除される（資金決済法15条）。

〈図18〉 発行保証金保全契約のイメージ

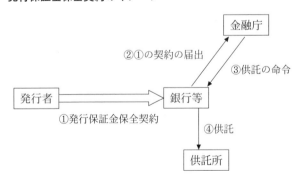

(b) 発行保証金信託契約

前払式支払手段発行者は、①信託会社等を受託者として、所管財務局長の

命令があれば、信託財産を発行保証金の供託に充てることを目的とする信託契約（発行保証金信託契約）を締結し、発行保証金信託契約の締結につき所管財務局長の承認を受けたときは、その信託財産の範囲で、発行保証金の全部または一部の供託を免除される（資金決済法16条）。発行保証金信託契約の内容は、法令に掲げる事項をその内容とするものでなければならない（同条2項、前払府令35条）。

〈図19〉 発行保証金信託契約のイメージ

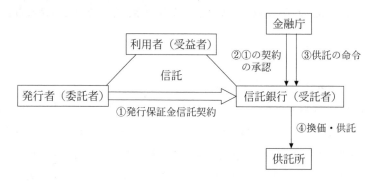

(C) 供託命令

発行保証金保全契約や発行保証金信託契約が締結され、発行保証金の供託の全部または一部が行われていない場合において、発行者が破綻した場合等利用者の利益を害する事態が生じた場合には、所管財務局長は、発行保証金保全契約の相手方や発行保証金信託契約の受託者たる信託会社等に対し、所要の供託を行うことを命ずることができる（資金決済法17条）。

(D) 各保全手段のメリット・デメリット

以上のとおり、発行保証金の保全方法には三つあるが、いかなる方法を選択すべきか、それぞれのメリットおよびデメリットは次のとおりである。

① 供託

【メリット】

・報酬等のコストが不要である。

・保全を行う受託者（国）の破綻による混乱や保全不能のおそれが生じない。

【デメリット】

・資金の固定化が生じる。

・その結果、資金の運用による利益の獲得および利用ができない。

② 発行保証金保全契約

【メリット】

・資金の固定化を回避できる。

【デメリット】

・保証料や、場合によっては担保提供等の負担が生じる。

・保証を行う金融機関等の破綻による混乱や供託金額の減少が生じるおそれがある。

③ 発行保証金信託契約

【メリット】

・運用財産の選択肢が供託に比して広く（預貯金の信託等も可能）、資金の運用による収益を獲得できる。

・信託会社等の破綻が生じたとしても、信託財産たる発行保証金の減少は原則として生じない。

【デメリット】

・資金の固定化が生じる。

・受託者に対する信託報酬の負担が生じる。

　　(E) 発行保証金の取戻し

前払式支払手段発行者は、次の場合、供託した発行保証金を取り戻すことができる（資金決済法18条）。

【発行保証金の取戻し】

〔第2章〕 第1 電子マネーに関する法的規制

① 基準日未使用残高が基準額以下であるとき

② 発行保証金の額（発行保証金保全契約により保全された額、発行保証金信託契約により信託された額を含む）が、要供託額を超えるとき

③ 還付手続（資金決済法31条1項の権利の実行の手続）が終了したとき

④ 資金決済法20条1項の規定による払戻しの手続が終了したとき（施行令9条2項）

(F) 発行保証金の保管替え

前払式支払手段の発行者の主たる営業所または事務所の所在地について変更があったためその最寄りの供託所に変更があった場合は、遅滞なく発行保証金の保管替えを請求しなければならない（資金決済法19条、発行保証金規則3条）。

(G) 発行保証金の還付

資金決済法では、前払式支払手段発行者が破産手続開始の申立てなどを行った場合、所管財務局長は、利用者に対し発行保証金の還付を行い、利用者保護を図ることが予定されている（資金決済法31条）。

具体的には、所管財務局長は、前払式支払手段発行者が破産手続開始の申立てを行うなど一定の場合（資金決済法31条2項各号）であって、前払式支払手段の利用者の利益の保護を図るため必要と認める場合には、当該前払式支払手段にかかる債権を有する者に対し、60日を下らない一定の期間内に当該債権の申出をすべきこと等を公示しなければならない。（同項）。

そして、この還付手続は所管財務局長が行うこととされるが、大規模な前払式支払手段発行者に関する還付手続の場合等に備え、還付手続のうち配当表の作成などに関する事務を権利実行事務代行者（施行令10条）に委託することができると定められている（資金決済法31条3項、前払府令52条）。

(エ) ③前払式支払手段の払戻しの原則禁止

(A) 払戻しの原則禁止

前払式支払手段について自由な払戻しが認められるとすると、元本の返還が約束されることとなり、出資法が規制する「預り金」（出資法2条1項）に該当するおそれや、送金手段として利用が可能となることで銀行法が規制する「為替取引」（銀行法4条1項）に該当するおそれもある。そこで、資金決済法は、原則として前払式支払手段の払戻しを禁止している（資金決済法20条5項）。

　もっとも、利用者保護の観点から、次の場合には払戻しを行うことができると定められている（資金決済法20条5項ただし書、前払府令42条）。

【払戻しが認められる場合】
①　基準日を含む基準期間における払戻金額の総額が、当該基準日の直前の基準期間において発行した前払式支払手段の発行額の100分の20を超えない場合
②　基準日を含む基準期間における払戻金額の総額が、当該基準期間の直前の基準日における基準日未使用残高の100分の5を超えない場合
③　保有者のやむを得ない事情により当該前払式支払手段の利用が著しく困難となった場合

　なお、パブリックコメントNo.46から48によれば、釣銭の支払いは「払戻し」に該当するため、必要に応じて期中にあっても払戻実績を把握するなど、上限を超えて払戻しが行われることを防止するための態勢を整備しなければならない（事務ガイドライン5－Ⅱ－3－2－1②イ）。

　(B)　発行廃止等の場合の払戻しの義務

　発行者が、その事業上の都合により、前払式支払手段の発行を廃止することもある。このような場合にまで前払式支払手段の払戻しを禁止すると、何ら事業等を行っていないにもかかわらず前払式支払手段の回収が完了しない限り前払式支払手段発行者に対する監督規制が続くこととなる。そこで、か

〔第2章〕　第1　電子マネーに関する法的規制

かる不都合を回避するため、発行者に対し、発行の業務の廃止等の場合には、払戻しを義務づけている（資金決済法20条1項）。

　なお、これらの場合に払戻しを義務づけたとしても、事業として払戻しが予定されているわけではないので、出資法上の「預り金」に該当しないと考えられている。そして、プレミアム付きの前払式支払手段を発行している場合には、プレミアム分を含めて払戻すこととなる（パブリックコメントNo.42）。

　前払式支払手段発行者に払戻義務が生じるのは次の場合である。

【払戻義務が発生する場合】

① 前払式支払手段の発行の業務の全部または一部を廃止した場合

② 第三者型発行者が、その登録を抹消されたとき

③ 内閣府令で定める場合（ただし、現在のところ規定はされていない）

(オ) ④情報の安全管理義務

前払式支払手段発行者は、内閣府令で定めるところにより、その発行の業務にかかる情報の漏洩、滅失または毀損の防止その他の当該情報の安全管理のために必要な措置を講じなければならない（資金決済法21条）。

(カ) ⑤苦情処理体制の措置義務（資金決済法21条の2：新設）

前払式支払手段の利用拡大に伴って、利用者がトラブルに巻き込まれる事案が増加していることに鑑みて、苦情処理体制の設置義務があることが明文化されたものである。

(5) 発行者への監督

資金決済に関するサービスの適切な実施のためには、前払式支払手段発行者が適切に行動する必要があることから、前払式支払手段発行者は所管財務局長の監督に服する。

　具体的には、前払式支払手段発行者は、帳簿書類等の作成・保存義務（資

114

金決済法22条)、所管財務局長に対する報告書の提出義務(同法23条)を負い、他方、所管財務局長は、前払式支払手段の発行の業務の適正かつ確実な遂行のため、法定の要件を充足する場合には、立入検査等(同法24条)、業務改善命令(同法25条)、自家型発行者に対する業務停止命令(同法26条)、第三者型発行者に対する登録の取消し等(同法27条)および監督処分の公告(同法29条)といった手段をとることができる。

電子マネーに関する規制の経緯

　資金決済法が平成21年6月17日に成立し、その後、平成29年4月1日から改正資金決済法が施行されたところですが、電子マネーと資金決済法の改正の歴史を振り返ってみましょう。

　そもそも、前払式の証票に関する法律として、古くは昭和7年に制定された「商品券取締法」がありました。ここでは「商品券」が規制の対象となっており、その発行者には未使用残高の2分の1の供託を義務づけているほか、行政の監督が定められていました。

　ところが、昭和57年12月にテレホンカードが発売されたのを契機として、その後、JRのオレンジカード、ハイウェイカードなど各種プリペイドカードが飛躍的に普及しはじめましたが、「商品券取締法」における「商品券」の定義規定がなかったことなどから、「商品券取締法」での対応に限界が生じはじめ、問題点が指摘されるようになりました。そこで、「商品券取締法」を改正する法形式にて、平成元年12月15日に「前払式証票の規制等に関する法律」(プリカ法)が成立し、平成2年10月1日に施行されました。

　しかし、プリカ法においては、前払式支払手段として紙型プリペイドカードおよびIC型プリペイドカードを規制の対象としているに過ぎず、通信技術等の進歩により普及しているプリペイドカード等には金額等が記録されておらずサーバにおいてのみ管理されている、いわゆるサーバ型の前払式支払手段につ

〔第2章〕 第1 電子マネーに関する法的規制

いては、プリカ法の適用対象外となっていました。そこで、サーバ型の前払式支払手段も規制の対象とするべく、平成21年の資金決済法への改正に至ったのです。

　さらに、ウェアラブル端末での電子マネーなどの発展に伴い、前払式支払手段に関する情報提供等に関して平成28年改正がなされました。

　技術と社会の発展に対応して資金決済法も改正が繰り返されているといえます。

3　出資法との関係

　出資法2条1項は、「業として預り金をするにつき他の法律に特別の規定のある者を除く外、何人も業として預り金をしてはならない」と定めている。そして、「預り金」とは、預金等と同様の経済的性質を有するものとされており（同法2条2項）、次の四つの要件のすべてに該当するものであるとされている（事務ガイドライン2－1－1(2)）。

【「預り金」規制】
① 　不特定かつ多数の者が相手であること
② 　金銭の受入れであること
③ 　元本の返還が約されていること
④ 　主として預け主の便宜のために金銭の価額を保管することを目的とするものであること

　そこで、電子マネーの発行に際しては、かかる「預り金」の規制に該当しないよう留意して、払戻しを原則として認めないという制度設計を行う必要がある。ただし、払戻しについては、資金決済法における払戻規制に従った

ものであれば、出資法に反するものではないと解することができよう。

4 銀行法との関係

銀行法は、為替取引を銀行業として規定し（同法2条2項2号）、免許を受けずに銀行業を行うことを禁じている（同法4条1項）。

為替取引については法律上の定義規定はないが、最決平成13年3月12日刑集55巻2号97頁によると、銀行法2条2項2号の「『為替取引を行うこと』とは、顧客から、隔地者間で直接現金を輸送せずに資金を移動する仕組みを利用して資金を移動することを内容とする依頼を受けて、これを引き受けること、又はこれを引き受けて遂行することをいう」とされている。この点、電子マネーが自由に譲渡でき、かつ、自由に換金・返金も行われる場合には、為替取引としての機能を有するともいえ、銀行法の規制に抵触しうると考えられる。そのため、後述する資金移動業の登録なくしては（第5参照）、電子マネーの自由な譲渡と換金を行うことはできないと解するのが妥当である。

5 紙幣類似証券取締法との関係

紙幣類似証券取締法は、「一様の形式を具え個々の取引に基づかずして金額を定め多数に発行したる証券にして紙幣類似の作用を為すものと認めるときは財務大臣においてその発行流通を禁止することを得」(同法1条1項)と定めている。

この点、電子マネーが紙幣類似の価値を有するものであると考えると、この規定との関係が問題となりうる。

紙幣類似証券取締法の適用に関し、旧大蔵省は、「通貨（紙幣）の機能とは、何処でも、誰でも、何にでも、支払ないし決済の手段として利用できることであると考えられる。従って、この3つの要素のいずれかが欠けていれば紙

117

〔第2章〕　第1　電子マネーに関する法的規制

幣類似とはならないとの考え方を基本」とするとしている（中原宏「『プリペイド・カード等に関する研究会』報告書の概要」NBL422号25頁）。

かかる考え方からすると、以下の観点から、電子マネーは紙幣類似証券取締法には抵触しないと考えられる。

(1)　「何処でも」の観点

電子マネーは発行者と契約関係にある加盟店においてのみ使用できるものであることから、「何処でも」とはいえない。

(2)　「誰でも」の観点

電子マネーの仕組みは利用者－発行者間の契約に基礎づけられており、特に、譲渡が禁止されていれば、使用できる者が特定されていることから、「誰でも」とはいえない。

(3)　「何にでも」の観点

電子マネーは、主として少額決済に利用されているという実情に鑑みると、単一の電子マネーで家計の消費活動のうちの相当部分をカバーしうるまでの汎用性の程度に至らなければ紙幣類似とはいえないと指摘されている。また、たとえ多種多様な商品・サービスに利用されるようになったとしても、換金性がないものであれば、「何にでも」の要素に欠けるとも指摘されている。

6　金融商品取引法との関係

金融商品取引法は、有価証券の発行および取引等を規制するものであるところ、電子マネーは、同法の「有価証券」の定義において具体的に列挙されたもののいずれにも該当しない（同法2条1項・2項）。

この点、電子マネーの法的性質につき、後述するとおり、有価証券と考え

る構成を前提とした場合には、金融商品取引法の適用の有無が問題になるとも考えられるが、前払式支払手段には投資性がなく、投資家の保護という同法の趣旨にはなじまないことから、その性質からも同法の「有価証券」には該当しないと考えられている（高橋・詳説280頁）。

7　金融商品販売法との関係

　金融商品販売法は、その規制対象となる「金融商品の販売」として、預金の受入れを内容とする契約や、有価証券を取得させる行為を定めている（同法2条1項）。

　しかし、「預り金」規制との関係で、電子マネーは一般的に払戻しをすることはできないから、現金ベースでの元本変動を考える金融商品販売法の考え方にはなじまず、発行は金融商品の販売に該当せず（同法2条1項）、金融商品販売法の適用はないものと考えられている（高橋・詳説280頁）。

8　その他消費者保護関連の法律

　電子マネーの発行、使用に関しても、利用者が消費者であれば、一般的な消費者保護法制の適用を免れるものではない。具体的には、消費者契約法、特定商取引に関する法律、ネット上での取引につき電子消費者契約法などが問題となりうる。

　発行者や加盟店は、かかる消費者保護法制にも留意して対応する必要がある。

119

電子マネーと犯罪収益移転防止法

　犯罪収益移転防止法（犯収法）が平成26年に改正され、平成28年10月1日より施行されています。同法は、マネーロンダリング（資金洗浄）に利用されるおそれのある「特定事業者」（金融機関、クレジット会社、弁護士等）に対し、①取引の際に取引を行う者の本人確認義務、②その本人確認記録の保存義務、③取引記録の保存義務、④犯罪によって取得された収益であるなどの疑わしい取引の届出義務を負わせています。そして、資金決済法の改正に伴い、平成26年犯収法改正では、仮想通貨交換業者も「特定事業者」として、本人確認義務等を負うものと定められました。

　ところで、電子マネーは、無記名のまま金銭的価値を保管しておくことができるものですから、マネーロンダリングに利用されるおそれがないわけではありません。しかし、犯収法では、電子マネー事業者に本人確認等義務を負わせてはいません。これは、わが国においては、電子マネーの販売（チャージ）は少額のものがほとんどであり、しかも原則として現金への換金ができないことから、電子マネーによってマネーロンダリングが行われるおそれは小さいことによるものと考えられます

　もっとも、マネーロンダリング対策のための国際機関であるFATF（資金洗浄に関する金融活動作業部会）の「40の勧告」（2003年）によれば、業務として電子マネーの提供および管理を行う者についても、本人確認等義務を負う者に加えられており（同勧告用語集参照）、電子マネー事業者にも本人確認義務を課すことはグローバル・スタンダードとなっています。

　現在、わが国において電子マネーの利用は急速に増加しています。今後も、電子マネーの利用が進み、決済手段として社会において大きな地位を占めるようになれば、たとえ現金に換金できなかったとしても、電子マネーのマネーロンダリングへの利用のおそれも高まることになります。そうなれば、電子マネー事業者にも犯収法が適用されるような法改正も将来的には考えられるところであり、今後の法改正の動向に着目する必要がありそうです。

預金者保護法と電子マネー発行者の責任

　平成18年2月10日、預金者保護法が施行されました。この法律では、金融機関は、①偽造キャッシュカードにより預金が引き出された場合で、預金者に重過失（たとえば、暗証番号をキャッシュカードに書いていた場合など）がないときには、原則として引出額の100％を補償し、②盗難キャッシュカードにより預金が引き出された場合で預金者に過失がないときには、引出額の100％を補償し、預金者に過失があるものの軽過失にとどまるとき（たとえば、暗証番号を生年月日にしていて、生年月日が記載されている書類（運転免許証など）といっしょにキャッシュカードを保管していた場合）には、引出額の75％を補償することが規定されています。

　また、法律による規制ではありませんが、全国銀行協会の取り決め（平成20年2月19日）では、盗難通帳による預金の引出しについても、預金者に過失がない場合には、金融機関は、引出額の100％を補償することとしており、預金者に重過失がある場合（たとえば、通帳と印鑑をいっしょに保管しているなど）には、引出額の75％を補償することとしています。また、この取り決めでは、インターネットバンキングを利用した不正引出しについても、預金者が無過失の場合には、金融機関は引出額の100％を補償することも定めています。

　これらの規定はいずれも、一定の場合には金融機関側の過失の有無にかかわらず、金融機関が預金者に対し不正に引き出された預金相当額を補償することを求めるものであり、金融機関に無過失責任を負わせている点に特徴があります。これは、「金融機関が偽造・盗難カード等で不正に引出しがなされるようなシステムを構築しているのだから、不正引出しについて責任を負うべき」との考え方によるものと思われます。そして、その背後には、キャッシュカードの不正使用についての金融機関の対応が預金者にとって不当なものであったとの不満があったようです。

　もっとも、同じキャッシュカードの不正使用であっても、デビットカードとしての使用（店頭での商品の購入）については補償の対象に含まれない（東京

〔第2章〕 第1 電子マネーに関する法的規制

地判平成29年11月29日金法2094号78頁）など、預金者保護法はあくまでもキャッシュカードによる現金の引出しに関してのみ金融機関の補償を求めた法律であるため、同法やこれに類する全国銀行協会の取り決めが、現時点で電子マネーの不正使用の場合に適用・準用されることはありません。

　しかし、電子マネーにおいても、「電子マネー発行者が、不正使用がなされるようなシステムを構築しているのだから、不正使用についても発行者が責任を負うべき」との考え方は妥当します。そのため、将来、電子マネーの不正使用が社会問題となるような事態が生ずれば、電子マネーに関しても、業界団体の取り決めや立法により、発行者に不正利用された電子マネーの補償を求める動きが生ずることも考えられます。

　そこで、発行者においては、現時点から、不正使用がなされた場合のリスクをすべて利用者に課すのではなく、合理的な理由のある場合には利用者に補償を行うなど、電子マネーの不正使用をめぐる問題に関し、利用者にとって不当な取扱いがなされているとの疑念を抱かれないような対応を心がける必要があるものと思われます。

122

第２　電子マネー取引の法的性質と具体的問題点の検討

ポイント

➢ 電子マネーの法的性質については、大きく分けて、利用者が発行者に対して一種の債権を有しているとする「債権説」、電子マネー自体に価値が化体されているとする「価値説」とが考えられ、具体的問題点の解決アプローチとして、債権説および価値説という電子マネーの法的性質から検討する方法と、利用者と発行者等との合意内容に基づき検討する方法があります。本書では、具体的問題点の検討に際して、債権説および価値説からアプローチします。

➢ 電子マネーのデータの紛失・毀損があった場合、債権説の立場からはデータの紛失等に債権自体は影響を受けないため、他の方法で債権の存在を立証することで利用者は電子マネーの利用を継続できますが、価値説の立場からはデータの紛失等によって電子マネー自体を失うことになり利用者は回復できないことになります。

➢ 電子マネーの不正利用があった場合、債権説からは本来の利用者に効果帰属しないという結論になりますが、価値説からは不正利用であっても電子マネーの利用は真正であると考えられます。

➢ その他、電子マネーの払戻し、システム障害における利用者の責任について約款に定めるにあたっては、資金決済法の払戻し規制、発行者のシステム管理責任に配慮する必要があります。

〔第２章〕　第２　電子マネー取引の法的性質と具体的問題点の検討

1　はじめに

　電子マネーによる取引では、取引に先立ち、発行者－利用者間、発行者－加盟店間で、電子マネーの利用に関する契約（約款）が締結されており、当事者間の関係は、発行者が作成する定型的な契約条項（約款）の規定によって規律されるのが通常である。しかし、約款に定めのない事項は、電子マネーの法的性質（法的構成）に基づいて検討することが必要となるし、約款に定めさえすればどのような内容でも効力を有するというわけでもない。

　そこで、電子マネーの法的性質を概観したうえで、電子マネー取引について生じる具体的な事例に当てはめて検討することとする。以下、発行者と利用者との間の約款を「電子マネー利用約款」といい、発行者と加盟店の間の契約を「加盟店契約」という。

　なお、消費者契約法と約款一般の議論については、ここでは検討を省略するものとし、詳しくは第１章第７を参照されたい。

2　電子マネーの法的性質と取引の法的構成

(1)　はじめに

　電子マネー取引は、利用者が電子マネーをチャージし、加盟店においてこれを提示（本書では、電子マネーカードを読み取り機にかざすなどの手段により電子マネーを利用することを指す）することにより取引が成立し、その後、加盟店が発行者に対し、提示された電子マネーに相当する金額の精算を求める、というごく単純な取引にすぎない。

　しかし、この電子マネー取引を法的にどのように理解し構成するかという

124

点については、これまでさまざまな見解が提唱されており、通説とされるようなものは存在しないといってよい状況にある。また、公表されている電子マネー利用約款においても、それが電子マネーの法的性質ないし構成につきいかなる見解を採用しているのかについては一概には明らかでない。そこで、具体的な事例を検討する前提として、まず、これまでに一般的に提唱されてきた電子マネーの法的性質および電子マネー取引の法的構成に関する見解について概観することとする。

なお、電子マネーには、既述のとおり、発行者以外の加盟店でも利用できる第三者型電子マネーのほか、自家型電子マネーも存在する。しかし、法的性質等を考えるうえでは、自家型電子マネーも基本的には第三者型電子マネーと変わるところがないため、さしあたり、以下では、第三者型電子マネーの取引にかかる法的性質等につき検討する。また、第三者型電子マネーのなかでも多元発行型電子マネーなど発行者が複数の場合などもあるが、それらは、第三者型電子マネーを応用したものと評価しうるため、ここでは発行者を1社とする第三者型電子マネーを対象とする。

そして、検討にあたっては、利用者と加盟店が売買契約（以下、電子マネーにより決済を行う契約を「原因契約」という）を締結し、その売買代金の支払いについて、利用者が電子マネーを利用した場合を例にとって考えることとする。

⑵ 電子マネーの法的性質と取引の法的構成に関する各見解

㋐ ①債権譲渡構成

(A) 取引の法的構成

① チャージ

チャージにより利用者が発行者に対し一種の「預金債権」を取得する。

125

〈図20〉 債権譲渡構成

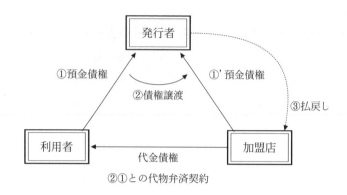

② 利　用

　利用者が加盟店に対し電子マネーを提示することにより、売買代金の代物弁済として「預金債権」の譲渡がなされたものとする。これにより利用者の代金債務が消滅する。

③ 精　算

　発行者が加盟店に対し「預金債権」にかかる債務を弁済することにより精算する。

(B)　**電子マネーの法的性質**

利用者が発行者に対して有する「預金債権」とする。

(C)　**評価・問題点**

　通常の決済では「預金債権」の譲渡につき加盟店は第三者対抗要件（民法467条2項）を具備できず、加盟店が二重譲渡リスクを負うことになる。

　また、電子マネーのチャージにより、利用者が発行者に金銭の預入れを行い、ある種の預金債権が発生することとされているため、電子マネーのチャージが、金融機関以外の者が業として営むことを禁止されている「預金の受け入れ」（銀行法2条2項1号）や「預り金」（出資法2条2項）に該当することを前提とする見解とも考えられる。この点で、現状では、発行者が金

融機関でないケースが一般的であることからすれば、この見解を一般化して採用することは困難と考えられる。

(イ) ②更改（債権者の交替による）構成

〈図21〉 更改構成

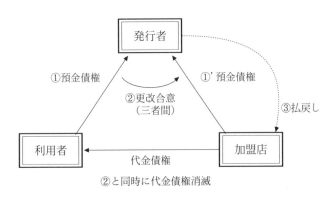

(A) 取引の法的構成

① チャージ

電子マネーのチャージにより、利用者が発行者に対し一種の「預金債権」を取得する。

② 利 用

利用者が加盟店に対し電子マネーを提示することにより、発行者・利用者・加盟店間で、ⓐ預金債権の債権者が利用者から発行者に変更されることを内容とする更改の合意と、ⓑ利用者の加盟店に対する代金債務が消滅することの合意が同時になされたものとし、これにより代金債務は消滅する。

③ 精 算

発行者が加盟店に対し預金債務を弁済することにより精算する。

(B) 電子マネーの法的性質

利用者が発行者に対して有する「預金債権」とする。

(C) 評価・問題点

①債権譲渡構成と同様、電子マネーを預金債権とするため、出資法や銀行法の関係から、金融機関が電子マネーの発行者となることを前提とする法的構成であり、この見解を、一般化して採用することは困難と考えられる。

(ウ) ③支払指図構成

〈図22〉 支払指図構成

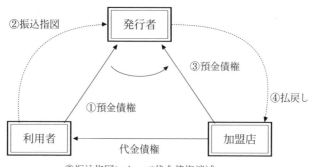

(A) 取引の法的構成

① チャージ

　チャージにより利用者が発行者に対し一種の「預金債権」を取得する。

②③ 利　用

　利用者が加盟店に対し電子マネーを提示することにより、利用者から発行者に対し、加盟店の発行者に対する預金口座への振込指図がなされたものとし、加盟店が発行者に対し「預金債権」を有することとなる。また、かかる振込みにより、売買代金の弁済がなされたものとして利用者の代金債務は消滅する。

④ 精　算

　発行者が加盟店に対し預金債務を弁済することにより精算する。

(B) 電子マネーの法的性質

利用者が発行者に対して有する「預金債権」とする。

(C) 評価・問題点

　この見解は、電子マネーのチャージが「預り金」（出資法2条）に該当すること、電子マネーの提示による振込指図が金融機関以外の者が業として営むことを禁止されている「為替取引」（銀行法2条2項・4条1項）に該当することを前提とする見解と考えられるため、①債権譲渡構成および②更改構成に同じく、一般化して採用することは困難といわざるを得ない。

(エ)　**④債務引受構成**

〈図23〉　債務引受構成

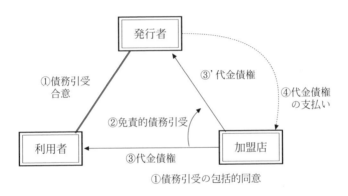

(A)　取引の法的構成

①②　チャージ

　発行者と利用者との間でチャージした金額の範囲内で債務引受の合意（電子マネー利用契約の締結）が行われているとする。なお、チャージにより、利用者が発行者に対し金銭を預託し、これと同時に発行者が加盟店の請求に応じて債務を支払うよう支払委託契約を締結するとの見解もある。

③　利　用

　電子マネーを利用した取引により発生した代金債権について、電子マ

ネーの提示により利用者から発行者に免責的債務引受がなされたものとする。

④　精　算

加盟店が発行者から代金債務の支払いを受けることにより精算する。

(B)　電子マネーの法的性質

①　代金債務を発行者に引き受けさせる権利（債権）

②　支払委託契約に基づき利用者の指定する加盟店に代金を支払わせる債権（発行者と利用者の間に支払委託契約を観念した場合）

(C)　評価・問題点

この見解は、利用者が発行者から払戻しを受けることができないことに適合的であるうえ、発行者が利用者から金銭を預かることにはならないことから、債権譲渡構成等に比べ、金融機関でない発行者が電子マネーを発行している実務に適合的な見解と評価できる。

ただし、代金債務に関する抗弁が発行者に承継されてしまうとの問題点がある。

(オ)　⑤有価証券（自己宛小切手）構成

(A)　取引の法的構成

〈図24〉　有価証券（自己宛小切手）構成

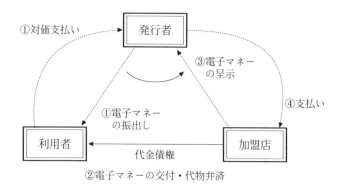

① チャージ

チャージにより、発行者から利用者に対し有価証券（自己宛小切手と同様の性質を有する）たる電子マネーが振り出されるとする。

② 利　用

利用者から加盟店への電子マネーの提示により、電子マネーによる代金債務の弁済がなされたものとし、これにより代金債務は消滅する。

③④ 精　算

加盟店が発行者に対し有価証券たる電子マネーの支払呈示を行い、発行者がこれを支払うことにより精算する。

(B)　**電子マネーの法的性質**

発行者が利用者に振り出す有価証券とする。

(C)　**評価・問題点**

プリペイドカードの時代とは異なり、たとえば、サーバ型の電子マネーを有価証券ととらえることはいかにも技巧的であり、一般化するには適さない構成といえる。また、電子マネーは小切手法所定の要件を満たすものではないことから、電子マネー取引に小切手法が当然に適用されるともいえず、有価証券構成をあえて採用するメリットも乏しい。

(カ)　**⑥金券構成**

(A)　**取引の法的構成**

① チャージ

チャージにより、利用者が発行者から電子マネーを購入する。

② 利　用

電子マネーを加盟店に対する代金債務の弁済（代物弁済ないし本旨弁済）として使用する。

③ 精　算

加盟店が電子マネーを発行者に売却して代金の支払いを受けることにより精算する。

〈図25〉 金券構成

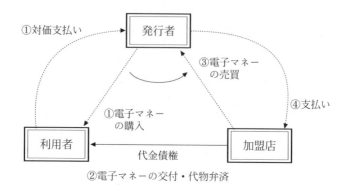

(B) **電子マネーの法的性質**

金券（切手や収入印紙と同様、それ自体が金銭的価値を有するもの）とする。

(C) **評価・問題点**

⑤有価証券構成と同様、電子記録である電子マネー自体を「金券」ととらえることは技巧的であり、また、後述する⑦価値構成との比較からいえば、あえて「金券」と合意する必要性は乏しいものといえよう。

(キ) **⑦価値構成**

(A) **取引の法的構成**

⑥金券構成と同様であり、金券ではなく価値自体が移転すると構成する見解である。

(B) **電子マネーの法的性質**

価値自体とする。

(C) **評価・問題点**

価値が何を示すのかについては検討されておらず不明なままであるが、⑤有価証券構成や⑥金券構成をサーバ型など券面を発行しない電子マネーに一般的に対応させたものといえる。

(ク) **⑧合意構成**

〈図26〉 合意構成

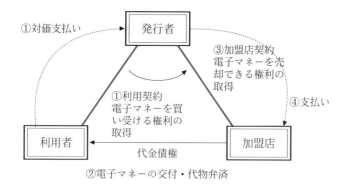

(A) 取引の法的構成
① 契　約
　発行者－利用者間で利用契約、発行者－加盟店間で加盟店契約が各々締結され、利用契約では、利用者が「申込みにより電子マネーを買い受ける権利」、加盟店契約では、加盟店が「発行者に対し、電子マネーの提供とともにする申込みにより、電子マネーを売却できる権利を有する」旨規定される。
② チャージ
　上記契約に基づき、電子マネーのチャージにより利用者が発行者から電子マネーを購入する。
③ 利　用
　利用者が加盟店に対し電子マネーを提示することにより代金債務を代物弁済するものとする。
④ 精　算
　発行者が加盟店から電子マネーを買い取ることにより精算する。
(B) 電子マネーの法的性質
特に考慮しない。

〔第2章〕 第2 電子マネー取引の法的性質と具体的問題点の検討

(C) 評価・問題点

電子マネー自体の法的性質には踏み込んでおらず、この点は不明確なままである。そのため、合意構成を採用したとしても、電子マネーの具体的問題を演繹的に解決することは困難である。

(3) 各見解の分類

(ア) 分 類

上記各見解のうち、①債権譲渡構成、②更改構成、③振込指図構成、および④債務引受構成では、電子マネーのデータ自体は支払いのための手段にすぎず、電子マネー取引の前提として利用者の発行者に対する債権（債務引受構成の場合には支払委託債権）の存在を観念し、これが電子マネー取引により、移転・消滅するととらえられている。これらの見解では、電子マネー自体は金銭債権が存在することの証拠にすぎないということになる。そこで、これらを「債権説」と総称する。

これに対し、⑤有価証券構成、⑥金券構成、および⑦価値構成は、電子マネー自体に価値が化体されているものと考える。そこで、これらを「価値説」と総称する。

そして、⑧合意構成については、電子マネーの法的性質が明らかではないことから、どちらにも分類されない。

上記各見解をまとめると、〔表11〕のとおりとなる。

(イ) 本書での検討対象

以上のとおり、電子マネー取引にかかる法的構成等をどのように理解するかについては議論が分かれているところであるが、上述したとおり、債権説のうち、①債権譲渡構成、②更改構成および③振込指図構成は、いずれも出資法や銀行法との関係から一般化して論じるには適さない。また、価値説のうち、⑤有価証券構成や⑥金券構成もまた技巧的であり、一般的な電子マネー取引で採用するには適当ではない。さらに、⑧合意説は、電子マネーの

2 電子マネーの法的性質と取引の法的構成

〔表11〕 法的構成の比較表

	法的構成	原因契約の債務の消滅時期	問題点
債権説	①債権譲渡構成	電子マネーの提示により、利用者から加盟店に対して「預金債権」が譲渡されたとき	・出資法に抵触するおそれがある。 ・債権譲渡につき第三者対抗要件を具備することが困難である。
	②更改構成	電子マネーの提示により、更改の合意がなされたとき	・出資法に抵触するおそれがある。
	③振込指図構成	電子マネーの提示により、加盟店の発行者における預金口座に振込みがなされたとき	・出資法、銀行法に抵触するおそれがある。
	④債務引受構成	発行者が加盟店に対して代金債務を弁済したとき（電子マネーの精算時）	・原因契約における抗弁を発行者が承継することとなる。
価値説	⑤有価証券構成	有価証券である電子マネーが加盟店に提示されたとき	・技巧的である。
	⑥金券構成	金券である電子マネーが加盟店に提示されたとき	・技巧的である。
	⑦価値構成	価値そのものである電子マネーが加盟店に提示されたとき	・価値がなんたるかは明らかではない。
⑧合意構成		合意で定めたとき	・電子マネーの法的性質が明らかではなく、具体的問題を解決する指針にならない。

法的性質には立ち入ったものではないため、これを採用したとしても、合意に定めのない具体的問題が生じたとしても、それを解決する助けとはならない。

　そこで、本書では、主として、債権説では④債務引受構成を、価値説では

〔第2章〕 第2 電子マネー取引の法的性質と具体的問題点の検討

⑦価値構成を採用して、電子マネー取引における具体的問題を検討すること
としたい。

3 具体的問題点の検討

以下、具体例をもとに、上述した電子マネー取引の法的構成や約款に関す
る議論を前提としつつ、発行者が、約款を作成する際、どのような点に考慮
すべきかにつき検討する。

(1) 電子マネーのデータの紛失・毀損

【事例】 カード型電子マネーの発行者は、電子マネー利用約款に「カー
ドの紛失・盗難その他の理由による電子マネーのデータの破損・消失等
は、利用者の責任とし、発行者は一切の責任を負わない」旨の規定を設
けていた。

しかし、カードを紛失した利用者は、本規定の無効を主張し、発行者
に対し、電子マネーの回復を求めている。

---

⑦ はじめに

電子マネー利用約款のなかには、上記のように、電子マネーのデータの紛
失に関し発行者は責任を負わないとして、未使用電子マネーの残高の回復を
いっさい認めないとするものも散見される。このような規定に問題はないの
であろうか。

この点につき、上述のとおり、約款の規定の内容によっては消費者契約法
10条に反し無効と解される余地がある（第1章第7参照）。

そして、上述したとおり、電子マネー取引の法的構成等については定まっ
た見解がなく、採りうる法的構成によっては、約款と比較すべき「任意規定」

136

の内容が異なる場合がある。そこで、考えられる法的構成の帰結を前提とし
て、上記約款の内容が無効とされる可能性があるか、その場合、どのような
規定とするのが適当か、以下検討する。

(イ) 法的構成の検討

(A) 債権説（債務引受構成）の帰結

債権説（債務引受構成）によれば、電子マネーは債務引受のための証拠にす
ぎない。そのため、電子マネーのデータを紛失したとしても債権自体は消滅
しない。したがって、利用者が別の方法で権利（電子マネーを裏づける債権関
係の存在）を証明できれば、電子マネーの回復を請求できることになる。

(B) 価値説（価値構成）の帰結

一方、電子マネー自体に価値を認める価値説によれば、電子マネーのデー
タの紛失・毀損により、利用者は電子マネーの価値自体を失うことになるの
でその回復を請求できないこととなる。そのため、電子マネーの紛失・毀損
は、利用者のリスクに帰することとなる。

(ウ) 「電子マネーのデータの破損・消失について発行者は一切の責任を負わない」との規定の有効性

電子マネーの法的構成のうち、仮に債権説がとられた場合、電子マネーの
データの紛失・毀損によっても電子マネーは消滅せず、利用者において権利
の証明ができれば、利用者はこれを利用する権利を有するものと考えられる。
それにもかかわらず、上記のように、電子マネー利用約款において、電子マ
ネーのデータが紛失・毀損した場合に、発行者は一切の責任を負わないとし
て、電子マネーが消滅する旨定めることは、消費者たる利用者が本来有して
いるはずの法的利益を一方的に奪うことになるから、約款の規定がなく任意
規定に基づく取扱いがなされる場合と著しく乖離し、消費者たる利用者の利
益を害するものといえる。

そのため、このような規定においても、消費者との紛争に関して仮に裁判
所が債権説に立った判断を行った場合、消費者契約法10条に反するものとし

〔第2章〕 第2 電子マネー取引の法的性質と具体的問題点の検討

て、それが無効と判断される可能性がある。

⑴ 電子マネー利用約款を作成するにおいて留意すべき点

(A) 視 点

もっとも、システム上、発行者が利用者の電子マネーの媒体（カードなど）なくしては電子マネーの残高を確認できないような場合（たとえば、無記名の電子マネーで、電子マネーを誰がチャージしたか、システム上特定できない場合。IC型では電子マネーの情報自体は媒介であるIC型カードを読み取り機にかざさねば残高照合ができない仕組みになっている電子マネーも少なくない）には、利用者の権利の証明が不可能である以上、電子マネーのデータの破損・消失により電子マネー自体が消滅し、これを回復できないと定めたとしても、必ずしも不合理とはいえないとも考えられる。

ただし、発行者は、電子マネーの販売に際し、当該電子マネーがそのような性質を有するものであり、毀損・消失は利用者の責任となることを、利用者に十分に説明・周知することが必要とされよう。

一方、発行者が利用者の電子マネーの媒体なくして利用者の電子マネーたるデータを確認できる場合に、電子マネーの破損・消失を利用者の責任に帰して、これを一切回復しないとすることに消費者契約法に反する可能性があるのは上述のとおりである。

しかし、利用者の主張にすべて応じ、いかなる場合にも電子マネーを返還すべきと規定することも非現実的であり、消費者契約法もそのような取扱いまで求めるものではないと考えられる。

この点、債権説に立ったとしても、利用者が電子マネーの回復という利益を受ける以上、電子マネーを保有していることを立証する責任を負うべきであり、それができなければ、発行者が電子マネーを回復する義務はないと考えるべきである。

(B) 規定例

そこで、以上から、たとえば、以下のような規定を設け、利用者より紛失

等の届出がなされた電子マネーにつき、残高を利用者が立証できる場合に限定して、回復を認めることが考えられる。

【規定例】

① 利用者は、電子マネーの媒体（カード）の紛失・盗難によりカードを喪失した場合およびカードの破損・電磁的影響その他の事由により当該カード内の電子マネーに関する情報が破損・消失した場合には、発行者に対し、発行者指定の書式により、その旨届け出る。

② 利用者より、電子マネーの紛失・盗難に関する届出がなされた場合、発行者は、当該電子マネーについて使用停止の措置を取るものとする。

③ 利用者は、発行者に対して、紛失・盗難された電子マネーの残高の回復を求めることはできないものとする。ただし、紛失・盗難に関する届出がなされた電子マネーについて、発行者所定の方法により、未使用の電子マネーの残高が判明した場合には、発行者は、新たな未使用の電子マネーを電子マネーカードにチャージする方法により、未使用電子マネー残高を利用者に回復する。なお、利用者は新たなカードへの再チャージに際し、発行者所定の手数料を支払うものとする。

④ 電子マネーの紛失・盗難の届出に基づく使用停止措置が取られる前に、第三者により当該電子マネーが利用された場合、有効な電子マネーの利用がなされたものとして、発行者は利用者に対し一切の責任を負わないものとする。

(C) 「電子マネー相当額を現金で返還する」旨を規定することは適切か

ところで、利用者としては、発行者に電子マネーの返還を求めるほか、電子マネー相当額の現金での返還を求めることも考えられる。そこで、かかる要望に対応すべく、現金での返還を認める旨を約款に規定することは適当といえるかにつき検討する。

〔第2章〕 第2 電子マネー取引の法的性質と具体的問題点の検討

　ここで、電子マネーの法的構成のうち債権説に立った場合は、電子マネーのデータを破損・消滅させた場合でも、電子マネー自体は消滅していないと考えられるため、電子マネーの破損・消失相当額を現金で返還することは電子マネーの払戻しに該当する可能性がある。そのため、資金決済法の規制対象となる電子マネーについては、現金での返還が、払戻規制（資金決済法20条5項、前払府令42条）に抵触するおそれがある。なお、この場合、電子マネーの払戻しが「保有者のやむを得ない事情により当該前払式支払手段の利用が著しく困難になった場合」（同条3号）に該当すると考えるのは文言上困難であり、払戻金額の総額が、他の事由による払戻額も含め、当該電子マネーの基準期間の発行額の20％または基準日の未使用残高の5％を超えない場合（同条1号・2号）にのみ払戻しが認められることになる。他方、資金決済法の規制対象とならない電子マネーについては、払戻しに関する定めはないが、そもそも払戻しを認めると出資法の「預り金」規制に反する可能性もあり、よりいっそう払戻しには慎重に対応を行う必要があろう。

　以上のことからすれば、発行者において、電子マネーの払戻額を正確に管理できていない限り、現金での返還を進めるうちに資金決済法上の払戻規制に抵触してしまうおそれがあり、現金での返還を認めることは原則として避けるべきである。

(2)　電子マネーの不正利用（なりすまし）

　【事例】　利用者はカード型電子マネーを持っていたが、カードを第三者に盗まれて、勝手に使われてしまった。当該第三者は、盗んだカード型電子マネーを加盟店で利用して商品を購入した。この場合、加盟店は、発行者に対して当該電子マネーにつき精算を請求できるか。

(ア)　はじめに

このようなケースで、加盟店が発行者に対し電子マネーの精算請求ができないとすれば、加盟店が不正利用により生じた損害を負担することになる。一方、加盟店から発行者に対し電子マネーの精算請求ができるのであれば、加盟店は不正利用による損害を負担しないことになる。

(イ) 法的構成の検討

(A) 債権説（債務引受構成）の帰結

債権説（債務引受構成）では、電子マネーの不正利用によっては債務引受の合意を認めることができない。そのため、不正に電子マネーを取得した第三者による利用は、本来の利用者に効果が帰属しないということになる。そして、不正利用によっては利用者の電子マネーは減少せず、利用者の電子マネーは加盟店には移転していないものと考えられる。

このように考えた場合、加盟店は発行者に対し不正利用された電子マネーの精算請求はできないということになる。

したがって、加盟店において、不正利用した第三者に対して購入代金（ないし損害賠償）を請求すべきこととなる。

(B) 価値説（価値構成）の帰結

価値説（価値構成）によれば、電子マネーたるデータ自体に価値が認められている。そのため、不正利用であっても電子マネー自体が真正に成立していれば電子マネーを利用することができ、加盟店は発行者に対し電子マネーの精算請求を行いうることになると考えられる。

なお、価値説の中でも有価証券構成では、原則として、不正利用をした第三者に電子マネーを利用する権利を認めることはできないものの、有価証券である電子マネーの呈示を受けたときに加盟店が不正利用であることに善意無重過失であれば善意取得（小切手法21条準用）が成立する余地があるとする点で、特徴的であるといえよう。

(ウ) 加盟店契約を作成するにおいて留意すべき点

(A) 加盟店からの視点

〔第2章〕 第2 電子マネー取引の法的性質と具体的問題点の検討

　上記法的構成のうち、仮に債権説が採用された場合には、不正取得者が利用した電子マネーについては、発行者は加盟店からの精算請求に応じないことが可能と考えられ、原則として、加盟店が不正利用によるリスクを負うことになる。そうすると、加盟店は、不正利用を許さないよう、利用者の本人確認を厳密に行う必要が高まる。

　しかし、電子マネーは簡易な決済手段であることにメリットがあるのであり、加盟店に不当に重い本人確認リスク（責任）を負わせることは、電子マネーの活用を促進するにあたって政策上妥当ではない。また、加盟店と発行者とでは、不正利用を許すシステムを構築した発行者のほうがそのリスクを負担すべきともいえよう。

　そこで、加盟店契約において、一定の場合に加盟店を保護する特別の規定を設けるべきではないかと考えられる。

(B)　利用者からの視点

　以上に対し、価値構成をとった場合、利用者は、発行者に対して原則として不正利用され減少した電子マネーの回復を求めることができず、不正利用は利用者のリスクとなるものと考えられる。

　しかし、不正利用の結果をすべて利用者のリスクとすることは、電子マネーの紛失・毀損で検討したとおり、消費者契約法10条に反するものとして無効と判断される余地も否定できない。また、電子マネーの紛失・毀損と、第三者による不正利用（成りすまし）とでは、第三者による利用の有無が異なるだけであり、それにもかかわらず、電子マネーの紛失・毀損の場合に比して、利用者を不利益に扱うことの合理性は見出しがたい。そのため、電子マネー利用約款においては、第三者の利用の有無にかかわらず、電子マネーの紛失・毀損において検討したとおり、一定の場合に利用者を保護する定めを設けることが妥当といえよう。

　そして、それとのつりあいとして、加盟店契約においては、一定の手続をとり、不正利用であることが明らかである電子マネーの利用を認めた加盟店

142

の責任を認めて、発行者のリスクを分散させることが合理的であろう。

　(C)　規定例

以上から、電子マネーが第三者により不正利用（なりすまし）された場合に関しては、加盟店契約において、以下の事項を定めることが考えられる。

【規定例】

①　加盟店が精算を求める電子マネーが、不正利用によるものである場合、加盟店は、発行者に対し当該電子マネーの精算を求めることができない。

②　ただし、加盟店が発行者所定の手続を履践したうえ、善意かつ重大な過失なくして、不正利用による電子マネーを取得したときには、発行者は、当該電子マネーの精算に応じなければならない。

そして、利用者と発行者との間の電子マネー利用約款においては(1)において検討した規定例が参考となろう。

 電子マネーと加盟店管理責任

　電子マネーを利用した取引において、加盟店が利用者に対して詐欺行為を行って商品が購入された場合、利用者は加盟店に対して詐欺取消し（民法96条1項）を行い、代金相当額の金員の返還を求めることが簡便です。また、実際の電子マネー利用約款でも、かかる場合の精算は加盟店と利用者間で現金で行うことと定められていることが大半です。

　しかし、たとえば加盟店が無資力で、加盟店からの回収可能性が乏しいと考えられる場合、利用者が、発行者に対して直接代金の返還を請求しようと考

〔第2章〕 第2 電子マネー取引の法的性質と具体的問題点の検討

ることもあるでしょう。

この点について、発行者と利用者間の電子マネーの利用契約と、利用者と加盟店間の原因契約は全く別個の法律関係であること、電子マネーは払戻しが原則として禁止されていることから、発行者に対して直接代金の返還を請求することができないとも考えられます。

他方で、クレジットカードで商品を購入し、販売業者との間で何らかのトラブルが生じた場合、利用者はそれ以後クレジットカード会社に対して、それを理由に立替金の支払いを拒むことができる場合があります（いわゆる抗弁の接続。割賦販売法30条の4）。そこで、消費者保護の観点から、割賦販売法における抗弁の接続の理論を援用して、発行者に対して利用者が直接に請求できないかとの指摘がなされています。

しかし、クレジット契約において、クレジットカード会社に対して未払いの立替金の支払いを拒めても、既払いの立替金の返還までは認められないと考えられること（東京地判平成9年5月27日参照）からすれば、電子マネーの利用者は、発行者に対して対価を前払いしてしまっている以上、抗弁の接続の理論を援用することは困難ではないかと考えられます。

ただし、第三者型発行者には、行政上の加盟店管理責任が認められており（事務ガイドライン5−Ⅱ−3−3）、これをもとに発行者に電子マネーの売買契約または利用契約の付随義務違反を認めて、抗弁の接続の理論によらずとも、利用者が発行者に対して直接に損害賠償請求するという解釈も検討の余地があります。

そのため、発行者としては、利用者保護のため、加盟店の行動には留意する必要があるといえるでしょう。

(3) 意図していたサービスの一部停止・変更

【事例】　利用者は、国民年金料の支払いのために電子マネーを2万円分チャージしたところ、事業者が収納代行サービスを中止したため、その支払いに電子マネーを利用することができなくなった。そこで、利用者は、発行者に対して、電子マネーの残高相当額2万円を現金で返還するよう求めたため、発行者は、電子マネー利用約款にサービスの変更・停止について一切責任を負わないと定めているとして、これを拒否した。

⑺　検　討

(A)　原　則

利用者は発行者から電子マネーの残高相当額2万円の返還を受けることができるのであろうか。

この点、資金決済法の適用を受ける電子マネーについては、資金決済法により、発行者による電子マネーの払戻しは原則として禁じられている（資金決済法20条2項本文）。くわえて、資金決済法の適用のない電子マネーであっても、払戻しは出資法の「預り金」規制（出資法2条1項）に違反する可能性もある。したがって、かかる規制に反して「払戻し」をすることはできないのが原則である。

なお、本事例とは異なり、発行者が発行業務を全面的に廃止する場合は、資金決済法の適用のある電子マネーにつき発行者に払戻義務が明記されているため（同法20条1項）、これに従う必要があることを念のため指摘しておく。

(B)　例　外

ただし、資金決済法における「払戻し」に該当しても、払戻金額が少額である場合（資金決済法20条5項ただし書、前払府令42条1号・2号）や、「保有者のやむを得ない事情により」電子マネーの「利用が著しく困難になった場合」

〔第2章〕 第2 電子マネー取引の法的性質と具体的問題点の検討

には、前払式支払手段の発行者は払戻しを行うことができると定められている（同法20条2項ただし書、同府令42条3号）。そして、「利用が著しく困難になった場合」に関しては、パブリックコメントにおいて、保有者が海外に転居することになって利用できなくなった場合（パブリックコメントNo.52）や、地域限定で利用可能な前払式支払手段を保有していた者が利用不可能な地域へ転居することとなった場合（パブリックコメントNo.53）があげられている。

さらに、利用者が電子マネーを使えなくなったことが、利用者と発行者の電子マネーの売買契約または利用契約における、発行者の債務不履行に該当する場合には（詳細は後述する第3・1⑴⑷を参照されたい）、利用者は発行者に対して電子マネーの残高相当額の損害賠償請求権を取得すると構成することもできる。その場合、発行者が、利用者に対して、電子マネー残高相当額を現金で返金したとしても、法律上は資金決済法上の「払戻し」には該当しないと解する余地がある。

⑷　電子マネー利用約款の作成において留意すべき点

(A)　視　点

以上からすれば、発行者に債務不履行が認められる場合には、発行者が利用者に対し、利用者が被った損害の賠償義務を負うと考えることができる。また、債務不履行責任の成立の有無にかかわらず、資金決済法上も、払戻金額が少額である場合や、電子マネーの利用が著しく困難になった場合には、利用者への払戻しが認められる場合もある。

そのため、約款をもって、意図したサービスが受けられなかったことをもって、利用者が発行者に払戻しや損害賠償請求することを一切禁止することは、消費者の利益を一方的に害する規定として、消費者契約法10条に抵触する可能性もある。

しかし、債務不履行の認定やその損害額の範囲について、利用者の個別具体的な事情に応じて発行者が判断することは煩雑でもある。

また、払戻しを緩やかに認めてしまった場合、資金決済法20条2項、出資

146

法に抵触する可能性があり、発行者として、残高の把握など運用には留意が必要となる。

(B)　規定例

以上から、電子マネー利用約款において、意図したサービスの一部停止などの場合の電子マネーの払戻しの取扱いや、損害賠償額の範囲を明確化するために（民法420条）、以下のとおり、定めておくことが考えられる。

【規定例】

①　電子マネーの利用サービスの一部停止や変更に際して、利用者は、発行者に対して電子マネーの未使用残高の払戻しを請求することはできないものとする。

②　ただし、サービスの一部停止・変更が、発行者の故意または重大な過失による場合には、利用者は、発行者に対して、電子マネーの未使用残高相当額の返還を請求することができるものとする。

---

(4)　電子マネーのシステム障害

【事例】　利用者が、加盟店で3000円の商品を購入し、その際、電子マネーを利用したところ、システム障害により電子マネーの残高が減少しなかった。しかし、そのときは利用者も加盟店もそのことを見過ごしてしまったが、後日、それに気づいた加盟店が利用者に対して3000円を請求した。

(ア)　検　討

システム障害により電子マネーを利用できなかった場合の問題である。まず、利用者は加盟店に対して、代金相当額である3000円を弁済すれば足

〔第2章〕 第2 電子マネー取引の法的性質と具体的問題点の検討

りるものと考えられるが、たとえば、利用者がシステムのエラーによって原因契約上の債務を履行できず、さらに加盟店に対して履行遅滞の損害賠償責任を負担することとなった場合、利用者は発行者に対して当該損害賠償額相当の範囲で、電子マネーの売買契約や利用契約の債務不履行責任に基づく損害賠償を請求することも検討できる（第3・1参照）。

この点、事務ガイドラインでは、前払式支払手段の発行者に対して、「前払式支払手段の発行の業務を行うに当たっては、コンピュータシステムのダウンや誤作動等、システムの不備等により、又は、コンピュータが不正に使用されることにより利用者や前払式支払手段発行者が損失を被るリスク（以下「システムリスク」という。）が存在することを認識し、適切にシステムリスク管理を行う必要がある」と定め（事務ガイドライン5－Ⅱ－3－1）、発行者にシステム管理上の責任を負わせている。そのため、これを民法上の付随義務を構成するものと解釈すれば、その債務不履行責任を追及する根拠ともなりうる。

他方で、不可抗力の場合や拡大損害が発生した場合などにおいても、これらをすべて発行者に責任を負わせるとすると、発行者に過大な負担となり、かえって電子マネーの利用促進を害するおそれもあるため、賠償責任を相当な範囲に制限する旨の規定を電子マネー利用約款に設けたとしても、利用者の利益を一方的に害するとまではいえないものと考えられる。

(イ) 電子マネー利用約款の作成における留意点

そこで、電子マネー利用約款においては、以下の定めを設けることで、発行者の責任を限定しつつ、利用者にも、発行者に対する損害賠償請求の余地を残すことが考えられる。

【規定例】

① 発行者は、電子マネーのシステム障害により生じた利用者の損害を賠償する責任を負わない。

② 前項にかかわらず、発行者の故意または重大な過失により、利用者
に損害が生じた場合には、発行者は賠償責任を負うものとする。ただ
し、拡大損害はこの限りではない。

(5) 電子マネーの使用期間

【事例】 利用者が電子マネーの利用をしないままに、電子マネー利用約
款で定められた使用期間1年が経過してしまった。そこで、利用者は、
使用期間1年は短すぎると主張して、発行者に対して電子マネーの利用
継続を求めている。

(ア) はじめに

そもそも契約自由の原則から、当事者間において、公序良俗に反しない限
り、契約期間の定めを設けることは有効である。

また、資金決済法では、電子マネーに使用期間が定められているときは当
該期間を表示すべきことを定めていること（資金決済法13条1項3号）、使用期
間が6カ月未満の前払式支払手段の有効性を前提としていること（同法4条
2号、施行令4条2項）からも、資金決済法は、電子マネーに使用期間を設け
ることを当然に予定しているものといえよう。

そして、使用期間6カ月未満の前払式支払手段が有効であることを前提と
していることからも、事例の場合のように使用期間1年間というのも、電子
マネーを使用できる範囲や機会が著しく限定されていない限り、公序良俗に
反するという評価にはならないものと思料する。

ところで、使用期間の定めがない場合には、電子マネーはいつまで利用で
きるものなのか、すなわち、電子マネーの消滅時効はいつ完成するのか、次
に検討する。

149

〔第2章〕 第2 電子マネー取引の法的性質と具体的問題点の検討

(イ) 法的構成の検討

(A) 債権説（債務引受構成）の帰結

債権説（債務引受構成）では電子マネーは債権であるため、権利を行使しうる時（通常は、電子マネーのチャージのときからと考えるのが妥当であろう）より5年（商事消滅時効：商法522条。なお、改正民法施行後は同法166条1号）が経過した場合には消滅する。

そのため、この構成によれば、時効完成後は、発行者は、時効を援用して利用者から電子マネーの利用を拒むことができる。

なお、加盟店が時効を援用できるかについては、電子マネー利用約款の定めによって「当事者」といえるか判断は異なるものと考えられるが、加盟店は、利用者からの電子マネーの利用に応じたところで、発行者から時効を援用されれば、精算ができないこととなり、加盟店に酷な結論となるため、少なくとも利害関係のある第三者として援用できると解するべきであろう。

(B) 価値説（価値構成）の帰結

価値説（価値構成）によれば、そもそも価値である電子マネーに民法上の時効消滅の定めの適用があるのかが問題となる。

この点、電子マネーは「債権又は所有権以外の財産権」（民法167条2項（改正民法166条2項））にも該当しないため、消滅時効の対象にはならないという見解もある（岩原紳作『電子決済と法』（有斐閣・平成15年）498頁）。

しかし、電子マネーには一定の財産的価値が認められ、また、後述するとおり、電子マネーは民事執行法上「その他の財産権」（民事執行法167条1項）に該当すると解釈する見解（第3・2参照）も指摘されていることとの整合性から、民法上の「債権又は所有権以外の財産権」として、20年の消滅時効を認めることが合理的であると考える。

そのため、この構成では、権利を行使しうる時（上述のとおり、電子マネーのチャージのときからと考えるのが妥当であろう）より20年で時効消滅するものと考えられ、発行者としては長期間の責任を負うこととなる。なお、時効の

援用者については、上述のとおり、加盟店にも認めるべきであろう。

(ウ) 電子マネー利用約款などの作成において留意すべき点

(A) 発行者としての視点

以上のとおり、法律構成によっては、電子マネーは20年もの間、消滅時効にかからないという帰結になる。そのため、電子マネー利用約款で、電子マネーの使用期間を限定しない場合、将来、発行者には記録が残っていないほど古いデータを持ち出して、電子マネーの利用・払戻しを請求する者が現れることが考えられ、これに対応するべく、発行者は過去のデータをいつまでも保存しておくことが必要となるが、そのコストは計り知れない。そのため、電子マネー利用約款において使用期間を定めるのが合理的である。

(B) 加盟店としての視点

他方、電子マネー利用約款上、電子マネーに使用期間が定められている場合、その規定は原則として効力を有するものと考えられるから、加盟店が誤って使用期間の過ぎた電子マネーの利用により商品を販売してしまった場合、発行者は電子マネーの精算を拒否することも考えられる。しかし、加盟店としては、一見して使用期間内の電子マネーであるか否かにつき判断できないこともあろう。そこで、使用期間が定められている電子マネーであって、当該電子マネーの残使用期間の判別が困難な場合には、加盟店契約において、使用期間の経過にかかわらず、精算ができる旨を約款で定めておくことが望ましいといえよう。

(C) 規定例

以上のことからすれば、電子マネー利用約款において、電子マネーの使用期間を明確に定めておくことが望ましい。

また、加盟店契約においても、使用期間を経過した電子マネーを受領した場合の取扱いとして、以下のとおり定めておくことが考えられる。

【規定例】

〔第 2 章〕　第 2　電子マネー取引の法的性質と具体的問題点の検討

① 　加盟店が精算を求める電子マネーが、使用期間を経過した電子マ
ネーである場合、加盟店は、発行者に対して、当該電子マネーの精算
を求めることはできない。

② 　ただし、加盟店が発行者所定の手続を履践したうえ、善意かつ重大
な過失なくして、使用期間を経過した電子マネーを取得したときには、
発行者は、当該電子マネーの精算に応じなければならない。

152

第3 電子マネーと倒産・執行手続

―◇ポイント◇――

➢ 発行者に倒産手続が開始した場合、電子マネーの利用が停止されれば、利用者としては、資金決済法に基づく発行保証金の還付請求や、倒産手続において電子マネー残高相当額につき倒産債権として届け出ることが考えられます。また、加盟店が電子マネー利用の精算未了だった場合に行使できる権利の内容は、電子マネーの法的構成によって異なるため、実務上は、電子マネーの具体的な内容や債権者間の実質的平等などを総合勘案して判断されています。

➢ 電子マネーも民事執行手続の対象となりますが、その具体的な方法は、電子マネーの法的構成からや電子マネーの媒体から検討することで、債権執行、「その他財産権」の執行または動産執行の方法とが考えられます。

1 電子マネーと倒産手続

　電子マネーの発行者や加盟店に破産手続・再生手続・更生手続などの法的倒産手続（以下、総じて「倒産手続」という）が開始してしまうことも、想定できないことではない。しかし、特に一般消費者が大半をしめる電子マネーの利用者は、日ごろ、そのようなリスクを想定せずに、電子マネーを利用していることが多く、特に発行者に倒産手続が開始したときには大きな混乱が

153

〔第2章〕　第3　電子マネーと倒産・執行手続

起こることは容易に想像できるところである。

ところで、ポイントについてはこれに法的権利性を認めるか否かについて説が分かれているのに対して、上述したとおり、電子マネーについては、その法的構成について諸説あるものの、発行者、利用者および加盟店の間に何らかの契約（権利義務）関係を認め、電子マネーに法的権利性を認めること自体には争いがない。このように電子マネーには権利性が認められていることから、破産などのいわゆる清算型倒産手続と、民事再生や会社更生などのいわゆる再建型倒産手続とで検討すべき点に大きな違いはなく、むしろ場面に応じた具体的なニーズを検討する必要がある。

そこで、発行者および加盟店に法的倒産手続が開始した場合の法的問題や具体的な対応について、以下では倒産手続による区別をせずに検討する。

(1)　発行者に倒産手続が開始した場合

まず、発行者に倒産手続が開始した場合を検討する。

【具体例】　1万円分の電子マネーを購入（チャージ）した利用者が、加盟店で電子マネーを利用して4000円の商品を購入した。しかし、加盟店が発行者から当該商品代金相当額の精算を受ける前に、発行者に倒産手続が開始した。

⑺　加盟店と利用者の関係

(A)　問題点

発行者に倒産手続が開始した時点で、利用者は加盟店で電子マネーを4000円利用して商品を購入しているものの、加盟店は発行者との間でこの4000円分の電子マネーを精算できていない。このような場合に、加盟店は利用者に対してあらためて4000円を支払うよう請求できないだろうか。この問題を考えるにあたっては、加盟店と利用者との間でいつ代金債権が消滅するのかと

154

いう点を考える必要がある。そこで、電子マネーの法的構成ごとに検討する。

(B) 法的構成別による検討

まず、電子マネーの法的構成を債権説（債務引受構成）で考えると、電子マネーの提示によって、発行者が利用者の加盟店に対する代金債務を引き受けることとなり、加盟店・利用者間の代金支払いは完了する。

また、価値説でも、電子マネーの提示により代金債務の弁済（代物弁済）が完了するため、同様の結論となる。

かかる結論は、少額決済に利用される電子マネーの実態や当事者の感覚からみても妥当な結論といえる。すなわち、加盟店には電子マネーの利用者の情報がないことが多く、電子マネーの提示を受けた後には、もはや加盟店が利用者に対してあらためて請求を行うことは事実上不可能となってしまう。そのような請求のリスクを加盟店に負わせることは妥当ではない。また、利用者としても、電子マネーの提示によって加盟店に対する支払いは完了しているものと考えるのが通常であり、その期待に反して、発行者が倒産したからといって、後日、加盟店からあらためて請求を受けるというのは利用者の感覚にも合致していないといえよう。

以上のとおり、発行者に倒産手続が開始した時点で発行者と加盟店との間において電子マネーにつき精算未了であったとしても、どの法的構成（これを補う約款の定め）によっても、利用者が加盟店から当該金額を請求されることはないとの結論になろう。

(イ) 発行者と利用者の関係

次に、発行者と利用者の関係を検討する。この点、利用者としては、電子マネーが利用できる限り、これを利用したいと考えるのが通常であり、逆に現に利用が継続できれば利用者には支障が生じない。

しかし、特に清算型倒産手続たる破産手続が発行者に開始した場合、後述するとおり、加盟店が電子マネーの利用継続を拒否し、利用者は加盟店において電子マネーが利用できなくなることが通常である。そこで、電子マネー

〔第2章〕 第3 電子マネーと倒産・執行手続

の利用ができなくなった場合、電子マネーの残高を有している利用者は、発行者に対して何らかの請求ができないのか、上述した具体例でいえば電子マネーの残高6000円相当額の払戻請求ができないのかが問題となる。

(A) 資金決済法における定めとの関係

まず、資金決済法では、このような発行者の倒産リスクから利用者を保護するため、発行者に対して、一定の要件の下に発行保証金の供託等を義務づけている(資金決済法14条等)。そして、同法31条1項は、前払式支払手段の利用者は、前払式支払手段にかかる債権に関して、発行保証金について他の債権者に先立ち弁済を受ける権利を有すると定めており、「前払式支払手段にかかる債権」を有していることを当然の前提としている。

しかし、前払式支払手段の利用者が「前払式支払手段にかかる債権」としていかなる債権を有しているのか、債権の具体的内容は明確には定められていない。特に、前払式支払手段、ひいては電子マネーは原則として払戻しが禁止されていることから、当然には、利用者は返還請求権を有していない(返還が許されていない)とも考えられる。

そこで、発行者に倒産手続が開始した場合に、電子マネーの利用者が発行者に対して、一般的にいかなる債権を主張できるのかにつき検討する。

(B) 発行者に対する権利内容の検討

(a) 自家型の場合

自家型の電子マネーについては、利用者は、発行者の提供する商品や役務を請求できる権利を有していると考えることができる。この権利は、倒産手続開始前に生じた原因に基づき取得した債権であるため、発行者の倒産手続においては、破産債権・再生債権・更生債権(以下、総じて「倒産債権」という)となる。

(b) 第三者型の場合

(i) 換金請求権

まず、電子マネーの購入に際しては前払いにて対価を支払っているため、

その相当額の換金請求権を有しているとする見解がある（小林明彦「プリペイドカード発行会社の倒産をめぐる諸問題」別冊NBL22号68頁）。この点、かかる見解は、出資法2条の「預り金」禁止規定に抵触するおそれがあるとの批判があるが、これに対しては、換金請求権も絶対的に認められないわけではなく、利用が著しく困難になったと認められる場合に限っての換金であれば、出資法の「預り金」に必ずしも該当するものではないとの反論がなされている。

しかし、平時には認められない換金請求権が、発行者に倒産手続が開始した途端に認められるというのは一貫性を欠き、特定の場合とはいえ、元本の返還が約束されている以上、「預り金」規制（第1・3参照）の「③　元本の返還が約されていること」に該当するといわざるを得ず、かかる見解は妥当ではないと考えられる。

(ii)　売買契約解除に基づく損害賠償請求権

次に、利用者による電子マネーの購入（チャージ）が売買契約としての側面をもつことに着眼して、売買契約の債務不履行解除に基づく損害賠償請求権とする見解がある（小林・前掲68頁）。なお、かかる見解は、電子マネーの「売買」ととらえることから、その法的構成につき価値説によることが親和的であるといえよう。

ただし、売買契約であれば電子マネーの引渡しをもって売主の義務は完了しているとも考えられるため、売主の債務不履行を基礎づけるには何らかの付随義務を構成する必要がある。また、電子マネーの購入の際に発行者ではなく他の代理店（カード作成会社など）が介在している場合には、発行者と利用者の間に直接の売買契約を認めることが困難な場合も少なくない。そこで、次の見解が提唱されている。

(iii)　電子マネーの利用契約の履行不能による解除に基づく損害賠償請求権

利用者は、発行者の倒産によって電子マネーの利用が不可能な状態になった場合（この点につき、後記㈄参照）、利用者は発行者に対して、利用契約の履

〔第2章〕　第3　電子マネーと倒産・執行手続

行不能に基づく損害賠償請求権を取得すると考えることができる。

(C)　倒産手続における具体的な権利行使の方法

以上の検討を踏まえ、電子マネーの利用者は、発行者の倒産という事態において、具体的にかかる権利をどのように行使することができるのかについて検討する。

(a)　資金決済法における権利行使

まず、資金決済法上の規制を受ける電子マネーについては、資金決済法に基づく発行保証金の還付手続がある。還付手続の詳細は第1・2(4)(ウ)を参照されたい。

(b)　倒産手続における権利行使

このように発行保証金の還付手続が行われたとしても、発行保証金の額は、基準日未使用残高の2分の1の額に相当する額に限定されているため（資金決済法14条1項）、必ずしも電子マネーの利用者全員が残高全額の還付を受けることができるとも限らない。また、資金決済法の規制を受けない電子マネーには発行保証金の還付手続は存在しないため、これによる回収を行うことはできない。

そこで次に、利用者は、発行者に対して還付請求を受けることができなかった残高を請求することが考えられるが、上述した債権はいずれも倒産債権であるため、倒産手続に従ってのみ権利行使できるにすぎない。具体的には、利用者は、倒産手続において、倒産債権の届出を行い、倒産手続内において配当を受けるにとどまる。

なお、倒産債権の届出後、発行者の管財人等により届出債権につき認否の作業が行われるところ、サーバ型であれば発行者にて電子マネーの残高を管理することも可能といえるが、IC型などは利用者の利用によって電子マネーの残高は日々変動し、発行者にて各利用者の電子マネーの残高を把握できず、電子マネーのカードなどに搭載されたデータでしか残高を確認できないということも多い。そこで、実務上は、利用者に対して、債権届出をする

158

にあたって、電子マネー（プリペイドカード）の媒体であるカードを債権届出書に添付して提出するよう求めている場合もあるようである。

(ウ) 発行者と加盟店の関係

(A) 加盟店が発行者に対して有する権利

(a) 問題点

次に、具体例のように、加盟店が、発行者から4000円の商品代金の精算金を受領できていない場合、加盟店は発行者に対してどのような請求ができるのかにつき検討する。これは電子マネーの法的構成によって帰結が異なりうる。

(b) 法的構成別による検討

まず、債権説（債務引受構成）であれば、利用者による電子マネーの提示により、発行者は利用者の加盟店に対する代金債務を引き受けるため、加盟店は、発行者に対して、引き受けた代金債務の履行を請求することができる。ただし、この代金債務にかかる債権も倒産手続開始前に発生したものであるため、倒産債権である。なお、債権説のうち、債権譲渡構成、更改構成または支払指図構成により考えれば、加盟店は、利用者による電子マネーの提示により、利用者が発行者に預託した「預金債権」を取得する。当該債権は倒産手続開始前に取得したものであるため倒産債権となる。ただし、債権譲渡構成や更改構成を貫いた場合、第三者性を有する発行者の管財人等に対して、「預金債権」の譲渡の事実を対抗できるのかという問題点があるのは先に述べたとおりである（第2・2(2)参照）。

他方、価値説（価値構成）による場合のアプローチは若干異なる。すなわち、たとえば、加盟店が顧客から取得した当月分の電子マネーにつき当月末日に発行者に対して、そのデータを交付し、翌月10日に精算金を受領しているような場合、加盟店は倒産手続開始前に価値である電子マネーを取得し、発行者に対してこれを引き渡したものの、当該代金を受領しないまま、発行者に倒産手続が開始した場合、すなわち、発行者に翌月1日倒産手続が開始

〔第2章〕 第3 電子マネーと倒産・執行手続

した場合には、電子マネーの代金請求権は倒産債権となり、倒産手続によらねば権利行使することができない。しかし、発行者に対して電子マネーの引渡しすら未了のうちに発行者に倒産手続が開始した場合、すなわち、発行者に当月29日に倒産手続が開始した場合には、発行者と加盟店間の電子マネーの売買契約（加盟店契約）は双方未履行双務契約に該当するため、発行者が加盟店の換価請求を受け入れて履行選択をすれば、加盟店は買取代金を財団債権や共益債権として倒産手続によらずに受領できることとなる（破産法53条1項など）。ただし、破産手続などの清算型倒産手続であれば、発行者の破産管財人は履行せずに解除を選択するものと考えられ、それによって買取代金相当額は倒産債権である損害賠償請求権に転化し（破産法54条1項など）、加盟店は倒産手続において権利行使できるにすぎないこととなる。

　以上のとおり、法的構成によって加盟店が発行者に対して有する債権の法的性質が異なるところ、実務上は、電子マネーの具体的な内容や債権者間の実質的公平性などを総合勘案して、その法的性質を判断しているのが実情といえよう。

　また、再建型倒産手続の場合、発行者の事業再建のために電子マネー事業が重要な地位を占める場合などには、発行者の資金繰り等を勘案して、倒産手続開始前に申立てをする弁済禁止の保全命令において加盟店の発行者に対する債権をあえて弁済禁止の対象から除外することや、倒産手続開始後も金額によっては弁済許可を得るということも、倒産実務においては検討の余地があるのではないかと考えられる。

⒝　加盟店と発行保証金の還付請求権の関係

　以上のとおり、法的構成により加盟店が発行者に対して有する債権の法的性質は異なるが、倒産債権であれば倒産手続によらねば権利行使できない。しかし、資金決済法31条1項は、発行保証金の還付請求権の行使主体を「前払式支払手段の保有者」と定めているにすぎないことから、資金決済法の規制を受ける電子マネーの利用者から、電子マネーの移転を受けた加盟店も

「保有者」として、権利行使の主体となって、発行保証金から回収ができないのか、検討の余地があろう。

　これに対しては、資金決済法が利用者保護を立法趣旨としていることや、発行保証金の算定の基礎とされている未使用残高の算定においては、発行総額から利用者が加盟店に対する代金の弁済に供した額を控除することとされていること等から、発行保証金からの優先弁済を受けることのできる主体に加盟店は含まれないと解すべきであると考えられている（岩城謙二「プリペイド・カード法と消費者保護」別冊 NBL22号62頁参照）。

　したがって、加盟店は発行保証金からの弁済を受けることができず、倒産債権を有するにすぎないときには、やはり、倒産手続において権利行使できるにすぎないこととなる。

㈓　発行者複数の電子マネーの場合

　ところで、電子マネーの中には、多元発行型電子マネーなど発行者が複数企業である場合がある（第1章第1・4参照）。かかる場合に発行者の1社に倒産手続が開始して、他の発行者に倒産手続が開始していない場合、原則としては、倒産手続が開始した発行者との関係では、上述した権利関係となるが、実務上、加盟店契約などにおいて、他の発行者がそのリスクを負担して、加盟店から倒産手続が開始した発行者が発行していた電子マネーの精算を求められたとしても、他の発行者はこの精算に応じるよう定めていることがある。

　電子マネーの利用促進のためには、加盟店ではなく、発行者グループが共同してその倒産リスクを負担することが望ましい。そこで、発行者複数の場合には、上述のように、発行者グループが共同してその倒産リスクを負担するようあらかじめ定めておくことが妥当といえよう。

㈔　発行者倒産時の加盟店による利用拒絶の可否

⒜　問題点

　ところで、上述したとおり、電子マネーの利用者は、できるならば還付手続や債権届出などをせずに、むしろ従前どおり加盟店で電子マネーを利用し

〔第2章〕 第3 電子マネーと倒産・執行手続

たいと考えるのが自然である。また、発行者に再建型倒産手続である再生手続や更生手続が開始している場合には、発行者としても、従前どおりに電子マネーを利用継続してもらいたいということがあろう。

しかし、一方で、加盟店としては、電子マネーの利用を認めると発行者との間でリスクの高い信用取引を行うことになり、発行者の倒産により、電子マネーの利用を停止したいと考える方向に働く。

そこで、発行者に倒産手続が開始した後において、加盟店が利用者に対して電子マネーの利用を拒絶することができないか、特に、一般的な電子マネーの加盟店契約には、発行者に倒産手続が開始した場合には加盟店契約を解除できるという、いわゆる倒産解除特約が定められていることが多いことから、倒産解除特約に基づき加盟店契約を解除できないのかが問題となる。

(B) 加盟店契約の倒産解除特約による解除の有効性

この点、一般的に、倒産解除特約による解除の有効性については議論がわかれているところであり、破産法・民事再生法・会社更生法が、双方未履行双務契約の特則をあえて定め、管財人などの倒産者側に解除するか否かの選択権を与えている趣旨に鑑みて、かかる倒産解除特約に基づく解除は無効であるとする見解が多い（最判平成20年12月16日民集62巻10号2561頁など）。

しかし、かかる見解であっても、対象となる契約の具体的内容によって異なる結論を導く余地もある。そして、電子マネーの加盟店契約では、これを継続させるということは加盟店に発行者に対する新規与信を強制することになり、しかも加盟店が発行保証金に対する権利行使の主体から除外されていると考えられていることからも、加盟店契約の継続は加盟店に酷ともいえ、加盟店による倒産解除特約に基づく解除は有効と解する余地もあろう。

このように倒産解除特約による解除の有効性については議論の分かれるところであり、発行者として加盟店契約の継続を求める場合には、実務上は、加盟店との間で支払条件等の変更も含めて協議を行わざるを得ない場合もあろう。

162

(C) 債務不履行解除の可能性

ただし、当然のことながら、倒産手続開始前にすでに発行者に加盟店に対して支払が滞るなどの債務不履行があった場合や、倒産手続開始後に電子マネーの利用継続に関して債務不履行があった場合などには、加盟店契約を債務不履行解除することは可能であることを指摘しておく。

(2) 加盟店に倒産手続が開始した場合

次に、加盟店に倒産手続が開始したときの権利関係などにつき検討する。

(ア) 加盟店と利用者の関係

加盟店に倒産手続が開始したときには、後述するとおり、利用者が電子マネーを利用継続できるかという問題（加盟店契約が継続するか）があるにせよ、すでに利用した電子マネーについては、加盟店が発行者に対して電子マネーの精算を求め、これを回収する場面が残るだけで、利用者との関係は問題とならない。

(イ) 加盟店と発行者の関係

加盟店に倒産手続が開始した場合、発行者において、電子マネーに対する信用不安を回避するため、加盟店契約を解除しようとすることがある。そこで、発行者に倒産手続が開始したときと同様に、一般的な電子マネーの加盟店契約には、加盟店に倒産手続が開始した場合には加盟店契約を解除できるという、いわゆる倒産解除特約が定められていることが多いことから、倒産解除特約に基づき加盟店契約を解除できないのかが問題となる。しかし、発行者の倒産の場合とは異なり、加盟店に倒産手続が開始したとしても、発行者に新たな信用取引を強いるものではなく、上述した裁判例などに鑑みれば、倒産解除特約に基づく加盟店契約の解除は無効と考えることになろう。

(ウ) 利用者と発行者の関係

利用者が倒産手続の開始した加盟店において電子マネーを利用することができなくなった場合、利用者として当該加盟店で使用できると思ったから電

子マネーを購入した、電子マネーの残高を払い戻してほしいと主張することも想定できる。

このような請求が可能かについては、第2・3(3)の検討と同様であるため、当該箇所の解説を参照されたい。

破産者の電子マネー

　破産者が電子マネーを所有していたとき、管財人としては、電子マネーにも管財人の管理処分権限が及ぶものとして（破産法78条1項）、破産者から提出を受けて、破産財団に組み入れることが妥当なのでしょうか。

　たとえば、破産手続が開始した事業会社が保有していた商品券やプリペイドカード、切手、収入印紙などは、管財人が掌握して金券ショップなどで換金し、破産財団に組み入れます。しかし、電子マネーは、原則として電子マネーのままでは換金できないという問題点があります（電子マネーで商品券などの金券を購入して、これを換金するという方法は考えられますが）。

　この点、電子マネーは、発行者の自主規制から、チャージ可能金額が最大で数万円と少額に限定されているため、これまで大きな問題にはなっていなかったものと思われますが、多数の発行者から電子マネーを小口で複数購入しておけば、財産隠匿ができてしまう可能性も否定できません。そのため、管財人としては、破産者の電子マネーの保有状況についても、破産者から事情を確認するべきともいえます

　電子マネーは、換金が許されないものの、一定の財産的価値を有していることから、悩ましい問題といえるでしょう。

2 電子マネーと執行手続

(1) 電子マネーの強制執行の可否

電子マネーも財産的価値を有するものであり（ただし、財産的価値を有するものが何であるかについては、後述するように、電子マネーの法的構成によって異なるものではある）、私人間において差押禁止財産を創出することは認められていないため、電子マネーも民事執行手続の対象となる。

そして、電子マネーの執行を検討する場面として、①利用者の一般債権者が強制執行を検討する場合、および、②加盟店の一般債権者が強制執行を検討する場合とが想定できる。

(2) 具体的な手続内容

それでは、民事執行法上のいかなる手続によれば、電子マネーを対象として強制執行が行えるのか。この点、民事執行法は、対象となる財産に応じて、その具体的手続を定めている。そこで、電子マネーの法的構成別に、いかなる手続によるのが適切なのかにつき検討する。

㋐ 電子マネーの法的構成別による検討

(A) 債権説による帰結

まず、電子マネーの法的構成を債権説により考えれば、電子マネーの仕組みにおいて、財産的価値を有するものは、利用者の発行者に対する債権ということになる。そこで、債権執行の手続（民事執行法143条以下）に基づき強制執行を行うことになると解することができる。しかし、加盟店の一般債権者が強制執行をする場合（上記②）はともかく、利用者の一般債権者が強制執行する場合（上記①）には、電子マネーは原則として発行者から利用者に対する換金が禁止されているため、執行対象として適当かという問題がある。

165

〔第2章〕　第3　電子マネーと倒産・執行手続

⒝　価値説による帰結

　他方、電子マネーの法的構成を価値説により考えれば、電子マネーの仕組みでは、電子マネー自体に財産的価値を見出すこととなる。そこで、執行の対象となる財産は、電子マネー自体となる。そこで、民事執行法の「その他の財産権」として（民事執行法167条1項）、特別の定めがあるほか、債権執行手続によって強制執行を行うこととなる。

　しかし、債権執行手続の場合、差押命令を特定の第三債務者に対して発令するものであるが（民事執行法145条）、利用者の一般債権者が強制執行する場合（上記①）には、電子マネーは日々利用され、変動するものであり、また、発行者に対して発令をしたとしても、日々の利用を停止させることは困難であり、実効性に対する疑問が指摘されている（電子マネー実現研究会「電子マネーの実現に向けての法的検討」NBL640号21頁）。

⑷　電子マネーの媒体からの検討

　以上の議論から、特に、利用者の一般債権者が強制執行する場合（上記①）に関して、電子マネーの媒体であるカード自体を差押対象の「動産」として、動産執行手続によって強制執行を行うという見解もある（民事執行法122条以下：日本銀行金融研究所「電子マネーの私法的側面に関する一考察─『電子マネー関する勉強会』報告書」金融研究20頁）。

　しかし、動産執行の場合には、執行官が差し押えた電子マネーのカードを用いて、発行者に対して換金（払戻）請求をするか、電子マネーカードを第三者に売却することで現金化することが考えられるが（民事執行法134条）、上述したとおり、電子マネーは原則として換金（払戻し）が認められないため、特に利用者の一般債権者が強制執行する場合には（上記①）、発行者から電子マネーの残高相当額の換金（払戻し）を受けることは法的には困難といえる。また、第三者に売却することも許されていない電子マネーが多く、やはり、それによって回収することも困難であろう。仮に、これらを可能とする電子マネーがあったとしても、上記①および②のいずれも、かかる作業にはパス

166

ワードなどを必要とする仕組みも多く、その場合には、発行者の協力が必要
となるという問題点がある。

(ウ)　まとめ

　電子マネーの執行方法については不明な点が多く、特に利用者の一般債権
者が強制執行をする場合に関しては、電子マネーの発行者の自主規制の結果、
少額の資金しか期待できないこともあって、実務ではなかなか申立てが行わ
れていないところである。ただし、ウォレットサービスなどにより残高が高
額となるサービスの発展も考えられ、それによっては、実務上、強制執行の
必要性が生じる場合も予測され、今後の実務の集積や立法措置がまたれると
ころである。

〔第2章〕 第4 電子マネーと M&A

第4 電子マネーと M&A

───❖ポイント❖───

➢ 発行者に M&A がなされる場合には、電子マネー利用約款や加盟店契約などの基本契約を承継することによって加盟店や利用者との権利関係を承継できます。資金決済法との関係については、前払式支払手段発行者としての業規制や発行保証金の取扱いにつき M&A の方法等により考えらえるパターンに応じて対応が必要です。

➢ 加盟店に M&A がなされる場合には、加盟店契約の承継を検討すれば足ります。

1 発行者の M&A

⑴ 契約関係の承継

　電子マネーの発行者において事業譲渡、合併、会社分割などいわゆる M&A がなされる場合には、加盟店や利用者との権利関係の承継が問題となるが、電子マネーの法的構成をいずれと解釈しても、電子マネーの利用に関する電子マネー利用約款や加盟店契約などの基本契約が存在するため、その契約関係を承継することによって解決できるものである。

168

⑵　資金決済法との関係

ところで、前払式支払手段発行者がその事業を第三者に事業譲渡、合併、会社分割などにより承継する場合に、前払式支払手段発行者としての業規制や発行保証金の取扱いについて、どのような処理が必要になるのか。具体的な承継の場合に応じて、資金決済法の定めを整理する。

㈠　自家型前払式支払手段の発行業務を第三者に承継する場合

第三者に承継するパターンとしては、以下の三つの場合が考えられる。

①　他の自家型発行者に対して承継させる場合

②　他の第三者型発行者に対して承継させる場合

③　前払式支払手段発行者以外の第三者に対して承継させる場合

この点、①および②はすでに資金決済法上の監督が及んでいる第三者に対する承継であるため、従前と同様の監督が及ぶ。ただし、発行保証金の額の算定にあたっては、承継した自家型前払式支払手段の発行業務に関して、その未使用残高をも考慮する必要が生じる。

他方、③については、資金決済法は、その30条１項において特則を定めている。すなわち、前払式支払手段発行者ではなかったものが、前払式支払手段発行者から自家型前払式支払手段の発行業務を承継した場合には、承継した自家型前払式支払手段につき、承継が行われた日の直前の基準日の未使用残高が基準額を超えている場合には、承継をした第三者を、自家型前払式支払手段を発行する自家型発行者とみなして、資金決済法の適用を受けるものと定めている。その結果、承継をした第三者に対する監督が間断なく及ぶことになる。そして、承継をした第三者は、かかる場合、所管財務局長に対して、法定の届出書を提出する必要がある（同法30条２項）。

㈡　第三者型支払手段の発行業務を第三者に承継する場合

第三者に承継するパターンとしては、以下の二つの場合が考えられる。

①　他の第三者型発行者に対して承継させる場合

〔第2章〕 第4 電子マネーとM&A

② 自家型発行者を含み、第三者型発行者以外の第三者に対して承継させる場合

この点、①はすでに資金決済法上の監督が及んでいる第三者型発行者に対する承継であるため、従前と同様の監督が及ぶことになる。

他方、②について、資金決済法は、自家型前払式支払手段の発行業務の承継のような特則を定めていない。そして、承継を受けた第三者において引き続き第三者型前払式支払手段の発行業務を滞りなく行うためには、あらかじめ、当該第三者において第三者型発行者としての登録を受けてから発行業務の承継を受ける必要がある。その結果、②のパターンは現に承継する時点においては、①のパターンと同様の状況になると考えられる。

㈡ **発行保証金の承継**

ところで、発行保証金の供託や信託契約などは、いずれも私法上の契約関係である。そのため、発行業務の承継に関連して、発行保証金に関する契約関係については、別途、承継の手続を行うことになる。

2 加盟店のM&A

これについても、他の契約関係と同様、加盟店契約の承継を検討すれば足りるものであり、特筆するべきことはない。

1 はじめに

第5 資金移動業を活用した ビジネススキーム

◆ポイント◆

➢ 資金移動業と電子マネーの融合によって、電子マネーによる送金や換金が可能と考えられます。資金移動業とは、資金決済法に定められた、銀行等以外の者が行う為替取引（ただし100万円以下の取引に限られます）を業として行う場合をいいます。

1 はじめに

電子マネーの発展にはめざましいものがあるが、電子マネーは、既述のとおり、前払式支払手段の枠にとどまる限り、換金や送金（いわゆる「為替取引」）はできない。そこで、かかる枠を超える新しいビジネススキームとして、資金移動業と電子マネーの融合が検討されている。

そこで、まず、資金移動業の概要を概説したうえで、電子マネーと融合したビジネススキームについて概説する。

171

〔第2章〕 第5 資金移動業を活用したビジネススキーム

2 資金移動業とはなにか

(1) 資金移動業の新設の背景

　そもそも、従前、銀行法上、「為替取引」は銀行のみしか行えないものと定められていた（同法4条1項・2条2項2号）。このように規制が厳しかった背景として、為替取引において、万一、資金の移動を完了させないままに送金業務を営む者に倒産手続が開始した場合に当該滞留資金の倒産隔離が図れないといった事態や、送金の確実性が確保されないといった事態が生じかねず、かかる事態が社会経済に与える影響が甚大であるということなどが指摘されていた。

　しかし、情報通信技術の発達により銀行等以外の事業者が容易に為替取引を行いうる環境にあり、また、インターネット上の個人の取引などにより少額の資金決済の需要が増しているところ、現在の銀行等による為替取引については送金手数料が高い（特に外国送金の場合が顕著といえよう）、営業時間が短いなど利便性に対する不満が多いところでもあった。

　かかる状況を踏まえ、銀行等は為替取引のほかに、顧客から預金を受け入れて貸付け等に運用をするという信用創造の役割を果たしていることから（銀行法2条2項1号参照）、顧客の保護が高度に重要になるのであって、単に資金の移動サービスのみを行う場合にまで、現在の銀行等と同様の規制が必ずしも必要ともいえないとして、資金決済法は、その2条2項において「資金移動業」として銀行等以外の者が為替取引（ただし100万円以下の取引に限られる）を業として営む場合を定め、為替取引に関する制度の柔軟化を認めるに至ったものである。

172

(2) 資金移動業の業規制

次に、資金移動業の業規制について概説する。

まず、銀行等以外の会社が資金移動業を行うためには「資金移動業」の登録をする必要がある（資金決済法37条）。この点、銀行等が免許制であることに比して、登録制であることから、参入のハードルは低くなるものと期待されている。

ただし、資金移動業が提供する為替取引のサービスはさまざまな形態が想定でき、これらに一様に規制を加えることはできない。そこで、登録申請書には、資金移動業の具体的内容を記載する必要があり（資金決済法38条1項7号）、監官官庁は、かかる資金移動業の具体的内容に即して、登録拒絶事由である「資金移動業を適正かつ確実に遂行するために必要と認められる財産的基礎を有しない法人」（同法40条1項3号）、「資金移動業を適正かつ確実に遂行する体制の整備が行われない法人」（同項4号）、「この章（編注・第三章 資金移動）の規定を遵守するために必要な体制の整備が行われていない法人」（同項5号）を具体的に検討することとなっている。

ところで、資金移動業の登録を受けたとしても、資金移動業の他の業務についても兼業することが可能であり（資金決済法38条1項9号）、また、資金移動業につき第三者に対して委託することも可能とされている（同項8号参照）。

(3) 履行保証金の保全

さらに、依頼者から送金相当額を受領してから送金を完了するまでの間、資金移動業者（資金移動業の登録を受けた者。資金決済法2条3項）には当該資金が滞留されることとなるため、仮に滞留した時点において資金移動業者に倒産手続が開始して、資金移動業者固有の財産に当該資金が混在してしまい、資金移動を依頼した者の保護が図れないこととなっては、資金決済システムそのものへの信頼が揺らぎ、社会経済に与える影響は甚大となる。そのよう

〔第2章〕 第5 資金移動業を活用したビジネススキーム

な場合に備えて、資金決済法は、資金移動業者に対して滞留資金の保全を義務づけている。

すなわち、資金移動業者は、各営業日における為替取引に関し利用者に対して負担する債務（未達債務）の額と還付手続に要する費用の合計額（要履行保証額）のうち、1カ月を超えない範囲内で内閣府令で定める期間における最高額以上の額に相当する履行保証金を、当該期間の末日から1週間以内に供託しなければならないとされている（資金決済法43条）。ただし、政令に定めるところにより、履行保証金保全契約や信託会社等との間で履行保証金信託契約を締結したときであって所定の要件を充たすときには、履行保証金の一部または全部を供託せずともよいと定められている（同法44条・45条）。

かかる履行保証金については、資金移動業者が行う為替取引に関し負担する債務に係る債権者は、他の債権者に先立ち弁済を受ける権利を有すると定められており（資金決済法59条1項）、かつ、資金移動業者に破産手続等の倒産手続が開始したときには所管財務局長は当該債権者らの優先権の実行のために必要な措置をとらなければならないと定め、その保護を図っているのである。

3 具体的なスキーム

以上のように、資金決済法が想定するのは銀行等を利用することに利便性の乏しい少額の資金決済であるといえる。そして、このような資金移動業と、少額の資金決済のために発展してきた電子マネーとの融合の可能性が考案されているのである。

この点、上述のとおり、前払式支払手段の発行者は出資法との関係上、電子マネーによる送金や電子マネーの自由な換金を行うことはできない。他方、資金移動業者については、資金決済法と出資法との関係が整理されていないものの、資金移動業者に対する事務ガイドラインにおいて、利用者のために

174

口座を開設して一定の期間、利用者から預託を受けた資金の保管をすることや、その口座から利用者が払戻しを受けることも、その業務の前提とされている。そのため、資金移動業であれば、電子マネーの送金・換金も可能になると考えられる。なお、送金・換金が予定されている以上、当該電子マネーは前払式支払手段としての性質を超えてしまうため、前払式支払手段の発行としての届出や登録はできず、逆に言えば、資金移動業の登録を行えば足りると指摘されている（堀天子『実務解説　資金決済法〔第二版〕』10頁（商事法務・平成28年））。

　具体的な方法としては、①全国に店舗を有するコンビニエンスストアが資金移動業者として、利用者のための口座を開設し、コンビニエンスストアでの資金決済に利用する方法や、遠隔地のコンビニエンスストアで利用者や指定された第三者が払戻しを受けて現金を取得する方法や、②携帯電話業者やネット業者が資金移動業者として、携帯電話やネット上に利用者のための口座を開設し、ネットでの支払いや、携帯電話を利用した支払いや送金に利用する方法などが指摘されているところである（杉浦宣彦・決済研究プロジェクトチーム『決済サービスのイノベーション』（ダイヤモンド社・平成22年）57頁以下）。資金移動業の登録があることで、遠隔地への送金・払戻しが可能となるのである。

　すでに電子マネーは爆発的に普及が進み、電子マネーを支払方法として活用する社会的基盤はできているといえる。さらに、資金移動業との融合などで、ますます電子マネーが発展する可能性は高く、今後も電子マネーの発展には期待が集まるところである。

〔第2章〕第5　資金移動業を活用したビジネススキーム

電子マネーと税務

　発行者が利用者に対して電子マネーを発行した場合、税務上どういった処理がなされるのでしょうか。

　電子マネーについて検討する前提として、ビール券等の「商品引換券」を発行した場合について考えると、従前の企業会計では、その後に加盟店に対して精算義務を負うことから、「商品引換券」の購入代金として受領した金員について一種の預り金として処理してきました。

　しかし、このような預り金処理をすることも、短期間にすべての商品の引換えが完了するのであれば特段問題はないでしょうが、それが極端に長期にわたり、しかも客観的にみてもはや永久に引換えがなされないと思われる部分までが恒久的に預り金とされたままであるとすれば、それはすでに法人の所得と評価できるため、預り金として処理し続けることは（課税所得が発生しない）税法上問題があります。そこで、法人税基本通達が改正され、原則的に、「商品引換券」の発行には益金計上が必要になりました（法人税法基本通達2－1－39）。ただし、例外として、発行年度ごとに区分して管理している場合には、3年間に限り、課税所得が発生しないという取扱いが可能になりました（同通達但書）。なお、ここでいう「商品引換券」等にはテレフォンカード等のプリペイドカードも含まれるとしています。

　では、かかる税法上の取扱いが、電子マネーにおいても適用されるのでしょうか。電子マネーの取扱いについては明確な結論がでているわけではありませんが、電子マネーの法的性質から推論してみましょう。

　まず、債権説に立った場合、電子マネーの発行は利用者が発行者に対して金銭債権を有することになるという意味でしかありません。つまり単なる金融取引となるので、電子マネーの購入により発行者に課税所得は発生しないという税務処理になると思われます。これに対し、価値説に立った場合、①精算手続と切り離して電子マネーの発行を単なる電子マネーの売買とすれば発行の段階で課税所得が発生するかのように考える余地がありそうですが、②発行者が精

算義務を負っている点から精算手続と一体の取引とみれば、発行段階では課税
所得が発生せず、電子マネーが精算された段階で電子マネーの売却損益（課税
所得）が認識されるといった処理になると思われます。

　もっとも、上記の結論と先に述べた通達との関係については明確に解決でき
ているわけではありませんので、この点については今後の議論をまちたいとこ
ろです。

第3章

ポイントに関する
法的問題

〔第3章〕 第1 ポイントに関する法的規制

第1　ポイントに関する法的規制

◙ポイント◙

> ➢ ポイントを対象とした法規制・制度整備については、平成19年から平成21年ころにかけて議論・検討がなされましたが、現状では、具体的な法規制・制度整備がなされる動きはみられない状況です。

> ➢ ポイントプログラムの運用においては、主として消費者契約法、景品表示法、資金決済法との関係を確認しておくことが重要です。

> ➢ ポイントの利用者は一般消費者であるため、ポイントの付与、利用等に関する取引条件に関して、一般消費者に誤解を与える勧誘や表示をした場合には、消費者契約法によりポイント付与の前提となっている取引を含め取り消されたり、不当表示として消費者庁等から行政処分を受けたりする可能性もあります。

> ➢ ポイントは景品類の提供に該当する場合もあるため、景品表示法における景品類の規制についても遵守した内容とする必要があります。

> ➢ 資金決済法との関係では、名称が「ポイント」でも実態が前払式支払手段である場合には資金決済法の規制を受けます。

1　ポイントプログラムの発展・複雑化

　ポイントは多くの企業で発行されており、ポイントの総発行額も巨額になってきている（第1章第2・3参照）。

180

1　ポイントプログラムの発展・複雑化

　そして、ポイントはポイント発行企業の業態によりさまざまな条件で付与され、ポイントの利用の仕方も多様化してきている。ポイントの中には、提携している他社のポイントと交換することが可能なものも多くみられるようになり、また、"Tポイント"や"Ponta"のように、複数の企業で共通したポイントが発行され、そのポイントを代金決済に充てたり、特典との交換が行われたりする、いわゆる「共通ポイント」も利用されている。

　ポイント交換や共通ポイントを通じて、消費者も、ポイントを商品・サービスの購入代金の決済手段として利用しやすくなっているといえる。また、ポイント交換の連携が広がっており、ポイント交換を繰り返していくことで取得できる他社のポイントの範囲も多くなってきている。ポイントの中には現金、電子マネー、商品券等への交換が可能なものもあることから、ポイントは流通性のある決済手段としての性質も帯びてきているとの指摘もある（杉浦宣彦「電子マネー・企業ポイントをめぐる法制度の現状と今後の課題」オペレーションズリサーチ55巻1号6頁）。

　このように、ポイントの流通性、利便性が向上してきたことに伴って、後述するようにポイントを利用する消費者（ポイント保有者）とポイントを発行する企業の間での認識のズレが生じてきている（平成21年経産省研究会報告書15頁）。

　すなわち、消費者は、従前に増してポイントを財産的な価値があるものとして認識するようになり、ポイントを代金決済等で確実に利用できるであろうという消費者の期待もより大きなものになっている。

　これに対して、ポイント発行企業は、ポイントをあくまで「おまけ」として無償で発行しているもので、消費者に対してポイントを確実に利用させるという対応まで求められているとは考えていないのが一般的といわれている。

　このような認識のズレが生じている状況を踏まえ、民法や消費者契約法等の一般的な法規制とは別に、消費者を保護するという観点から、ポイントの発行に対して規制すべきではないかという問題意識が高まってきた。

〔第3章〕 第1 ポイントに関する法的規制

　また、ポイントが決済手段として利用される機会が増えてきたことから、決済手段としてのポイントという性質に着目し、その信用性を確保するための制度整備をするべきではないかという問題意識も高まってきた。

　現在、ポイントのみを対象にした法的規制は存在しないが、近年のポイントに関する法的規制の導入の可否についての検討状況を概観する。

2　ポイントを対象とした法的規制・制度整備の検討

(1)　経済産業省企業ポイント研究会報告書

　経済産業省は、平成19年にポイントの発展を踏まえ、ポイント利用の適正化に向けた課題を整理することを目的に、有識者による企業ポイント研究会を設けて検討を行った。その検討結果は、平成19年7月2日に「企業ポイントのさらなる発展と活用に向けて」と題する報告書（平成19年経産省研究会報告書）として公表されている。

　同報告書は、ポイントの利用実態をまとめ、新しい使い方の提案等を行っているが、消費者保護および会計処理上の留意点については概括的に留意点を指摘するにとどまっていた。

(2)　経済産業省企業ポイントの法的性質と消費者保護のあり方に関する研究会報告書

　その後、平成20年には、経済産業省において、企業ポイントの法的性質と消費者保護のあり方に関する研究会が設けられた。

　この研究会では、ポイントプログラムの高度化・複雑化に伴い、消費者トラブルも増加してきていることを踏まえ、各事業者のポイントプログラム導

182

新刊のご案内 2018年10月
（2018年6月〜2018年10月分）

民事法研究会
http://www.minjiho.com/

※書籍の価格はすべて本体価格（税抜）の表示となっております。
※ご注文は、最寄りの書店へご注文いただくか、または弊社へ直接
ファクシミリにてご注文ください。

【10月刊】

バーチャルマネーの法務〔第2版〕—電子マネー・ポイント・仮想通貨を中心に—
A5判・404頁・定価 本体4,300円＋税
北浜法律事務所 編 編集代表 中森 亘・籔内俊輔・谷口明史・堀野桂子 編

悪質クレーマー・反社会的勢力対応実務マニュアル
A5判・351頁・定価 本体3,800円＋税
藤川 元 編集代表 市民と企業のリスク問題研究会 編

弁護士の情報戦略—「新説」創造力が信用を生み出す—
四六判・186頁・定価 本体1,700円＋税
髙井伸夫 著

新版 完全講義 民事裁判実務の基礎〔入門編〕〔第2版〕—要件事実・事実認定・法曹倫理—
A5判・546頁・定価 本体3,800円＋税
大島眞一 著

Q&A限定承認・相続放棄の実務と書式
A5判・323頁・定価 本体3,500円＋税
相続実務研究会 編

【9月刊】

論点精解 民事訴訟法〔改訂増補版〕—要件事実で学ぶ基本原理—
A5判・519頁・定価 本体4,000円＋税
田中 豊 著

詳解 特定商取引法の理論と実務〔第4版〕
A5判・764頁・定価 本体7,000円＋税
圓山茂夫 著

【実務解説】民事執行・保全入門
A5判・379頁・定価 本体3,500円＋税
園部 厚 著

税務コンプライアンスのための企業法務戦略—税務・法務連携、文書化の方策 税務調査、争訟対策—
A5判・369頁・定価 本体4,100円＋税
第一東京弁護士会総合法律研究所租税訴訟実務研究部会 編

【8月刊】

知的財産紛争の最前線 No.4—裁判所との意見交換・最新論説—
B5判・109頁・定価 本体3,200円＋税
Law & Technology 別冊

【7月刊】

リーガーを目指す人のための実践企業法務入門〔全訂版〕
A5判・441頁・定価 本体4,500円＋税
滝川宜信 著

簡裁民事ハンドブック⑤〈訴え提起前の和解編〉
A5判・174頁・定価 本体2,300円＋税
近藤 基 著

アンケートご協力のお願い

FAX 03-5798-7258

購入した書籍名：**バーチャルマネーの法務〔第2版〕**

● 弊社のホームページをご覧になったことはありますか。
・よく見る　・ときどき見る　・ほとんど見ない　・見たことがない

● 本書をどのようにご購入されましたか。
・書店（書店名　　　　　　　　）　・直接弊社から
・インターネット書店（書店名　　　　　　　　）
・贈呈　　・その他（　　　　　　　）

● 本書の満足度をお聞かせください。
（ 0 　1 　2 　3 　4 　5 　6 　7 　8 　9 　10 ）

● 上記のように評価された理由をご自由にお書きください。

● 本書を友人・知人に薦める可能性がどのくらいありますか？
（ 0 　1 　2 　3 　4 　5 　6 　7 　8 　9 　10 ）

● このように評価された理由をご自由にお書きください。

● 本書に対するご意見や、出版してほしい企画等をお聞かせください。

■ ご協力ありがとうございました。

住所（〒　　　　　）
フリガナ
氏名

入の実態とポイントに関する消費者の認識・期待を分析することにより、ポイント発行企業において取り組みが必要な点が検討された。その検討結果は、「企業ポイントの法的性質と消費者保護のあり方に関する研究会報告書」（平成21年経産省研究会報告書）にまとめられ、平成21年1月20日に公表されている。

同報告書では、ポイント発行企業および消費者に対するアンケート結果をもとに、両者の認識のズレが指摘され、ポイント発行企業における消費者保護に向けた対策として、ポイントプログラムに対する十分な説明を行い消費者とのトラブルを予防すべきである等の提言がなされている。そして、ポイント発行時の届出、登録の手続導入や供託義務を課すといったポイント発行企業への法的規制については、ポイント発行企業の取り組みを踏まえ慎重かつ十分な検討が必要とされた（直ちには法的規制が必要とはされなかった）。

また、ポイント発行企業が消費者保護のために留意することが望まれる事項を整理した「企業ポイントに関する消費者保護のあり方（ガイドライン）」も同時に公表された（平成21年経産省ガイドライン）。

同ガイドラインは、ポイント発行企業が留意すべき点を整理しており、参考になる。

(3) 産業構造審議会金融部会・流通部会商取引の支払に関する小委員会報告書

上記(2)の企業ポイントの法的性質と消費者保護のあり方に関する研究会と並行して、産業構造審議会金融部会・流通部会に設けられた商取引の支払に関する小委員会においても、収納代行、代金引換、電子マネー等新たな代金の決済手段の発展・多様化に伴い、消費者保護と事業者のイノベーションの両立を図るためのルールの構築に関する検討が行われた。同小委員会の検討結果をまとめた報告書「商取引の支払サービスに関するルールのあり方について」（産業構造審議会報告書）は平成20年12月26日に公表されている。

〔第3章〕 第1 ポイントに関する法的規制

　同報告書では、ポイントについて、すでに案文が作成されていた平成21年経産省ガイドラインを踏まえたポイント発行企業側の対応が充実していけば消費者保護に有意義であるとしたうえで、現状では、ポイントは使用対象や使用条件における制約も大きく一般的に「どこでも」「誰にでも」用いることができる決済手段とはいえず、法的な規制が必要な段階ではないとしている。

　さらに、ポイントをポイント交換によって取得した場合には、前払式証票の規制等に関する法律（前払式証票規制法）（当時。平成21年の資金決済法の成立に伴い廃止）の適用対象とすべきであるという議論にも触れ、①消費者が対価を支払っているとは評価できないこと、②ポイント交換で得たポイントであるか否かでポイント発行企業も消費者も価値が異なると認識していないのでポイント交換後のポイントのみを規制することは期待されていないこと等の理由を指摘し、同法の適用対象とすることは妥当ではないと結論づけている。

(4)　金融審議会金融分科会第二部会決済に関するワーキング・グループ報告書

　金融庁においても、平成20年から、金融審議会金融分科会第二部会の下に、決済に関するワーキング・グループが設けられ、ポイントサービス、収納代行、代金引換、電子マネー等の新しい決済手段について、その法的な位置づけを整理とイノベーションの促進と利用者保護を図るべく制度整備のあり方について検討が行われた。同ワーキング・グループにおける検討の結果は、平成21年1月14日に金融審議会金融分科会第二部会報告「資金決済に関する制度整備について－イノベーションの促進と利用者保護－」（金融審議会報告書）として公表されている。

　同報告書の前払式支払手段や為替取引に関する検討結果は、資金決済法の改正に反映されているが、ポイントについては、法的規制は必要ないとの考え方と、規制が必要であるとの考え方の両論が併記されており、ワーキング・

グループとして意見が一致しなかったとみられる。結果として、ポイントを主眼にした法的規制を導入すべきという結論にはならなかった。

ポイントについて規制は必要ないとの考え方としては、①いわゆるポイントは、前払式支払手段とは異なり、消費者から対価を得ず、基本的に、景品・おまけとして無償で発行されているとともに、財・サービスの利用範囲が限定されており、法規制を設ける必要はなく、消費者保護に向けた事業者の自主的な取組みで対応することで問題はない、②ポイントを利用して得られる商品等の変更・削減や利用期限の短縮など、消費者が一方的に不利益な取扱いを受けたり、事業者が破綻した場合にも消費者の利益が保護されないことがありうるが、これらについては一般的な消費者保護の制度等で対応すれば足りる、③事業者がポイントに過度の流通性・汎用性を与えることは考えにくく、決済手段としての機能は限定的であり現状では制度整備は必要ない、といった考え方が紹介されている。

他方で、規制が必要との考え方として、①消費者はポイントに対して支払いを行っているとの認識がある、あるいは、支払いがあるとまではいえなくとも得られるポイントを考慮して財・サービスの購入を判断していること、ポイントの発行が多額になっていること、ポイントでの支払いやポイント交換の対象が拡がっていることなどから、なんらかの消費者保護が必要であり、事業者の自主的な取組みでは不十分である、②消費者が一方的に不利益な取扱いを受けるなど、事業者が破綻した場合に一般的な消費者保護の制度では不十分である、③ポイントは決済手段として利用される機会が増えており、決済手段としてのポイントについてはなんらかの制度整備が必要である、といった考え方が紹介されている。

さらに、ポイント交換に関連しても、ポイント交換により発行されるポイントについては、その法的性質や経済的機能、法的規制の必要性が一般的なポイントと異なるか否かについても両論が併記されている（金融審議会報告書におけるポイント交換についての検討の詳細は第5・2参照）。

185

〔第 3 章〕 第 1 ポイントに関する法的規制

⑸ まとめ

　ポイントに関して法的な規制・制度整備を行うことについては賛否両論が
あるが、上記の検討の後も企業ポイントに対する法的規制強化すべきといっ
た議論はそれほど強くなされないままの状況にある。

　しかし、今後さらなるポイントの発展・発行量の増加により、消費者保護
等の目的での制度整備が必要であるとの世論が大きくなれば、ポイントを対
象とした法的規制が設けられる可能性も否定できない。

　また、現状においても、ポイントプログラムの運用においては、消費者契
約法等の一般的な消費者保護法の適用を受けるため、以下では、ポイントプ
ログラムを運用していくうえで留意すべき法的問題点を論じる。

3　ポイントプログラムに関連する法律とポイントプログラム運用上の注意点

⑴　消費者契約法との関係

㋐　ポイントプログラムにおいて問題となる消費者契約法の条項

　ポイントプログラムの運用は、ポイント発行企業が作成したポイント規約
に基づいて行われ、ポイント規約に基づく契約は、事業者・消費者間の契約
であるから消費者契約法における「消費者契約」（消費者契約法 2 条 3 項）に
該当する。

　ポイント規約に関しては、事業者に対して情報提供の努力義務が課される
ほか、消費者の利益を一方的に害するポイント規約の条項は消費者契約法10
条により無効となることがある（第 1 章第 7 ・ 2 および本章第 2 ・ 2 参照）。

　この他、ポイント付与の条件等に関する事業者から消費者に対する告知内

186

容が虚偽であった場合に、消費者に取消権が認められる場合があるため、この点についてポイント発行企業における留意点を検討する。

(イ) 不実告知、不利益事実の不告知による取消し

(A) 消費者契約法に基づく取消権

消費者契約法は、事業者が、消費者契約の締結について勧誘をするに際し、消費者に対して重要事項について事実と異なることを告げ、消費者が告げられた内容を事実であると誤認して契約を締結した場合には、消費者に取消権の行使を認める規定をおいている（同法4条1項1号）。

また、事業者が、消費者契約の締結について勧誘するに際し、消費者に対して、重要事項またはそれに関連する事項について消費者にとって有利となる事実を告げ、かつ、重要事項について消費者の不利益となる事実（当該告知により当該事実が存在しないと消費者が通常考えるべきものに限る）を故意または重大な過失によって告げなかったことにより、その事実が存在しないと誤認して契約を締結した場合には、消費者に取消権の行使を認める規定をおいている（消費者契約法4条2項）。

これらの場合には、「勧誘」に際し「重要事項」に関する不実告知または不利益事実の不告知をしたことが取消権行使の要件となっており、「勧誘」に際して告げまたは告げなかったポイントの発行・利用等に関する事項が商品・サービスの購入契約に関する「重要事項」に当たれば、消費者は、不実告知または不利益事実の不告知を理由に、ポイント発行の前提となった商品・サービスの購入契約について取消権を行使できることになる。

(B) 勧誘に不特定多数向けの広告が含まれるか

「勧誘」とは、消費者の契約締結の意思の形成に影響を与える程度の勧め方をいう（消費者庁ウェブサイト・逐条解説（平成29年12月）28頁）。

従前の解釈では、広告やチラシの配布等、不特定多数向けのものについては消費者契約法4条1項の「勧誘」に該当しないと考えられていた。しかし、近年の最高裁判決（最判平成29年1月24日・判タ1435号99頁）により、事業者等

による働きかけが不特定多数の消費者に向けられたものであったとしても、そのことから直ちにその働きかけが「勧誘」に当たらないということはできないとされ、広告等であっても「勧誘」に該当する場合があると解釈されるに至っている（消費者庁ウェブサイト・逐条解説（平成29年2月）28頁、松田知丈「消費者契約法の「勧誘」の意義——クロレラチラシ事件最高裁判決が投げかける課題」NBL1092号68頁）。

　もっとも、どのような公告等が「勧誘」に該当することとなるのかについては、裁判例の蓄積や今後の議論に委ねられており、「勧誘」要件のあり方については引き続き検討することとされている（松田・前掲72頁）。

⒞　重要事項に当たるか否か判断

　「重要事項」の定義は消費者契約法4条5項に設けられているが、ポイントの発行に関しては、重要事項の定義のうち「物品、権利、役務その他の当該消費者契約の目的となるものの対価その他の取引条件」であって「消費者の当該消費者契約を締結するか否かについての判断に通常影響を及ぼすべきもの」（同項2号）に当たるかが問題になる。

　まず、「対価その他の取引条件」には、対価のほか、景品類提供の有無も含まれると解されており（消費者庁・逐条解説157頁）、商品等の購入に伴うポイントの発行数等は、少なくとも取引条件に含まれることになる。また、実質的に値引きとみて「対価」に関するものと考える立場もありえよう。

　次に、「消費者の当該消費者契約を締結するか否かについての判断に通常影響を及ぼすべきもの」に当たるか否かは、一般平均的な消費者が契約を締結するか否かについて、その判断を左右すると客観的に考えられるような契約についての基本的事項とされている（消費者庁・逐条解説157頁）。ポイントの付与率、利用条件等が消費者の判断に影響を与える程度については、そのポイントの決済手段としての利便性の高低等によって、結論が異なってくるものと思われる。

　すなわち、決済手段としての利便性が高く消費者にも広く認知されている

ポイントについては、実質的な値引きとして、対価の内容そのものと同視される可能性も高い。対価にかかわる事項は、消費者が契約を行うか否かの検討における最も重要な判断要素であるため、実際の対価と消費者の誤認した対価との乖離がさほど大きくはない場合でも、重要事項（消費者が契約を締結するか否かの判断に影響を及ぼすもの）にあたると判断されることが多いであろうと思われる。

実際には、事前に消費者が受けた説明が実態と異なるとしてポイント発行の前提となった商品・サービスの購入契約が取り消される事例は少ないかもしれないが、ポイント発行企業としては、ポイントの付与率や有効期限などの主要なポイント規約の内容について広告への記載や口頭での説明をする場合は、誤解を招かない正確な内容で行うよう注意すべきである（第1・3(2)(ア)も参照）。

(2) 景品表示法との関係

(ア) 不当表示の規制（有利誤認）

(A) 有利誤認表示とならないための注意点

景品表示法は、価格やその他の取引条件について、実際のものまたは競争事業者に係るものよりも著しく有利であると一般消費者を誤認させるような表示を、有利誤認表示として禁止している（景品表示法5条1項2号）。

平成21年経産省研究会報告書は、「例えば、実際にはポイントが付与されない商品であるのに付与されるような誤解を生む表示をすることや、実際には一部の商品にしか適用されない高いポイント付与率が全ての商品に適用されると誤解を生む表示をすることは、有利誤認表示と評価される可能性がある」と指摘している（同報告書30頁）。実際の事例としては、ポイント付与に関して、「105円で1ポイント換算　通常3倍、土日6倍」とポイント付与率が従前よりも高率となっているかのように表示していたが、実際には購入代金「105円で1ポイント」が付与されていた時期はなかったという事案において、

〔第3章〕 第1 ポイントに関する法的規制

消費者庁が、ポイント発行企業に対して有利誤認表示に該当する疑いがあるとして警告を行った例がある（消費者庁平成22年8月26日報道発表資料「株式会社ザグザグに対する警告について」）。ポイント付与率が通常よりも高いことを示す表示を行う場合には、価格表示に関する景品表示法の考え方を参照して、消費者に誤認を与えることのないように注意が必要である（消費者庁「不当な価格表示についての景品表示法上の考え方」(平成12年6月30日公正取引委員会、最終改正平成28年4月1日)）。

また、高いポイント付与率を強調した広告が行われているのに、ポイントが付与されない例外商品がある場合には、例外商品があり全商品が対象となるわけではない旨の表示（打消し表示）が必要になる（打消し表示を行う際の留意点については、消費者庁平成29年7月14日報道発表資料「打消し表示に関する実態調査報告書」20頁以下を参照）。打消し表示をせずまたは打消し表示が見やすく表示されておらず、一般消費者に「著しく有利」であると誤認させる場合には、有利誤認表示として景品表示法違反となる。

「著しく」有利であるか否かは、「当該表示の誇張の程度が、社会一般に許容される程度を超えて、一般消費者による商品または役務の選択に影響を与える場合」を指すと解されている（消費者庁「不当景品類及び不当表示防止法第8条（課徴金納付命令の基本的要件）に関する考え方」(平成28年1月29日) 第2－2(2))。消費者契約法により消費者に取消権が認められる場合と同様に、表示の内容が一般消費者の判断に影響を与える場合には不当表示として問題になる。

ポイント発行企業としては、ポイント規約の内容全体を広告物に記載したり、口頭で説明したりすることは不可能であるとしても、ポイントのメリットを強調する場合には同時に有効期限などの消費者にとって不利と思われるポイント規約の内容についても正確に説明し、誤解を招かないよう注意すべきである。逆に、ポイントのメリット等を強調した広告や説明までは行わないのであれば、ポイント規約の内容のうち消費者にとって不利益な部分につ

190

いて説明をしなかったとしても、不当表示が問題となる可能性は非常に低いといえる。

(B) 公正競争規約におけるポイントに関する表示の取り決め

景品表示法における不当表示に対する直接の規制のほか、景品類の提供および表示に関する業界ごとの自主規制ルールである公正競争規約が定められている業界では、公正競争規約での表示に関する取り決めにも留意する必要がある。たとえば、家庭電気製品小売業における表示に関する公正競争規約施行規則4条1号は、店頭表示価格から10パーセントを超える率のポイントが付与される旨の表示をする場合には、対象商品のメーカー名および機種名を表示することを義務づけており、また、同条2号は、最大割引率または最大割引額が適用される家電品の数がチラシ等に掲載されている家電品総数の10パーセント程度以上でなければ、当該最大割引率や最大割引額の数値は使用してはならないとしている。

各業界における公正競争規約を運用する公正取引協議会に加入している事業者が同規約に違反した場合には、公正取引協議会から違反事業者へ改善を求める警告、違反金の賦課、除名処分および消費者庁への措置請求（違反事業者へ行政処分をするように求める申告）がなされることがありうる。公正取引協議会に加入していない事業者については、公正取引協議会からの措置は及ばないが、業界において多くの事業者が即している表示の取り決めから逸脱する表示は、一般的に消費者に誤解を与える可能性が相対的に高まるといえるため、加入していない事業者であっても自社の表示の内容を決定する際には公正競争規約の内容には留意をすべきであろう。

(C) 不当表示に対する行政処分等

消費者庁や都道府県知事は、景品表示法に違反する不当表示をした事業者に対して、措置命令を行うことができ、また、優良誤認表示や有利誤認表示に対しては課徴金納付命令が行われる（景品表示法7条・8条）。措置命令では、景品表示法に違反する不当表示であった旨の公示や再発防止や再発防止の措

〔第3章〕 第1 ポイントに関する法的規制

置を講じることなどが命じられ、課徴金納付命令では違反行為に係る売上額に応じて算定された課徴金額の支払いを命じられることになる（違反事件の処理手続等に関しては大元慎二編著『景品表示法〔第5版〕』（商事法務・平成29年）265〜311頁参照）。

　また、事業者には、不当表示や過大景品類の提供の未然防止や早期発見・是正のために（表示等の適正な管理のために）必要な体制の整備その他の必要な措置を講じなければならないとされており（景品表示法26条）、景品表示法のコンプライアンス態勢整備が義務づけられている。消費者庁は、この必要な措置が講じられていない場合には、事業者に対して指導・助言ができるとされ、指導・助言に正当な理由なく従わない場合には勧告ができ、勧告に従わない場合にはその内容を公表することができるとされている（景品表示法27条・28条）。

(イ)　不当景品類の規制

(A)　不当景品類の規制の概要

　景品表示法は、過大な景品類の提供により消費者の適正な商品選択が歪められることを防止するために、景品類の提供について一定の制限を設けている（同法4条）。

　景品表示法による景品類への規制は、懸賞による場合とそれ以外の方法による場合で規制内容が異なっている。

　事業者が単独で行う懸賞（一般懸賞：くじ引き等偶然性を利用した提供やクイズへの正答など特定の行為の優劣に応じた提供）における景品類の提供については、①景品類提供の対象となる取引の価額が5000円未満の場合には、提供できる景品類の価額は取引の価額の20倍まで、②5000円以上の場合に提供できる景品類の価額は10万円までに制限されている（取引の価額の判断基準については、消費者庁「『懸賞による景品類の提供に関する事項の制限』の運用基準」（平成24年6月28日長官通達第1号）5(1)、および公正取引委員会「『一般消費者に対する景品類の提供に関する事項の制限』の運用基準」（昭和52年4月1日事務局長

192

3　ポイントプログラムに関連する法律とポイントプログラム運用上の注意点

通達第 6 号、最終改正平成 8 年 2 月16日事務局長通達第 1 号） 1 (1)～(4)を参照され
たい。また、景品類の価額の判断基準については、公正取引委員会「景品類の価額
の算定基準について」（昭和53年11月30日事務局長通達第 9 号）を参照されたい。な
お、消費者庁及び消費者委員会設置法の施行に伴う関係法律の整備に関する法律の
附則 4 条 1 項により、公正取引委員会が定めていた告示は、平成21年の消費者庁設
置後には、内閣総理大臣が行ったものとみなされ従来どおり運用されており、消費
者庁は公正取引委員会が定めていた運用基準に関しても引き続き解釈の指針とし
て用いるとしている）。また、これに加えて、提供する景品類の価額の総合計
額が、懸賞に係る取引の売上予定総額の 2 ％以内であることが必要である
（以下、「一般懸賞規制」という。公正取引委員会「懸賞による景品類の提供に関す
る事項の制限」（昭和52年 3 月 1 日公正取引委員会告示第 3 号、最終改正平成 8 年 2
月16日公正取引委員会告示第 1 号） 2 項・ 3 項）。

〔表12〕　一般懸賞規制

懸賞の対象になる取引の価額	提供できる景品類の限度額	
	景品類一つ当たりの限度額	提供される景品類の総額
5000円未満	取引の価額の20倍	懸賞の対象になる取引の売上予定額の 2 ％
5000円以上	10万円	

　懸賞以外の方法による提供（商品の購入者への提供や来店者への提供等）の場
合には、①景品類提供の対象となる取引の価額が1000円未満であれば提供で
きる景品類の価額は200円、②1000円以上の場合に提供できる景品類の価額
は取引の価額の20％の額までに制限されている（以下、「総付景品規制」という。

〔表13〕　総付景品規制

総付景品提供の対象になる取引の価額	提供できる景品類の限度額
1000円未満	200円
1000円以上	取引の価額の10分の 2

〔第3章〕　第1　ポイントに関する法的規制

内閣府「一般消費者に対する景品類の提供に関する事項の制限」（昭和52年3月1日公正取引委員会告示第5号、最終改正平成28年4月1日内閣府告示第123号）1項）。

　景品表示法に違反する過大な景品類の提供をした場合には、消費者庁や都道府県知事から措置命令を受ける可能性があり、措置命令では景品表示法に違反する景品提供であった旨の公示や再発防止の措置を講じることなどが命じられることになる（同法7条）。なお、過大景品類の提供に対しては、景品表示法上の課徴金制度の対象にはなっていない。

　⒝　**ポイントの提供に対する不当景品類の規制の適用**

　将来の商品・サービスの購入時に代金決済に充てることができるポイントは、実質的には値引きとしての機能を有する場合がある。景品表示法上、取引通念上妥当と認められる基準に従って代金を減額するという方法で経済上の利益を提供する場合は、例外的に「正常な商慣習に照らして値引きと認められる経済上の利益」として、そもそも景品表示法上の景品類には該当しないと解されている。

　もっとも、値引きとしての機能を有するポイントを発行する場合であっても、以下の場合は、値引きとは認められず景品類に該当する（消費者庁「景品類等の指定の告示の運用基準」（昭和52年4月1日公正取引委員会事務局長通達、最終改正平成26年12月1日長官決定）6⑷)。

【値引きにあたらないポイント発行】
①　懸賞によってポイント付与の相手方を決定する場合
②　ポイントの使途を限定する場合（特定の商品・サービスの購入にしか使えない場合等）
③　同一の企画において景品類の提供とを併せて行う場合（ポイントの使途として将来の取引の代金への充当か、景品のプレゼントのいずれかを選択させる場合等）

194

〈図27〉 ポイント提供と不当景品規制の関係

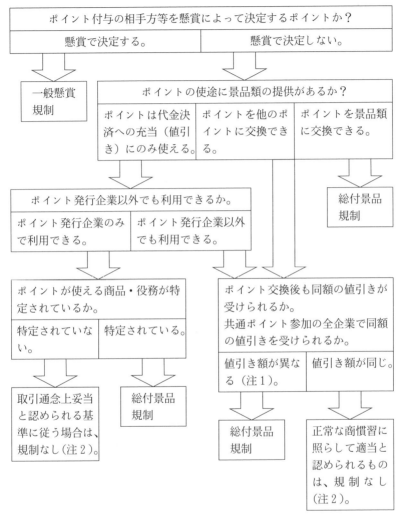

（注1） 値引き額がA社では1000ポイント＝500円、B社では1000ポイント＝1000円など。
（注2） 独占禁止法による不当廉売規制はあり。

〔第3章〕　第1　ポイントに関する法的規制

　このように値引きと認められる経済上の利益に当たるか、また、景品表示法上の規制が及ぶか否かは、ポイントの用途とポイント付与の態様によって決まり、内閣府の告示等によれば、以下のような順序で検討すべきである（〈図27〉参照）。

　(C)　**不当景品類の規制が及ぶか否かの検討**

　　(a)　懸賞の方法による場合

　まず、ポイントの提供が懸賞によって行われる場合（上記①）には、ポイントの使途が景品類との交換であるか、購入代金の決済への充当であるかを問わず、一般懸賞規制の適用がある。

　　(b)　ポイントの使途に景品類の提供が含まれる場合

　また、ポイントを使って本来の取引対象である商品・サービス以外の景品類の提供を受けることができる場合（上記③。今後の取引における代金への充当と選択できる場合も含む）には、総付景品規制が及ぶ。なお、ポイントの使途として将来の取引の代金への充当か、景品のプレゼントのいずれかを選択させる場合には、総付景品規制が及ぶが、代金への充当として使用された場合には、「自己の供給する商品・サービスの取引において用いられる割引を約する証票」として、正常な商慣習に照らして適当と認められる範囲であれば、総付景品規制の例外として扱われるとされている（消費者庁ウェブサイトよくある質問コーナー（景品表示法関係）景品に関するＱ＆Ａ：Ｑ26〈http://www.caa.go.jp/policies/policy/representation/fair_labeling/faq/premium/#q26〉）。

　次に、他社のポイントと交換が可能である場合も、ポイント発行企業での値引き以外に利用できる利益が提供されていることになるため、原則として総付景品規制が及ぶ。ただし、交換前後の両方のポイントについて、たとえば「1ポイント＝1円」のように同額で代金決済に充てることができる（割引を受けられる）場合には、「自己の供給する商品又は役務の取引において用いられる割引券その他割引を約する証票であつて、正常な商慣習に照らして適当と認められるもの」として例外的に総付景品規制は及ばず（内閣府・前

196

掲「一般消費者に対する景品類の提供に関する事項の制限」2項3号）、正常な商慣習に照らして適当と認められる範囲内でポイントの提供ができる（公正取引委員会・前掲「『一般消費者に対する景品類の提供に関する事項の制限』の運用基準」4⑵、大元・前掲341頁）。

交換後のポイントについて同額で代金決済に充てられることが必要であるため、交換前後で1ポイントあたりの現金に置き換えた場合の価値が変化する場合（たとえば、マイルのように、どの区間の航空券に交換するかによって使用時の1マイルあたりの価値にばらつきが生じるようなポイントへの交換ができる場合）には、総付景品規制の例外には当たらない（総付景品規制が及ぶ）ため注意が必要である。

ポイント交換の前後を通じて同額で代金決済に充てることができるポイントの発行が、「正常な商慣習に照らして適当と認められる」か否かについては、提供される商品・役務の内容、提供方法、関連業種における取引実態等を勘案したうえで、一般消費者による自主的かつ合理的な選択確保の観点から判断されることになると解されている（大元・前掲207頁）。具体的な判断基準は確立していないものの、たとえば、購入金額100円当たり1ポイントといった一律の割合で発行されるポイントは、実際の商取引において割引としての実態を有しており、そのように広く理解されているものといえ、割引として「正常な商慣習に照らして適当と認められる」ものに当たると考えられる。

　(c)　共通ポイントである場合

複数の企業が同一のポイントを提供し、複数の企業においてポイントを利用できる「共通ポイント」は、ポイントを発行した企業以外でポイントを使用して利益を享受できるという機能がある。このように共通ポイントは、ポイントを発行した企業において将来の取引で購入代金に充当して使うか、別の企業との取引での購入代金に充当して使うか（景品類としての利用）を選択できることになっているため（上記③）、共通ポイントの発行は景品類の提供に当たり総付景品規制が及ぶ。

197

〔第3章〕 第1　ポイントに関する法的規制

　ただし、この場合でも、共通ポイントへ参加している企業すべてにおいて、たとえば「1ポイント＝1円」のように同額で代金決済へ充てることができる（割引を受けられる）のみの用途である場合には、ポイント交換の場合と同様に「自己の供給する商品又は役務の取引において用いられる割引券その他割引を約する証票であって、正常な商慣習に照らして適当と認められるもの」として総付景品規制は及ばず、正常な商慣習に照らして適当と認められる範囲内でポイントの提供ができる。

　なお、共通ポイントへ参加している企業の中に、1企業でも共通ポイントを購入代金の決済に充てることができない企業がある場合には、総付景品規制の例外には当たらない（総付景品規制が及ぶ）点には注意が必要である。

　　　(d)　ポイント発行企業のみで購入代金の充当に使える場合（共通ポイントでない場合）

　ポイントの使途が、将来の取引における代金決済への充当のみであり、かつ、ポイントを利用できるのがポイントを発行した企業1社のみである場合（共通ポイントでない場合）は、当該ポイントが、取引通念上妥当と認められる基準に従って発行されている限り、「正当な商慣習に照らして値引きと認められる経済上の利益」として景品表示法上の規制は及ばない。ただし、この場合でも、ポイントを使える商品・サービスを限定する場合（上記②：実質的には景品類を提供していると同視されるような使途の限定がある場合）には、例外的に景品類の提供に該当し、総付景品規制が及ぶ。

　ポイントの発行が「正常な商慣習に照らして」値引きと認められるか否か（取引通念上妥当と認められる基準に従っているか否か）については、取引の内容、経済上の利益の内容や提供方法等を勘案して、一般消費者による自主的かつ合理的な選択の確保という点からみて容認しうるものか否かという観点から判断することになり、公正競争規約が設定されている業界については当該公正競争規約の定めを参酌することになると解されている（大元・前掲183頁）。この点についても、具体的な判断基準は示されていないものの、購入金額に

198

応じて一律の割合で発行されるポイントは、実際の商取引において値引きとしての機能を果たしている実態があり、「正常な商慣習に照らして値引きと認められる経済上の利益」に当たると考えられる。

(e) 独占禁止法上の不当廉売規制

これらの景品表示法上の規制に加えて、値引きとして機能しているポイントの発行数量を踏まえた実質的な販売価格が、供給に要する費用を著しく下回るなど不当に低い価格である場合には、独占禁止法で禁止されている不当廉売に該当することが考えられる（公正取引員会「家庭用電気製品の流通における不当廉売、差別対価等への対応について」（平成21年12月18日、最終改正平成29年6月16日）第1－1(2)ア(ア)d(c)）。

家電量販店が、商品の購入者に対して発行したポイントを考慮すると、実質的に商品の仕入れ価格を下回る価格で供給していることになることから、不当廉売にあたるおそれがあるとされ、公正取引委員会から警告を受けた事例もある（公正取引委員会平成15年11月20日報道発表資料「株式会社ヤマダ電機に対する警告について」）。

景品表示法による制限が及ばない場合にも、ポイントによる実質的な値引き分を考慮すると、供給に要する費用を著しく下回るようなポイント付与にならないよう注意が必要である。

(3) 資金決済法との関係

資金決済法は、電子マネー等の前払式支払手段を発行する事業者に対して、未使用の残高に応じて供託を義務づける等の規制を行っている（資金決済法14条、第2章第1・2(4)(ウ)参照）。

金銭その他の対価を得て発行されるなど資金決済法上の前払式支払手段の要件を満たすものは、それが「ポイント」という名称で発行されていたとしても、前払式支払手段として資金決済法の適用を受ける（パブリックコメントNo.34参照）。

199

〔第3章〕 第1 ポイントに関する法的規制

　商品・サービスの提供に伴って付与される等、消費者が独立の対価を支払わないポイントは、前払式支払手段には当たらず資金決済法の適用対象にならないと考えられる。この点については、ポイントを利用する消費者を保護するという観点から、独立の対価が支払われていない場合であっても、実質的にみて対価を得て発行されていると考えるべきとの指摘もあるが、現在、家電量販店、クレジットカード会社および航空会社などで発行されているポイントの多くについては独立した対価が支払われておらず前払式支払手段には当たらないものと考えられる（第1章第4参照）。

　ただし、ポイント交換により発行されるポイントに関しては、資金決済法による規制を及ぼすべきとの議論がある（第5・2参照）。

従業員が出張時に取得したマイルの扱い

　従業員が、会社の業務での出張で航空機を利用する場合に、出張をした従業員個人名義のマイレージカードを持っていると、航空券の購入費用が会社から支出されていたとしても、その従業員と航空会社との間でのマイレージプログラムに基づいてその従業員個人にマイルが付与されることになります。

　このため、出張時に得たマイルの取扱いについて社内のルールがないのであれば、会社の出張で貯まったマイルを従業員が私的に利用したとしても、法的には問題ないということになります。なお、財団法人労務行政研究所が平成18年から平成19年にかけて上場企業等を対象に行った調査によれば、会社出張で生じたマイレージの個人利用を明示的に許しているのは全体の25.8％とされおり、多くの企業では取扱いを明確にしていない状況といわれています（財団法人労務行政研究所「人事労務管理諸制度の実施状況」労政時報3700号57頁）。

　他方で、社内の部署によって出張の回数等にばらつきがあるなど、一部の部署の従業員だけが業務での出張により、私的に利用できるマイルが多く貯まっ

てくると従業員の間に不公平感が生まれることもあるでしょう。

そこで、マイレージ管理規定やポイント管理規定等を設けて、会社の業務上得られたポイントは会社に帰属する旨を定めて従業員にこれを周知させるという取り組みをして不公平感を解消するともに、ポイントを有効利用して経費節減をしている企業もあります。

社内規定において、会社の費用で購入した商品やサービスについて付与されたポイントは会社に属することを明確にしていれば、ポイントは会社に帰属していると考えられます。この場合、従業員が無断で会社のポイントを使用した場合の対処については、会社の財産を従業員が私的に利用した場合と同様に考えて、各社の懲戒手続に則した処理を行うのが現実的な対応と思われます。

ただ、ポイントを会社に帰属させるとした場合、業務上の購入により貯まったポイントを従業員の純粋な私的利用により貯まったポイントと区別して管理したり、ポイントの有効期限等の把握もする必要があるでしょう。

ポイントを効率的に管理するためには、まず管理するポイントの数を限定するために取引先の企業を絞り込むべきです。また、ポイントの管理にあたっては、会社の業務上得られたポイントやマイルを貯めるカードを特定して（ポイント発行企業によっては会社名義での「法人カード」も作成可能です）、従業員に周知すべきです。そして、業務上の購入の場合には会社のポイントカードを利用し、また、法人カードに貯まったポイントを有効期限内に適切に使用する等の社内ルールを構築することも必要でしょう（三井物産・リスクプロテクション協議会「かんたん解説～労務（2010年3月号）」マンスリーレポートシリーズ805001号、アクティブイノベーション「マイレージ管理規程の作り方と運用ポイント」企業実務2006年3月号107頁参照）。

なお、従前は業務上の出張で取得したマイル等の私的利用が明らかに認められていたり、黙認されていた慣行があったにもかかわらず社内規定を新規に作成または変更して私的利用を禁止する社内規定を新たに導入することは、労働条件の不利益変更にあたります。したがって、これを行うには従業員と個別に労働契約の変更を合意するか（労働契約法8条）、社内規定を設けることに従業員と合意をすることが必要です（同法9条）。また、従業員と個別の合意をしない場合でも、新しい社内規定の内容を周知させたうえで、就業規則の変更手続

〔第3章〕 第1 ポイントに関する法的規制

に則して適切に行った場合には、一般にポイントの私的利用の禁止による不利益の程度は大きくはないこと、従業員間の公平を図るという必要性があることおよび会社の費用で得たポイントを会社のために用いるという点で内容の相当性もあることから、新規に社内規定の導入することは可能と考えられます（同法10条）。

第2 具体的問題点の検討

---◎ポイント◎---

➢ ポイントが法的権利であるか否かによって、ポイント発行企業がポイントの利用条件等を一方的に変更したことが法的に有効であるか、また、ポイント発行企業の倒産やM&Aの場面においてポイント保有者を債権者として取り扱う必要があるか等の検討に影響を与えると考えられます。

➢ ポイントが法的権利であるか否かは、ポイント発行企業とポイント保有者の間の契約解釈によって決まります。具体的には、ポイントに関する、①規約の有無、②権利とうかがわせる規定の有無、③広告宣伝の程度、④組織的管理の程度、⑤顧客への浸透、⑥発行数量、⑦利用の幅、⑧加入する際の個別申込みの要否等により判断されることになると思われます。

➢ 具体的なポイント規約の条項のうち、ポイントを保有する消費者に不利益なものは、消費者契約法10条によって不当条項として無効とされる可能性はあります。その判断にあたっては個別の条項が消費者に与える不利益の程度、消費者への説明の状況、（民法等での）任意規定からの逸脱の程度、条項の合理性・必要性等を検討して判断されることになると思われます。

〔第3章〕 第2 具体的問題点の検討

1 ポイントの法的性質

(1) はじめに

　消費者は、ポイントプログラムの内容に従って、貯めたポイントを利用し、商品・サービスを購入代金の決済に充てたり、さまざまな特典の提供を受けたりすることができる。

　では、ポイント規約に従って、消費者とポイント発行企業との間にはどのような法律的な関係が成立しているのであろうか。

　この点は、①ポイントを保有している消費者がポイント発行企業に対して法的な権利を有しているといえるか否かという点や、②ポイントを保有している消費者とポイント発行企業との間の契約関係の内容は、ポイントに関する法的問題点の検討に影響を及ぼすことになる。

　すなわち、ポイント発行企業が倒産に至った場合やポイント発行企業のM&Aの場面において、ポイントを保有している消費者を債権者として取り扱う必要があるかどうかは、ポイントが法的権利であるか否かによって結論が異なる問題である。また、ポイント規約における条項が消費者契約法10条により消費者の利益を一方的に害するものとして無効となるか否か等の検討においても、民法等における規定の適用がある場合の比較において消費者にどの程度大きな不利益が生じているかが問題になり、ポイントに関する契約がどのような類型の契約であるかが結論に影響を与えることになる。

(2) ポイントが法的権利であるか否かの検討

㋐ ポイントが法的権利であるかを検討する意義

　まず、ポイントが法的権利といえるか否かは、ポイントがポイント発行企業により作成されたポイント規約に準拠して発行されるものであることから、

204

当該ポイント規約における規定内容がどのようになっているかを考慮すべきことになる。

消費者に対してポイント規約の確認ができるようにするなどの措置をとっており、約款としてのポイント規約の効力が消費者に対して及ぶ場合には（第1章第4・1参照）、当該ポイント規約の規定内容によって、ポイントが法的権利か否かが判断されることになる。

たとえば、ポイント規約において、ポイントはポイント発行企業に対する権利を示すものではないと規定すれば、原則としてポイントは法的権利ではないことになる（もっとも、当該規定自体が消費者契約法10条により無効になる場合もある点については第2・1(3)参照）。反対に、ポイント規約において、ポイントを法的権利として明示的に定めれば、ポイントを保有する消費者は、ポイント発行企業に対して法的な請求権を有することになる。

しかし、現状では、ポイントが法的権利であるか否かに関する記載が必ずしも明確でないポイント規約がほとんどである。また、ポイントの発行時点や利用時点における法律関係も必ずしも明らかではない。

このため、一般に、契約条項の解釈においては契約条項相互間の関係や契約に至る経緯等の事情を総合的に考慮して判断すべきとされているのと同様に（最二小判平成19年6月11日判時1970号69頁）、ポイント規約の条項全体からみてポイントがどのようなものと位置づけられているか、ポイント規約の実際の運用状況、消費者に対するポイントについての説明内容等から、両当事者の意思を解釈して、ポイントがポイント発行企業に対して法的な請求を行いうる権利としての性質を有するものか否かを判断することになる。

(イ) ポイントが法的権利であるか否かの判断要素

ポイントが法的な権利であるかどうかは、上記のようにポイント発行企業とポイントを保有する消費者との間の契約解釈により決まるものであり、ポイントを付与することにより消費者がポイント発行企業に対して法的な権利を取得するという点について、両者の意思の合致があったか否かを検討する

〔第3章〕 第2 具体的問題点の検討

ことになる。

　ポイントプログラムに則していえば、ポイント発行企業においても消費者に対してポイントを使用させるという負担を負うことを認識し、消費者にその旨を示しているとともに、ポイントを保有する消費者においてポイントを必ず利用できるという期待・認識をもってしかるべき状況があるか、という点をポイントプログラムの運用実態に照らして判断することになる。

　まず、ポイント発行企業においてポイントの発行が法的義務の負担であると認識してその旨を表示していたかを判断する要素としては、以下の事情があげられる。これらの事情がある場合には、消費者もポイントを（単なる期待にとどまらず）ポイント発行企業に対して行使することができる法的権利であるとの認識をもつものと考えられる。

【ポイントが法的権利であるか否かの判断要素】

①　ポイント規約がある。

②　ポイントを権利とうかがわせる規定（免責条項など）がある。

③　ポイントについて積極的に広告宣伝を行っている。

④　電子機器を用いてポイントを発行する等組織的管理をしている。

⑤　ポイント発行の歴史が長く顧客に浸透している。

⑥　ポイントの発行数量が多い。

⑦　ポイント交換を通じて現金化できる等利用の幅が広い。

⑧　ポイントプログラムに加入するときに消費者からの個別申込みが必要である。

　これら①〜⑧をすべて満たさないものであっても、現在、家電量販店、クレジットカード会社および航空会社などにおけるポイント規約においては、ポイントに応じた特典を提供する旨の規定があり、ポイント発行企業としてもポイントを保有する消費者であれば等しく同様の特典を提供しなければな

らないものとして運用され、ポイントで特典が得られる旨を積極的に広告している。消費者の多くも、ポイント規約に基づいて、ポイントに応じた特典は受けられるものと認識している。

こうしたポイントの場合には、ポイント発行企業と消費者の間には、ポイント規約に従ってポイントの付与・利用を行うという意思の合致があるため、法的な権利・義務関係が発生していると判断されると思われる。

なお、この点に関連する裁判例として、株式会社日本航空インターナショナル（以下、「日本航空」という）が発行したマイルから交換したクーポン（JAL利用クーポン）に関してではあるが、日本航空と消費者との間に、クーポンの利用相当額について立替払いを行うという包括的支払委託契約が成立していると判断した裁判例がある（神戸地判平成22年12月8日・適格消費者団体特定非営利活動法人ひょうご消費者ねっとウェブページ〈http://hyogo-c-net.com/pdf/101208_jaltours(1).pdf〉）。この事案については、後述【コラム VM ⑯】「適格消費者団体による不当条項の使用差止請求の動き」も参照されたい。

この事案では、少なくともマイルから交換した JAL 利用クーポンを保有する消費者は、日本航空との間の包括的支払委託契約に基づく法的権利を有することになると判断されている。日本航空のマイルは JAL 利用クーポンへの交換を経ることなく直接航空券やツアーの購入に用いることができるという取扱いがされており（JAL 利用クーポン・クーポンレス決済サービス、平成23年1月1日現在）、マイルを保有する消費者も日本航空に対して支払委託を求めうる法的権利を有していると解される可能性は高いと思われる。

⑺ 法的権利ではなく購買履歴にすぎないポイント

ポイント発行企業の中には、小規模な小売店などでみられる紙媒体のスタンプカードを用いてポイントを発行しているものもある。

このような場合には、そもそもポイント規約自体が存在しない場合もありうるであろうし、ポイント発行企業としても、来店頻度や購入額の多い顧客に対して割引等の特典を提供するため、ポイントで消費者の購買履歴を記録

〔第 3 章〕　第 2　具体的問題点の検討

しているにすぎず、ポイントに応じて割引等の特典を提供しなければならないとまでは認識していない場合もあろう。

　この種のポイントを保有している消費者の中にも、ポイントに応じた特典を得られるものと認識する場合もあると思われるが、発行の形態が小規模であるなど上記(イ)①〜⑧の多くを満たさないポイント場合は、ポイントを保有する消費者が法的権利を有していない（ポイントは単なる購買記録にすぎない）といえる場合も多いと思われる。

　仮に法的権利を有しているとしても、このような発行形態であれば、上記(イ)①〜⑧の多くを満たすような大規模に発行・利用が行われているポイントに比べて、消費者のポイントに対する期待等が大きくない場合も多いであろうから、個別の消費者や適格消費者団体との間でポイントに関する法的な紛争が発生する可能性は、現実的には高くはないものと思われる。このため消費者に対する説明やトラブル防止のための措置の必要性も、実際には比較的低いといえる。

(エ)　まとめ

　ポイントが法的権利であるかどうかの境界を明確に画定することは困難であり、個々のポイント規約の内容・運用実態に応じて判断されることになる。

　上記(イ)①〜⑧の多くを満たすような大規模に発行する目的をもって制度として確立した方法でポイントプログラムを導入する場合には、当該ポイントを保有する消費者はポイント発行企業に対して法的権利を有すると判断される可能性は高い（以下、このようなポイントを「大規模・制度的なポイント」という）。

　ポイント発行企業としては、こうした想定の下、ポイント規約の作成や改訂を行う必要がある。

⑶ ポイントは法的権利ではない旨のポイント規約の条項の効力・意義

ポイント規約において、ポイントはポイント発行企業と消費者との間に法的な権利義務関係を発生させるものではない旨の条項(以下、「ポイントの権利性を否定する条項」という)を設けた場合には、ポイント発行企業は法的な義務を負うことはないであろうか。

ポイント発行企業と消費者との間の法律関係は、ポイント規約の規定の内容をもとにして決まることから、ポイントの権利性を否定する条項を盛り込めば、ポイントを保有している消費者はポイント発行企業に対して法的権利を有しないことになる。

しかし、ポイント発行企業と消費者との間のポイント規約による契約は、消費者契約法上の消費者契約であるため、たとえば、ポイントが権利ではないためポイント規約に基づく特典の提供を一方的に中止してしまう等、ポイントの権利性を否定する条項を根拠として消費者に不利益な対応を行う場合には、ポイントの権利性を否定する条項は消費者の利益を一方的に害する不当条項として消費者契約法10条により無効とならないか、が問題になる。

特に、ポイントの権利性を否定する条項の内容については、消費者からみればポイントの魅力を減じる要素となるため、ポイント発行企業は、仮にポイント規約の中にポイントの権利性を否定する条項を盛り込んでいたとしても積極的に消費者に対して説明しない場合が多いと思われる。このような場合には、ポイントの権利性を否定する条項が消費者に対して与える不利益の大きさ等を考慮して、消費者の利益を一方的に害する規定とであって無効と判断される可能性が高い。

したがって、ポイントの権利性を否定する条項の内容が十分に消費者に対して周知がなされていないにもかかわらず、この条項のみを理由に消費者に対する不利益な取扱いが行われる場合は、ポイントの権利性を否定する条項

〔第3章〕 第2 具体的問題点の検討

は消費者契約法10条により無効となる可能性が高い。

　もっとも、ポイント規約において、ポイント発行企業がポイント規約の内容を随時変更できるという条項があり、かつ、消費者が受ける不利益の程度等に応じて消費者の利益を確保するための適切な措置（事前の告知と十分な猶予期間の設定など）を講じる場合には、ポイントの権利性を否定する条項をポイント規約に盛り込んでいるか否かにかかわらず、ポイントを保有する消費者に対して不利益にポイント規約を変更することはでき、それが現実的な方法であろう（なお、具体的な事例の検討については第2・2参照）。

　ポイントの権利性を否定する条項の内容が消費者に十分周知されないのであれば、ポイント規約にポイントの権利性を否定する条項を盛り込むよりも、上記のような消費者が受ける不利益の程度等に応じて適切に消費者の利益・期待に配慮した措置を講じることが、ポイント発行企業と消費者との間の法的トラブルの防止のためには有意義であろう。

⑷　ポイント発行企業と消費者との契約関係

　ポイントを保有している消費者とポイント発行企業との間の契約関係が、ポイント規約により有効に規律されるとしても、その契約は、民法に規定のある贈与（景品類等の無償での提供）や委任（代金の支払委託）などの契約にあたるのか、それら以外の種類の契約になるのであろうか。

　この点も、やはりポイント規約の内容に従って決まるため、個々の事案ごとにポイント規約の内容を検討して決定することになり、一概に契約の類型を決定することは困難である。

　現状において、大規模・制度的なポイントは、発行時点で独立した対価が支払われることなく発行されており、ポイントの利用方法としては主として①景品、商品券、電子マネー、他社発行ポイントへの交換など特典と交換するという形での利用と、②商品・サービスの購入代金の充当という決済手段という形での利用がある。ポイントを保有している消費者は、ポイント規約

210

で定められた利用方法に従って決済手段や特典への交換等に利用できる権利を有しており、ポイント発行企業と消費者との間の契約は、そうした権利を消費者に無償で与えるという内容の契約ということになる。

①景品、商品券、電子マネー、他社発行ポイントへの交換など特典との交換ができるポイントは、ポイント数に応じてポイント発行企業が消費者に特典を提供することが予定されており、こうしたポイントに関する契約は贈与契約であると判断されるものと思われる。

他方で、②商品・サービスの購入代金の決済手段として用いられるポイントは、商品の売買契約やサービスに関する準委任契約を前提として、ポイントに関する契約に基づきポイント数に応じて商品・サービスの購入代金が減額されることになる。この場合には、仮に消費者が、代金全額の支払いをポイントで行い金銭での支払いをしなかったとしても、商品・サービスは贈与契約ではなくあくまで売買契約や準委任契約に基づき提供されたと判断される。

ポイントの利用の態様に応じた代表的なポイントの関する契約関係は、上記のようなものであると考えられる。

ポイント規約における個別の条項が、消費者契約法10条における不当条項にあたり無効となるか否かの検討においては、「民法、商法その他の法律の公の秩序に関しない規定の適用による場合に比し」、消費者にどの程度大きな不利益が生じているかを検討することになる(第2・2参照)。ポイントに関する契約が、民法上規定のある契約類型に該当するか否か、該当するとしてどのような類型にあたるかは、消費者契約法10条の適用に関する検討の前提としても重要となってくる。

現状において、ポイントを利用して提供される特典の種類は複雑化しているため、上記であげたような単純な契約関係ではない場合もあると思われるが、各ポイントの運用実態に即して契約関係を分析していくことが必要である。

〔第3章〕 第2 具体的問題点の検討

2 具体的なポイント規約の条項の検討

ポイント規約においては、ポイントの発行、利用にかかわるさまざまな条項が盛り込まれている。以下では、ポイント規約については消費者契約法の適用があり、特に消費者契約法10条との関係で、その有効性が問題となると思われる代表的な条項の具体例につき、大規模・制度的なポイントである等、ポイントを保有する消費者がポイント発行企業に対して法的権利を有していることを前提に考察する（ポイントを保有する消費者が法的権利を有しない場合には不利益な取扱いが法的に効果を否定されるという可能性はないであろう）。

第1章第4・3で述べたように、消費者契約法10条等の適用においては、消費者の不利益と事業者の不利益を総合的に比較衡量して判断されることとなる。したがって、ここでは、ポイント規約における消費者と事業者の不利益がどのような要素によって判断されるのかにより、結論が分かれるものといえる。

⑴ ポイントの有効期限に関する条項

【事例】 家電量販店A社は、そのポイント規約において、「有効期限は発行から1年間（期限は延長されず、発行から1年たてば消滅)」という規定を設けていた。

この規定によって1年前に取得したポイントを失ってしまった消費者Xは、本規定の無効を主張し、A社に対しポイントの使用を認めるよう要求している。

⑺ はじめに

ポイント規約においては、何らかの形で有効期限に関する条項がおかれて

いることが多い。そしてその期限は、多くの場合1年前後とされている。

かかる有効期限に関する条項は、それまで消費者が取得していたポイントを失わせるものである以上、消費者に不利益なものであり、消費者契約法10条との関係でも問題となる。

この点、平成21年経産省ガイドラインにおいても、「著しく短い有効期限を定めるなど、消費者が期待する合理的な保護水準と異なったルールを設定する場合は、消費者に対して、特にわかりやすい表示・説明を行うことが求められるが、そもそもそのようなルールを設定すること自体が消費者の利益を一方的に害するものであれば、消費者契約法10条（消費者の利益を一方的に害する条項の無効）に抵触し、無効となることもありうる」と指摘されているところである（同ガイドライン8〜9頁）。

消費者契約法10条の適用については、消費者の不利益と事業者の不利益を総合的に比較衡量して判断することは先に述べたとおりであるが、以下では、上記事例における消費者と事業者の不利益が、どのような要素によって判断されるのかを検討することとしたい。

㈠　ポイントの価値

まず、ポイントは、そもそも金銭などの対価を得ることなく付与されるものである。このように、消費者が金銭等を支出することなく無償で発行されているという点からすると、有効期限が1年に制限されていたとしても消費者Xの不利益は小さいともいえる。

しかし、ポイントは取引の額に応じて付与されるものであるところ、特に家電量販店においてはポイント付与率も高く（取引額の1割を超えるものも珍しくない）、ポイントプログラムを積極的に活用していない量販店との価格競争の一環としてポイントプログラムが用いられてきたという経緯がある。

すなわち、他店で買えば現金で値引きを受けて買うこともできるが、消費者は取引後に付与されるポイントを使ったときの利益も踏まえて、購入額としては他店より高いがポイントの付く家電量販店で商品を購入しているとい

〔第3章〕 第2 具体的問題点の検討

う側面もみられるのである（なお、このような側面があるとしてもポイントが対価を得て発行されているといえるかは別の問題である。この点に関しては、第1章第3・2(1)参照）。このようなポイントは、消費者がどの家電量販店で購入するかという判断に大きな影響を与えるものである。したがって、ポイントは価値に対する消費者の期待は比較的高く、これを消滅させた場合の消費者の不利益の程度は小さいとはいえない。

また、上記事例のように「1ポイント＝1円」で当該家電量販店においては現金同様に決済に利用できるという点からも、消費者にとって価値が高いものであるといえる。

(ウ) ポイント条項の説明状況

次に、有効期限につき事前になんら消費者に説明していなかった場合には、消費者としては有効期限が特に定められていないものと期待する場合があり、そのような場合に当該有効期限の定めを持ち出すことは、消費者にとって不意打ちとなり、消費者契約法の趣旨からしても消費者の不利益が大きいといえる。

家電量販店等においては、ポイントプログラムに店頭で加入することも多く、その際に消費者が、ポイント規約の条項を記載した文書を交付されたとしても、消費者がそれを十分に確認するという可能性は低い。このような説明状況にとどまる場合は、有効期限の定めの効力を消費者に及ぼすことにつき、消費者の不利益が比較的大きいといえるだろう。

反対に、ポイント発行企業が消費者に対して、口頭で補足して説明をしたり、ウェブページや店頭ですぐに確認できるよう掲示したり、または、ポイントカードそのものに有効期間を明記しておくなどしておけば、ポイント発行企業側としては説明を十分に尽くしているものといえるであろう。このような場合は、有効期限の定めを十分に認識して消費者がポイントプログラムに加入しているといえるのであるから、当該条項が消費者にとって不意打ち的な不利益を与えるものとはいえず、消費者の不利益は小さくなるといえる。

2　具体的なポイント規約の条項の検討

㈜　ポイントの最低利用数量

また、ポイントの最低利用数量が高めに設定されている場合（たとえば、1000ポイントで初めて1000円分の商品券と交換できるような場合）に、有効期限を短く定めると、ポイントを貯めたり、使ったりすることが困難になるので、消費者の不利益が大きくなる。

もっとも、家電量販店のように「1ポイント＝1円」で、1ポイントから利用できる場合には、消費者にとっても利用の機会は確保されているといえ、消費者の不利益は小さいものと思われる。

㈺　任意規定からの逸脱の程度

民法上、一定期間権利を行使しなかった場合にはその権利を行使できなくなるという消滅時効という制度がおかれている。この消滅時効に関しては、権利の行使を受ける者が、当該権利の存在を外部的に「承認」した場合、それまでの時効期間の進行は無に帰し、また新たな時効期間の進行が始まるという、「時効の中断」（改正民法では「時効の更新」）という制度が同じく民法上おかれている。

この点、ポイントにおいても、商品・サービスの購入に伴いポイントを追加で付与する時点や、購入代金の支払いに充てるためポイントの一部が利用された時点で、商品・サービスの購入時に消費者に渡されるレシートにポイントの残高が表示されることがある。こうしたポイント残高を記載したレシートの交付は、事業者がポイント残高を確認し、消費者に対して利用可能なポイント数を通知するものであるから、ポイントに関する権利につき外部的に「承認」したといえる。

それにもかかわらず、「中断」すなわち有効期限のリセットを認めないポイント条項は、民法の規定よりも不利益な内容を定めているといえ、任意規定（民法）の適用がある場合に比べて不利益ともいいうる。このような、「リセット」なしの条項においては、任意規定からの逸脱がみられ、消費者にとっての不利益は大きくなる。

215

〔第3章〕 第2 具体的問題点の検討

(カ) まとめ

以上、家電量販店においては、ポイントの価値が比較的高いものと考えられ、消費者が有しているポイントを一定期間経過後に消滅させる旨の規定による消費者の不利益は小さくないと思われる。また、上記事例におけるA社の規定では「期限は延長されず」とあるため、期限のリセットを認めておらず、この点でも消費者Xの不利益は小さくない。

他方、「1ポイント＝1円」で、1ポイントから利用できることが通常であるため、消費者Xがポイントを使用する機会は十分にあるとみられるから、この点からは消費者Xの不利益は比較的小さいものといえる。

したがって、上記事例でA社のポイント規約が無効とされるか否かにあたっては、A社の消費者Xに対するポイント規約の内容に関する説明状況が重要な判断指標となるものと解される。

(2) キャンセル時のポイント不返還条項

【事例】 航空会社B社は、マイルを一旦使用して航空券を購入した消費者が、その航空券の利用をキャンセルした場合に、使用した分のマイルを返還しないという規定をマイレージ規約上設けていた。

この規定によってキャンセル分のマイルの返還を受けられなかった消費者Yは、本規定の無効を主張し、キャンセル分のマイルを返還するよう要求している。

(ア) はじめに

上記事例のように、ポイントを使用した消費者が、そのポイントの使用自体をキャンセルした場合に、使用した分のポイントを返還しないという条項がマイレージ規約におかれることがある。そして、実際にこのような条項につき消費者契約法10条の適用が全面的に争われた事例として、株式会社ジャ

ルツアーズ（以下、「JAL ツアーズ」という）に対する適格消費者団体特定非営利活動法人ひょうご消費者ネット（以下、「ひょうご消費者ネット」という）の訴訟がある（後述【コラム VM ⑯　適格消費者団体による不当条項の使用差止請求の動き】参照。なお、第 2・1 (2) (イ) に指摘したとおり、当該訴訟は日本航空と消費者との間に、クーポンの利用相当額について立替払いを行うという包括的支払委託契約が成立していると判断した裁判例でもある）。

　これは、消費者において、マイルや JAL クーポンを使って旅行を申し込んだにもかかわらず、都合が悪くなるなどして出発前に旅行をキャンセルしたような場合には、一旦受け取った「マイル」や「JAL 利用クーポン」を一切返還しないと契約条項に定め、そのように取り扱っていた JAL ツアーズに対し、ひょうご消費者ネットが、かかる条項の使用差止請求訴訟を提起したというものである。

　類似の問題は今後も発生しうると思われ、以下においては、上記事例のような条項が、消費者契約法10条によって無効とされるか否かにつき、どのような要素をもって判断されるかを検討する。

　なお、キャンセル時にマイルを返還しないという条項は、違約罰としての性格を有すると思われることから、消費者が契約を解除した場合の損害賠償額の予定に関する消費者契約法 9 条に基づき無効とされるのではないかも問題となる。しかし、同条は、消費者が支払う損害賠償額の予定または違約金を定める条項につき適用されるものとされている。契約解除に伴う原状回復措置としてのマイルの返還が問題となる場面では、消費者が損害賠償額の予定や違約金として「金銭」を支払うことにはならないため、同条の適用はないものと考えられる。もっとも、解約にあたってキャンセルにより返還すべきマイルを大幅に減少させる（キャンセル料を徴収するかのように返還するマイルのうち大半を差し引いて返還する）場合等は、同条との関係が問題になりうる。

(イ)　マイルの価値

　マイルの取得に際しては、消費者はなんら対価を支出していない。この点

217

〔第3章〕 第2 具体的問題点の検討

からすれば、マイルを失った場合の消費者の不利益はやはり低いのではないかとも思える。

しかし、現在、わが国で発行されているマイルは、現金還元率も高く、比較的価値の高いポイントであると考えられる。マイルは電子マネーとの交換も可能なのであって、幅広く商品・サービスの代金決済に利用することができるという利点も大きい。このように、比較的価値の高い特典が得られるポイントを消費者が受けられないというのであるから、消費者の不利益は必ずしも小さいとはいえない。

(ウ) マイレージ規約の説明状況

また、キャンセル時の取扱いにつき事前に消費者に説明していなかった場合、消費者にとってかかる扱いが不意打ちとなり、消費者の不利益性が高くなることは、上記(1)の事例と同様である。

この点、たとえば、積算されたマイルを用意された特典と交換するに際して、消費者に対し、案内書やガイドブックを同封してマイレージ規約を会員に発送し、同書の裏表紙等見やすい場所に、「利用されなかった特典に相当するマイルを会員または指定利用者のマイル口座に払い戻すことや他の特典にかえることはできない」旨を記述しているなどといった場合には、消費者に対し十分に説明がなされているとの評価につながりやすいであろう。

また、マイレージプログラムの会員がウェブページ上で旅行の申込み等を行う画面上などにおいても、決済を行う前にマイルを利用する旨のチェックボックスを選択すると、「決済時の注意事項」として、利用条件が表示され、その注意事項についての承諾の可否について、ラジオボタン（「□上記事項に承諾します　□承諾しません」といったウェブページ上のチェック欄）が表示され、注意事項を承諾しない旨のチェックを行うと、その後の旅行の申込み等の手続を進められないという構造になっている場合にも、消費者への説明が尽くされているとの評価に結びつきやすいといえる。

こうした措置がとられ、事業者としての説明は一定程度行われているとい

218

える場合には、事前に説明を受けていた消費者の不利益は、相対的に小さくなると考えられる。

㈑　任意規定からの逸脱の程度

民法上、当事者の一方がその解除権を行使したときは、各当事者は、その相手方を原状に復させる義務を負うこととされている（民法545条１項）。

このように、解除権が行使された場合は、契約締結以前の両当事者の原状を回復するものとされているのであるから、マイルの使用をキャンセルした場合でも、あくまで民法の規定に照らせば、従前取得していたマイルを返還すべきとされるべきであるといえる。

キャンセル時にマイルを返還しないという条項は、これと真っ向から相反するものであるから、任意規定からの逸脱の程度は高いものといえる。

もっとも、一定の手数料を支払えばマイルの返還に応じるなど、一定の条件の下で返還に応じている場合には、手数料の額等にもかかわってくるが、一定程度原状回復がなされているといえ、任意規定からの逸脱の程度はそれほど大きくないとの評価が可能であろう。

㈒　内容の合理性・必要性

たとえば、マイルを利用して航空券を購入した場合には、消費者が搭乗日の直前にキャンセルすると航空会社は別の搭乗希望者に対して航空券を販売する機会を失うという損害を被ることになる。

しかし、金銭により航空券を購入した場合は、それをキャンセルしたとしても、キャンセルの時期に応じて料金を一部払い戻しているのが通常である。このように、金銭により航空券が購入された場合と比較して、マイルにより航空券が購入された場合と異なる取扱いをしているのであれば、かかる取扱いをする合理的な理由がなければ、マイルを返還しないという条項の必要性に疑問が生じ、それだけ事業者にとっての不利益は小さいと評価される可能性がある。

また、他の特典に交換した場合であってもキャンセルの時期によっては、

〔第3章〕 第2 具体的問題点の検討

航空会社に損害が生じない場合もありうるので、一律にマイルを不返還とする合理的な理由がなければ、事業者にとっての不利益は小さいと判断されるであろう。

他方で、消費者はマイルを失うことになり、不利益の程度は小さくはなく、マイルの返還を行う事務作業等も事業者とって大きな負担となるとは考えにくい。

(カ) まとめ

以上、キャンセル時にマイルを返還しないという取扱いは、マイルの価値が決して低くないこと、B社の負担もそれほど高くないことからすれば、消費者Yの不利益は相対的に大きいものと解される。

もっとも、事前にかかる規定の存在および内容について、消費者Yに十分に説明を尽くしていれば、消費者Yに生じる不利益は相対的に小さくなる。上記事例においても、やはりB社の説明状況が重要な判断指標になるものと思われるが、任意規定からの逸脱もあることからマイル不返還条項の内容の合理性・必要性を裏づける事情が乏しい場合には消費者契約法10条により無効となると思われる。

(3) ポイントの利用条件の変更

【事例】 クレジットカード会社C社は、そのポイント規約において、「C社は、理由の如何を問わず、自己の都合によりポイント規約の内容を変更できる」旨の条項を設けていた。そして、C社は、当該条項に基づき、ポイントプログラムを終了することとした。

これにより貯めていたポイントを使用することができなくなった消費者Zは、本規定の無効を主張し、ポイントプログラムを存続するよう要求している。

2　具体的なポイント規約の条項の検討

(ア)　はじめに

ポイントプログラムの開始後に、ポイント発行企業がポイントの利用条件を変更することは往々にしてあり得る。

そしてその最たる例が、上記事例のように、ポイントプログラム自体を終了させてしまうものである。このほかに、ポイント交換の提携の解消や交換レートの変更といった利用条件の変更もしばしばみられる。

以下、ポイントプログラム自体の終了を念頭に、ポイントの利用条件に関する変更が、消費者契約法10条の適用により認められないか否かにつき、いかなる要素をもって判断されるか、考察を加えることとしたい。

(イ)　ポイントの価値

まず、ポイントがそもそも金銭などの対価を得ることなく付与されるものである点は、先に検討したケースと同様であり、この点で消費者Ｚの不利益は小さいといいうる。

クレジットカードのポイントの場合、家電量販店等とは違って、もともとのポイント付与率が比較的低いものが多く、現金同様の決済はできないため実質的な値引きであるともいえないものが多い。さらに、現金還元率もそれほど高くなく、ポイントとしての価値は比較的小さいものと考えられる。

このようなことからすれば、あくまでポイントは無償で付与されるものであるという原則論に照らし、ポイントの消滅に伴う消費者の不利益は比較的小さいといえるだろう。

他方、Ｃ社がポイントを発行するにあたって、「永久になくならない」旨を言明していたなど、消費者が、当該ポイントプログラムが終了することはないとの期待を抱く言動がなされたような場合は、そのような期待が生じた分だけ当該ポイントの価値が高くなると考えられる。このように消費者の期待が高い場合は、消費者の不利益が小さいと断ずることはできないと考えられる。

(ウ)　ポイント規約の内容の説明状況

221

〔第3章〕 第2 具体的問題点の検討

　また、ポイントの利用条件の変更があり得ることにつき、事前に消費者に説明していなかった場合、消費者にとって不意打ちとなることも上記(1)の事例と同様であり、この場合には消費者の不利益が高まることとなる。

　この点、ウェブページに掲載する等、消費者が容易にポイント規約にアクセスできる環境を整えておくことは消費者に対する望ましい対応といえよう。

⑶　猶予期間

　C社がポイントプログラムの終了を告知した後、実際に終了するまでに猶予期間が設定され、その期間が長期にわたっているなど消費者Zがすでに得たポイントを十分に消費できるだけの期間がとられている場合は、消費者Zは従前までに得たポイントを失うという不利益を甘受しなくて済む。したがって、この場合には消費者Zの不利益は相対的に小さくなる。

　なお、ポイント交換の条件変更などの事例では、変更内容の大きさに応じて実施の3カ月から6カ月程度前から広告等で周知を行ってから行うという事例が見受けられる。

⑷　ポイントプログラムを終了させる動機・原因

　ポイントプログラムの終了がポイント発行企業の倒産に伴うものであるというように、その原因が明らかでかつ合理的であるような場合は、ポイントプログラムを終了させる必要性も高くなる。

　消費者としても、このような場合にポイントプログラムが終了することは、ポイントプログラム加入時に十分許容しているものとみられるであろうから、そうした事由によってポイントプログラムが終了したとしても、それほど不利益が大きいものとはいえないと考えられる。

　他方で、ポイントプログラムの終了動機・原因が明らかでない場合や、たとえ明らかであってもおよそ合理性を見出しがたいような場合は、当該条項が無効にされた場合の消費者の不利益も、相対的に大きくなるものと考えられる。

⑸　改正民法との関係

222

なお、改正民法においては、定型約款にあたる約款であれば、①相手方の一般の利益に適合するとき、または②定型約款の変更が契約の目的に反せず合理的な場合には、相手方の同意なく一方的に約款の内容を変更することができることになり、②の変更が合理的か否かについては、⑧変更の必要性、⑥変更後の内容の相当性、⑥変更に関する定めの有無及びその内容、⑥その他の変更に係る事情に照らして判断される（改正民法548条の4第1項、第1章第6・4参照）。したがって、改正民法との関係で約款の内容変更が認められるかの判断にあたっても、上述した、ポイントの価値、ポイント規約の内容の説明条項、猶予期間、ポイントプログラムの終了させる動機・原因等といった事情を検討することになると考えられる。

(キ)　まとめ

クレジットカード会社であるC社の発行するポイントは、通常ポイント付与率や現金還元率も高くなく、現金と同様の決済をなしうるものでもないため、ポイントの価値自体は比較的低いといえ、この点で通常消費者の不利益は小さい。

しかし、ポイント利用条件の変更内容が消費者にとって大きな不利益となる場合には、ポイント規約の説明状況や猶予期間の有無および長さ、終了原因の必要性・合理性との対比によって、消費者の不利益が相対的に大きいといえる場合は、消費者契約法10条に基づき無効となる場合も否定はできない。

ポイントの利用条件の変更としては、ポイントの付与率の変更、提供する特典の内容の変更、ポイント交換の提携解消等で比較的消費者にとっての不利益が大きくはないものは、3カ月程度前から広告などで消費者に周知して、利用条件の変更前に消費者がポイントを使うことができる機会を確保するための猶予期間を設ければ、消費者の不利益は大きいといえないであろう。消費者に与える不利益の程度との対比で、消費者に不利益を回避するための手段を適切に提供しているが重要になると思われる。

ポイントの不正使用に対する救済

　ポイントは必ずしも法的権利であるわけではないものの、大規模・制度的なポイントは法的権利であるととらえられやすいことは本文記載のとおりです。では、第三者がポイントを不正に利用した場面では、ポイントを保有する消費者は保護されるのでしょうか。

　たとえば、報道記事によれば、平成20年6月17日から平成23年1月12日までの間、加害者が、他人の全日本空輸株式会社（以下、「全日空」といいます）の会員サイト「ANAマイレージクラブ」の会員IDとパスワードを使って、マイルを有している会員になりすまして全日空のウェブサイトに不正接続し、全日空とポイント交換で提携している楽天株式会社（以下、「楽天」といいます）にマイルを有している会員名義で勝手に会員登録し、66万マイル（66万円相当）を、楽天が発行している楽天スーパーポイント（66万円相当）に無断で交換した、という事案がありました。この事案では、ポイントの無断交換について電子計算機使用詐欺罪（刑法246条の2）の嫌疑があるとして、平成21年4月28日に加害者が逮捕されました。

　この電子計算機使用詐欺罪は、「財産権」に関する電磁的記録を操作することで財産上不法の利益を得ることについて処罰する規定です。そして、この「財産権」は所有権や債権などの金銭的価値を内容とする権利を指すと解されています（大塚仁ほか編『大コンメンタール刑法』〔鶴田六郎〕（青林書院、平成12年）160頁）。

　この事案では、全日空のマイルを楽天スーパーポイントに不正に交換したことをもって犯罪とされています。犯罪とされたのは、マイル（ポイント）に係る電磁的記録が「財産権」すなわち法的な権利に係る電磁的記録であると解釈されたからと思われます。

　このような解釈は、消費者がポイントも金銭と同等の価値があるものととらえがちである感覚にも沿うものといえるでしょう。

　また、このことから、ポイントが刑法上保護されうる法的権利（刑事罰をもっ

て保護されている法的な利益）であるならば、民法上も保護されるべきと考えられます。この事案で全日空は、マイルを保有している会員からの要請ではないにもかかわらず、マイルを楽天スーパーポイントに交換するとの申出がマイルを保有している会員からなされたものという虚偽の情報を受けてポイント交換に応じており、全日空が被害者であるという考え方があり得ます（全日空は加害者へ発行された楽天スーパーポイントに関して楽天に金銭を支払っているものと思われます。他方で、楽天は全日空から金銭を得ているため、損害は生じていないのではないかと思われます）。また、自分のマイルを第三者に勝手に使われてしまった会員は、加害者が不正使用する前のマイル残高を全日空が復元する場合には損害はありませんが、第三者のなりすましによる不正使用によるマイルの減少について全日空は責任を負わない旨の免責条項等によりマイルが復元されない場合には、加害者に対する損害賠償請求も可能であると考えられます。

適格消費者団体による不当条項の使用差止請求の動き

　ポイントに関する訴訟事件として、平成21年3月に、本文でも紹介した適格消費者団体であるひょうご消費者ネットと JAL ツアーズとの間の事件があります。問題となった条項は、株式会社日本航空インターナショナル（以下、「日本航空」といいます）が発行している「JALIC 利用クーポン」「JAL クーポン（紙）」および「マイル」等（以下、「マイル等」といいます）を利用して、JAL ツアーズに対して航空券やツアー旅行の申込みをした消費者が、申込み後に都合が悪くなった等の事情で出発前にキャンセルした場合に、申込み時に使用したマイル等を消費者に対して一切返還しないという契約条項（以下、「マイル不返還条項」といいます）でした。

　ひょうご消費者ネットは、このマイル不返還条項が「消費者の権利を制限」する消費者の利益を一方的に害する条項であって消費者契約法10条に違反しているとして、同法12条3項に基づき契約条項の使用差止請求を行いました。

225

〔第3章〕　第2　具体的問題点の検討

　本件の第1審判決（神戸地裁平成22年12月8日判決・ひょうご消費者ネットのホームページ（http://hyogo-c-net.com/pdf/101208_jaltours(1).pdf）で閲覧することができます）は、マイル不返還条項は、消費者とJALツアーズの間の契約内容になっていない（消費者と日本航空の間におけるマイルと引き換えにツアー旅行等の代金を立替払いする契約の内容になっている）と判断して適格消費者団体の請求は退けられました。また、ひょうご消費者ネットは控訴をしましたが、控訴審判決もひょうご消費者ネットの控訴を退ける判決をし（ひょうご消費者ネットのホームページ（http://hyogo-c-net.sakura.ne.jp/pdf/110607_jaltours(2).pdf））で閲覧することができます）、ひょうご消費者ネットから上告がなされましたが、上告不受理決定が出されています。

　従前、消費者契約法に基づき適格消費者団体に認められていたのは、差止請求のみでしたが、消費者の財産的被害の集団的な回復のための民事の裁判手続の特例に関する法律（消費者裁判手続特例法）が平成28年10月1日に施行され、消費者契約に基づく事業者の一定の金銭の支払義務について、特定適格消費者団体が裁判上の請求を行うことができるようになりました。約款の問題のほか、瑕疵担保の損害賠償など、相当多数の消費者に対して、共通する事実上、法律上の原因に基づいて、金銭の支払義務の存否が問題となる事案では、このような手続が利用されやすいものと考えられています（山本和彦ほか「消費者裁判手続特例法の実務対応㊤──2016年10月1日施行に向けて」NBL1064号7頁〔二之宮発言〕（平成27年））。

　消費者保護法の動向については、今後も十分に注視していく必要があります。

第3　ポイントと倒産手続

―◆ポイント◆―

- ➤ ポイントが倒産手続でどのように扱われるかは、ポイントがポイント発行企業に対する法的権利であると構成できるか、あるいは倒産手続の種類（清算型倒産手続か再建型倒産手続か）等により、異なり得ます。たとえば、ポイントが法的権利であると構成されれば、ポイントは財産的価値がある債権としての保護を受けうることになります。
- ➤ 他方で、清算型倒産手続の場合と比較して再建型倒産手続の場合は、より顧客たる消費者をつなぎ止めようとするインセンティブが働くため、消費者が保護される可能性が高いといえるでしょう。

1　ポイント発行企業に倒産手続が開始した場合のポイントの保護への期待

　近時、ポイント発行額が増加するに従って利害関係を有する消費者も増加している。消費者は、大規模・制度的なポイントであればあるほど、ポイントを有していることは、すなわちそれだけの「金銭的な」価値を有しているものと認識している、あるいはそう信じている場合もある。そして、ポイント発行企業が倒産状態になった場合にもポイントの価値について、保護されてしかるべきとの認識をもっている場合が多い（平成21年経産省研究会報告書20頁）。

〔第3章〕 第3 ポイントと倒産手続

しかし、日本航空の更生手続等、日米の航空会社の倒産のニュースが報じられたこと等を契機として、大規模・制度的なポイントの典型といえる航空会社のマイルについて、自分が有しているマイルは倒産手続においても保護されるのかという問題が関心を集めている。

従前の倒産手続においては、ポイントの扱いについて必ずしも明確ではなかったこともあって、今後大規模・制度的なポイントを発行していた企業が倒産する場合には、発行済みのポイントについて倒産手続の中でいかなる処理を行うかに注目が集まることが予想される。ポイント発行企業等が、倒産手続の中で発行済みのポイントをどのように取り扱うかを検討する場合には、消費者のポイントに対する期待にも配慮した対応が求められる場合も考えられる。

そこで以下では、倒産手続においてポイントがどのように扱われるのか、あるいは保護されうるのかについて、順に整理する。

2　ポイント発行企業に倒産手続が開始した場合のポイントの取扱いの現状

倒産手続でポイントをどう扱うのかについて、これまで統一的な処理方法はなかったように思われる。これまでの処理では、ポイント規約の条項等を参照して、ポイント発行企業が一方的にポイントプログラムを終了できる旨の定めがある場合にはこの規定を援用して適宜ポイントプログラムを停止していたであろうし、ポイント規約に適当な条項がない場合には、破産管財人等が裁判所と協議しながら案件毎に適切と思われる方法で（場合によっては消費者に対して特別な告知等を行うことなく）ポイントプログラムの運営を事実上停止してしまった例もあるようである。

しかし、消費者のポイントの価値についての意識が高まってきたこともあり、ポイント発行企業の倒産手続開始により一方的にポイントプログラムを

228

終了することは、消費者に不利益なものであって消費者保護に欠ける点もあるといった問題点が指摘されるようになってきた。

そこで、倒産手続においてポイントをどのように取り扱うべきかという点について、以下では法的権利たるポイントであるか否か、また倒産手続の類型に応じて、検討を試みる。

なお、ポイント発行企業の中には、未利用ポイント残高の一定割合を引き当てたり、専用口座で管理をしたりといった事前の対策を講じている企業もある。中でも上場企業の場合には、企業会計原則に則った処理結果を有価証券報告書等で公開しており、一般消費者でもポイント発行企業がどのような対策を講じているかを知ることができる場合がある。しかし、このような引当金や特別勘定の財産も、倒産手続においてはポイント発行企業の一般財産にすぎないため、実際の倒産手続において、ポイントを保有する消費者はこれらの財産から優先的に弁済等を受けられる権利を有しているわけではない。したがって、以下で検討するのは、ポイントを保有する消費者が債権者として保護されるのか否か、という限度に限られることとなろう。

3　ポイントに対する倒産手続上の保護

では、ポイント発行企業に倒産手続が開始された場合、ポイントを保有している消費者はどのような保護を受けられるのか。

ポイントを保有する消費者が、各種倒産手続において債権者として権利行使をすることができるのは、ポイント規約において法的権利と定められたポイントやポイントプログラムの運用実態に鑑みて大規模・制度的なポイントであるなど、ポイント発行企業に対する法的権利であると構成できる場合である。

法的権利ということができれば、ポイントは財産的価値がある債権（倒産債権）としての保護を受けうることとなる（ただし後述するように、その債権の

〔第3章〕　第3　ポイントと倒産手続

財産的価値をどのように評価するか、といった点は検討の余地がある）。

　そして、第2・1⑵で述べたとおり、大規模・制度的なポイントを保有している消費者は、法的権利を有しているとされる可能性が一定程度あるが、他方で、スタンプカードの延長程度にしか位置づけられないようなポイント規約の内容が曖昧なもの等は法的権利ではなく、財産的にも無価値であると判断される可能性もある。今後、倒産手続においては、上記のようにポイント規約の規定内容、ポイントの発行状況（大規模・制度的か）等も踏まえつつ、倒産したポイント発行企業が発行していたポイントを保有する消費者を債権者として取り扱うかを慎重に検討する必要がある。

4　倒産手続の種類による違い

　仮にポイント規約等を吟味した結果、倒産手続に入った企業のポイントが法的権利であると判断された場合、倒産手続の種類によって次のような処理になる。

⑴　清算型倒産手続（破産手続）の場合

㋐　はじめに

　破産手続の場合には、ポイントを保有する消費者は破産債権としての保護を受ける。

　ここで問題となるのは、ポイントを保有する消費者のポイント発行企業に対する権利を金銭的に評価した場合、その評価額をどのように算出するのか、そしてその結果を手続においていかに実現するか、という点である。

　すなわち、ポイントが法的権利であるとしても、ポイント発行企業の倒産によって、ポイント発行企業の事業の継続を念頭においているポイントは履行不能となるため、ポイントに基づく法的権利は損害賠償請求権に転化するものと考えられる。しかし、この転化の過程で、ポイントの利用ができなく

230

なること（履行不能）によって、いかなる損害が発生したと評価できるか、あるいは評価すべきかが問題となる。

㈡　評価額の算出

まず、評価額の算出については、従前の発行態様等を参照しながら判断することになると思われる。

たとえば従前「1ポイント＝1円」換算で代金支払いに充てることができていたポイントであれば、ポイント数と同額の金銭的な価値があると判断されることが多いであろう。しかし、実際にはポイントを保有したまま使用せずに失効させてしまう消費者等も多いことから、ポイントを使用したと仮定して同額の金銭債権に引き直すことが必ずしも適切であるとは限らない。

その場合には、発行済みポイントの使用率の実績等に応じた割合しか実現可能性がなかったものとして、消費者が保有するポイント残高に使用率の実績に応じた割合を乗じたものをポイントの財産的価値の評価額とすることにも、一定の合理性があるとも考えられる。

また、たとえば500ポイントを集めて初めて500円の値引きが受けられるポイントプログラムだった場合に、100ポイントしか有していない消費者は、割合に応じて100円の債権者と評価するべきか、あるいは500ポイントに足りない以上、0円と評価すべきか、という問題もある。この場合、そもそも値引きの条件を満たしていなかったこと、額が僅少であることが想定されること等に鑑みて、100ポイントは権利の実現可能性がなかったから、それだけではそもそも何ら権利を有していなかったものとして、損害額は0円と評価することもあながち不当とはいえないと考えられる。

㈢　清算型倒産手続内での実現

こうして仮に金銭債権として評価されることができた債権は、たとえば清算型倒産手続である破産手続内であれば、ポイントを保有する消費者は破産債権として債権届出を行うこととなる。ただし、消費者に対して債権届出をするよう通知をして、債権届出をさせるには、たとえば消費者と連絡が付か

231

〔第3章〕 第3 ポイントと倒産手続

ないといった困難が予想される。

　そのため、ポイント発行企業がポイントプログラムを一方的に終了でき、かつ、ポイントプログラム終了により消滅したポイントに関しては責任を負わない旨の条項がポイント規約にある場合には、ポイント発行企業の破産管財人がその条項を行使して、ポイントを保有していた消費者を破産債権者から外す処理を行うこともありうる。このような処理方法は、第2・2で述べたとおり、ポイントプログラムを終了させる条項等が消費者保護法10条により無効とならないかが問題になるが、事業継続中に一方的にポイントプログラムを終了する場合と比較すれば、ポイントプログラムを終了することにも一定の合理性があると思われ、消費者としてもポイント発行企業が倒産して、もはやポイントは使えないということを覚悟しているという場合も考えられるから、消費者に想定できない不利益を課すものとまではいえないともいえる。このように判断される場合には、破産管財人はポイントプログラムを終了させて、ポイントを保有する消費者を破産債権者として取り扱わないということも可能となる。

　過去には、ポイント発行企業の倒産手続において、ポイントプログラムを終了させる条項によりポイントを一方的に消滅させるという処理が行われた場合であっても、消費者との法的紛争に発展するという例は少なかったかもしれない。しかし、消費者のポイントを権利として意識する傾向が強くなってきていることから、上記のようにポイントを一方的に消滅させるという処理をめぐって法的紛争が生じる可能性は高くなってきているといえ、今後は慎重な対応が必要であろう。

(2)　再建型倒産手続（再生手続・更生手続）の場合

　基本的な処理は、(1)の清算型倒産手続に同様である。ポイントプログラムを終了させたい場合には、ポイントプログラムの終了に関するポイント規約の規定に基づきポイントを終了させることになる。

232

しかし、ポイントを保有している消費者は、ポイント発行企業にとっても頻繁に自社で商品・サービスを購入する優良な顧客である場合も多い。そうであるのに、他の一般の債権者と同様に法的権利であるポイントを有する消費者との間でも一定の割合の債権の免責を受けるとすると、優良な顧客であるポイントを保有する消費者から反発を受けるとともに、そうした消費者は他社へ取引先を変える可能性もある。これにより、ポイント発行企業自らの手で顧客基盤を破壊して売上げの減少等を招く結果となるおそれもある。

これでは、当該ポイント発行企業が存続し、事業を再建することが予定されている再建型倒産手続の趣旨を没却してしまう結果となるため、発行済みのポイントを引き続き利用できるようにするための方策を打ち出すことが不可欠な場合が多いと思われる。事業の再建のためには、優良な顧客基盤を維持することが不可欠であるため、ポイントプログラムを維持する要請は強い。

また、特に発行済みのポイント数が多いポイント発行企業においては、倒産手続直前にポイントが大量に利用されることにより企業経営を継続するための商品や財産が散逸するおそれがあるため、ポイントの利用が集中することを避けるためにポイントが引き続き利用できるようにすることが必要となる場合も考え得るところである。

こうした点に鑑みれば、特に再建型倒産手続においては、ポイントが法的な権利である場合はもちろん、法的権利ではなく倒産手続において権利行使できない場合にも、ポイントを引き続き利用できるようにする必要性が高い場合が多い。

そこで、実際にポイントプログラムを継続することにより事業の再建を果たすための方策としては、少額弁済の規定や例外的な弁済許可に関する規定（民事再生法85条5項後段、会社更生法47条5項後段）を適用ないし類推適用して、ポイントプログラムを継続する（弁済を継続する）という方法が考えられる。ポイント発行の実態等から考えて、ポイントが法的権利である場合には、ポイントを保有する消費者を債権者として取り扱ったうえで、例外的に倒産手

〔第 3 章〕 第 3 ポイントと倒産手続

続の開始前と同様に弁済を行うことができるようにするという方法である。日本航空のマイルの存続は、こうした方法により保護された例としてあげられる。この方法は、早期に弁済しなければ事業継続に著しい支障を来すといった条文上の要件をクリアする必要があるものの、裁判所の許可が必要であるため手続的には透明性が向上する点で望ましいといえよう。日本航空の事例では、利用されるマイル数に限定を設けることなくマイルの利用継続が認められているが、これはマイルの利用継続が日本航空の再建にとって非常に重要であると判断されたことによると考えられる。

　したがって、今後のポイント発行企業の再建型倒産手続においても、同様にポイントの利用継続が重要となる事例が発生することも考えられるが、少額弁済の規定や例外的な弁済許可に関する規定を用いて、手続的にも透明性が確保された方法でポイントの利用継続が可能となるような柔軟な倒産法の法解釈が定着することが期待される。

　なお、仮にポイントが法的権利ではなく、ポイントの利用時に特典の提供が行われているにすぎない場合には、ポイントを倒産手続開始後も引き続き利用できることとしても、それはすでに発生している権利に対する弁済ではないことになる。ポイントを保有している消費者が債権者ではないのであれば、ポイントの利用に対応して特典を提供したとしても、それは倒産手続申立の前の原因による債権に対する弁済ではないため、ポイント発行企業は消費者がポイントを利用した場合これに応じることができる。

第4　ポイントとM&A

◙ポイント◙

➢M&Aにおいてポイントを承継するか否かは、M&Aのスキームをどう
設計するかによって、ポイントを承継するようにも、しないようにも、
設計可能です。たとえば、合併や株式取得の場合には特段の手続なく
ポイントが承継されますが、会社分割や事業承継による場合は、ポイ
ントプログラムを承継対象に加えるか否かを選択し得ます。

➢なお、いずれの方法を選択しても、ポイントプログラムを終了させる
場合には、消費者保護の観点から適切な方法や手続をとることにより、
消費者から損害賠償請求等を受けることのないよう慎重に検討する必
要があります。

1　はじめに

　ポイント発行企業が合併・会社分割、事業譲渡等のM&Aを行う場合、
M&Aによって消費者にはいかなる影響があるのか、あるいはスキームの選
択によって、消費者への影響に違いはあるのか等が問題となり得る。

　ただし、実際には、M&A後にもポイントプログラムを承継したい場合に
は、法的権利たるポイントであろうと、法的権利ではないポイントであろう
と、承継者が同一のサービスを提供することにより事実上同一のポイントプ
ログラムが継続しているという対応を取ることは可能である。

235

〔第3章〕 第4 ポイントと M&A

これに対して、M&A においてポイントプログラムを承継したくない場合、すなわち、たとえば会社分割を行う際にポイントプログラムを分割対象から外して分割会社に残存させて事実上ポイントプログラムを終了させてしまう場合や、事業譲渡を行う際に譲渡対象の事業にポイントプログラムを含めず、譲渡人が廃業する場合等には、以下で記載するような問題点が生じうる。以下では、大規模・制度的なポイントであるなど、ポイントを保有する消費者を債権者として取り扱う必要がある事案を念頭に検討する（ポイントを保有する消費者を債権者として取り扱う必要がない場合には法的には特段の手続は必要ない）。

なお、どのスキームにおいても共通で指摘できる点として、ポイントプログラムに関する事業資産には氏名・年齢・連絡先等の個人情報が多数含まれている場合が多いため、個人情報保護法との関係で、個人情報の取得時に通知した利用目的の範囲を超えて個人情報を利用することはできない点があげられる。M&A の時点における個人情報の取扱いについては第1章第8・3を参照されたい。

2 スキームの検討

(1) 合併・株式取得

M&A においてポイント発行企業が合併を行う場合には、合併によって消滅する会社の権利義務は合併後も存続する会社に包括的に移転するため、消費者には基本的には影響が生じない。また、株式取得の方法による M&A であればポイント発行企業としての法的主体には変更は生じない。したがって、ポイントプログラムを承継（継続）したい場合には、特段の手続の必要なく承継（継続）できる。

236

逆に、合併等によれば、ポイントプログラムに関する法的な関係が承継（継続）されることが原則であるため、合併等を契機にしてポイントプログラムを終了するのは困難であろう。

(2) 会社分割

ポイントプログラムを承継したい場合には、分割承継の対象として、会社分割契約書中にポイントプログラムを盛り込めば、包括的に承継対象に盛り込むことができる。ポイントが法的権利であると判断される場合には、法的権利を有する債権者としてポイントを保有する消費者を扱う必要がある点に留意が必要である（会社法上の債権者保護手続、会社法789条等）。法文上は、仮に債権者保護手続を怠った場合には100万円以下の過料を受けることになるし（同法976条26号）、株主から会社分割手続の違法を理由に損害賠償請求を受けるといった可能性がある。しかし、ポイントプログラムを承継して同等ないしは類似のサービスを提供されている場合には、債権者保護手続をとっていなかったとしても過料を課す必要性や妥当性に乏しいと考えられるし、会社分割手続の違法性も実質的には治癒されるとも考えうるため、現実に問題となる可能性は比較的低いといえよう。

したがって、スキームの選択にあたっては、ポイントの保有者名簿や残高状況等から消費者からのクレーム発生リスクを適切に把握するとともに、会社分割後にも同等ないしは類似のサービスを提供できる体制を整備することで消費者や株主からのクレームを未然に防ぐことが重要であると思われる。

他方、ポイントプログラムを承継したくない場合には、分割承継の対象からポイントプログラムを除外する必要がある。分割会社に残存したポイントプログラムを終了するには、3でも検討するように一方的に終了できる旨の規定や免責規定を活用することも考え得るところである。

237

〔第3章〕 第4 ポイントとM&A

⑶ 事業譲渡

　事業譲渡の場合には債権債務関係を譲渡するには債権者の個別の同意が必要となる。したがって、ポイントが法的権利ととららられる場合であれば、各消費者に連絡し、事業譲渡によりポイントに関する契約上の地位等を譲渡人から譲受人に移転することについて同意を得る必要がある。

　しかし、実際には、譲受人において同等のサービスを提供する方法等により、ポイントを保有する消費者の来店時にポイントが承継されることを告知し、同意を得るという方法でも、消費者との間で重大な問題となることは少ないとも思われる。

　逆に、ポイントプログラムを承継したくない場合には、事業譲渡の対象にポイントを含めないようにするだけでよい。

3　ポイントプログラムの終了方法

⑴　ポイント規約の規定どおりの終了方法

　現在一般に運用されているポイント規約の条項には、ポイント発行企業が一方的にポイントプログラムを終了できる旨を定めている場合が多い。

　また、ポイントの発行を終了できる事由やその手続を具体的に定めている条項（たとえば、特定の事業について廃止や譲渡をすれば事前告知期間を一定程度おいた後に終了するといった条項、あるいはポイント発行企業に破産手続が開始した時には自動的に終了するといった条項）がポイント規約に含まれている場合には、当該規定に従った手続を踏めば終了することができよう。

　もちろん、消費者保護の観点から、当該終了方法の根拠となる条項が消費者契約法により無効とならないか、という点の検討は必要である（第2・2

(3)参照)。

⑵ ポイント規約に適切な終了事由の定めがない場合の終了方法

ポイント規約に適切な終了事由の定めがない場合には、原則的にはポイント発行企業側の事情によってポイントプログラムを一方的に終了することはできない。

しかし、たとえば M&A によってポイントに関連する事業を行わなくなり、ポイント発行企業が抜け殻となって事実上ポイントプログラムを継続できなくなるような場合には、現実的にポイント規約上の特定の提供等の履行が不能になったと評価したうえで、消費者のポイントに関する権利は損害賠償請求権に転化すると考えられる。ポイント発行企業としては、ポイント規約に終了事由の定めがないにもかかわらずポイントプログラムを終了させた場合には、こうした損害賠償請求を受けるリスクを負うことになる。

なお、ポイント規約の中には、ポイント発行企業がポイントプログラムを終了させたために利用ができなくなったポイントについての損害を賠償する義務を免責する旨の条項が設けられている場合もあるが、こうした条項はポイントプログラムの終了がポイント発行企業の債務不履行（履行不能）によるときには、消費者契約法 8 条 1 項によって無効となると思われる。

〔第3章〕 第5 ポイント交換の動きと共通ポイント

第5 ポイント交換の動きと 共通ポイント

━◗ポイント◗━

➢ 最近は、他社のポイントと一定のレートで交換できるポイント交換や、共通ポイントの利用がますます盛んになっています。まずポイント交換では、ポイント交換により発行されるポイントに対して、資金決済法上の前払式支払手段に対する規制を及ぼすべきか否かが問題となり得ます。

➢ この問題は「対価を得て発行」されたか否かという問題に帰着すると思われますが、発行者が破綻した場合の利用者（消費者）の保護という資金決済法の制度趣旨等に鑑みれば、仮に「対価を得て発行」していると解釈されうる場合でも、ポイントを利用した結果得られる値引額や特典自体の価値に比べると相当程度低い客観的価値にとどまるポイントが多数と思われる現状を踏まえると、規制を及ぼすべきとの結論に至る可能性は低いでしょう。

➢ 他方で、共通ポイントは、ポイント交換と異なり、消費者が保有するポイントなど財産的価値のあるものを支出して共通ポイントを取得しているわけではないことから、こうした規制に服する可能性はより低いといえるでしょう。

240

1　ポイントの利用促進の動き

　近時は、各事業者が自らポイントを発行するだけではなく、他社のポイントを一定のレートで交換できるポイント交換も広範囲に行われるようになってきている。また、多数の企業と加盟企業として提携し、各企業のポイント同士を交換できるサイトを運営する事業者（交換系ポイント事業者）も現れている。

　さらに、複数の企業で、単一のポイントプログラムを運営するという取り組みもみられる（共通ポイント事業者）。

　交換系ポイント事業者および共通ポイント事業者は、ポイントの利便性を高める役割を担っている（交換系ポイント事業者および共通ポイント事業者の概要については、平成21年経産省研究会報告書7〜9頁参照）。

2　ポイント交換

⑴　交換系ポイント事業者

　平成21年経産省研究会報告書においては、交換系ポイント事業者の特長について、消費者にとっては、交換先のポイントプログラムで自分の好みの商品・サービスを獲得できることを期待して、ポイント交換元のポイントプログラムに参加することができること、事業者にとっても、交換系ポイント事業者を介在させることで多数のポイント事業者とポイント交換を行うことによる煩雑さやコストを軽減できること、がそれぞれあげられている（同報告書7〜8頁参照）。

　また、さまざまな事業者が行っているポイントプログラムは、利用する消

〔第3章〕 第5 ポイント交換の動きと共通ポイント

費者の生活スタイルにより貯まりやすいポイントや、反対にそうではないポイントが生じる。そして、利用されないポイントは、有効期限を過ぎれば無価値になってしまう。したがって、消費者にとっては、魅力を感じる特典を提供するポイント発行企業のポイントに、さまざまな他社のポイントをポイント交換を通じて集約できることにはメリットがある。そのため、保有するポイントを、現金還元率が高いとされる航空会社のマイレージに集約したり、電子マネーに交換したりといった利用方法が増えてきているといわれている。

　こうした利用方法が広まれば、企業にとっては、ポイント交換によりポイントの使用率が上がり負担が大きくなるようにもみえる。他方で、ポイントプログラムをより魅力的なものにして優良顧客を囲い込むという目的からすると、顧客の満足を重視した対応が結果としてポイント発行企業にとってもメリットになるという指摘もある（平成19年経産省研究会報告書2頁、金融審議会金融分科会第二部会決済に関するワーキング・グループ第3回議事録の交換系ポイント事業者の担当者の発言参照）。

(2) ポイント交換に対する資金決済法の適用についての議論

㋐ 積極説と消極説の対立

　ポイント交換とは、「通常無償で利用者に交付されているポイントA、Bについて、ポイントAの保有者Y_1が、その発行者X_1に対し、発行者X_2が発行するポイントBへの交換（Bの発行）を求めることができるサービス」をいう（高橋・詳説108頁）。

　そして、ポイント交換においては、交換先のX_2社が、交換元のX_1社から対価を得て、利用者にX_2社のポイントを発行するものであることから、ポイントBについては対価を得て発行する前払式支払手段として資金決済法の規制を及ぼすべきではないかという問題意識が提示されている（高橋・詳説109頁）。

242

〈図28〉 **ポイント交換の仕組み**（高橋・詳説108頁）

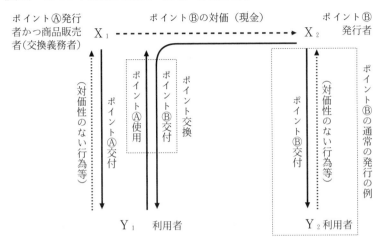

　すなわち、通常のポイント発行においては、利用者が対価なくしてポイントを取得する（Y_1は対価なくしてポイント発行者X_1からポイントAを取得し、Y_2は対価なくしてポイント発行者X_2からポイントBを取得する）のに対し、ポイント交換の場面においては、利用者Y_1が財産的価値のあるポイントAを手放したことを受けてX_1からX_2に対して対価が支払われていることから、ポイントBについては前払式支払手段に該当すると考えられないか、という問題意識である。

　この点については、ポイント交換によって発行されるポイントも対価を得て発行されていると考えるべきではないという考え方がある（以下、「消極説」という）。消極説の主な論拠としては、ポイント交換は、そもそも景品・おまけであるポイントを利用して別のポイントを得るものであり、消費者は対価を支払っていないこと（平成21年経産省研究会報告書31頁、産業構造審議会報告書26頁）、事業者間では対価の支払いがなされているが、トレーディングスタンプと同様に商行為として購入する者への販売であって当該事業者が消費者への転売を予定していないことから資金決済法の規制を及ぼすべきでないこ

と（高橋・詳説109頁）、無償で交付されたポイントと対価性があるポイントとが区別されない場合にすべてのポイントに資産保全を求めれば過剰規制になること、等があげられている（平成21年経産省研究会報告書31頁、産業構造審議会報告書26頁）。

　これに対してポイント交換によって発行されるポイントは対価を得て発行されているという考え方（以下、「積極説」という）の主な論拠としては、以下の点があげられている（高橋・詳説109～110頁）。対価を得て発行されるものは、消費者からの対価であるか事業者からの対価であるかの区別なく本来前払式支払手段に当たるところ、ポイントには一定の財産的価値があり、利用者はその財産的価値を手離して別のポイントを得ることから対価性がある、という点があげられている。

(イ)　積極説における資金決済法の適用対象範囲

　積極説は、ポイント交換においては、ポイント発行企業X_1は利用者Y_1からのポイント交換の要請を受けてY_1がポイントAを手放すことを前提に初めてX_2に対して対価を支払うのであり、実質的にはY_1がAポイントを対価としてBポイントを取得したと評価し、あるいは、実質的にはX_1の対価の支払いはY_1の支払いであると評価し、前払式支払手段に該当すると考えている。

　しかし、積極説も、わずかであってもポイント交換によってポイントを発行しているすべてのポイント発行企業について、そのポイント発行企業が発行しているすべてのポイントについて前払式支払手段に該当するとは考えていない。

　すなわち、積極説は、ポイントが「対価を得て発行」されているか否かについては、1回ごとの発行についてみるものではなく、一つの種類のポイントの全体について判断されるとしている（高橋・詳説79頁）。そして、ポイント交換によって発行されるポイントの発行額が、ポイント発行額全体の50パーセント以下である場合には、「対価を得て発行」されているとはいえず前

払式支払手段には当たらないとしている（高橋・詳説110頁）。

　積極説は、資金決済法の解釈として「対価を得て発行」されたといえるためには、前払式支払手段により利用可能となる金額に一致する額が発行時に支払われる必要はなく、利用可能となる額に満たない対価を得て発行されていても「対価を得て発行」されたといえるが、他方で、資金決済法が発行済みの前払式支払手段の未使用残高の2分の1以上の資産保全義務を課していることから、資産保全義務の範囲に満たない対価（利用可能額の2分の1）しか得ていない場合には「対価を得て発行」されていないとする（高橋・詳説79頁）。

　そのうえで、ポイントの場合も、当該ポイントプログラム全体を考察し、個々の利用者が実際どのような形でポイントを利用しているかという事情を捨象し、いわば当該ポイントプログラム全体を通じての平均値を算出して、ポイントBの利用により得られる価値の50パーセントを超える対価を得て発行しているのであれば（〈図28〉の例でいえば、Bポイントの未使用残高の50パーセント超がAポイント等の他社ポイントからの交換に基づいて発行されたポイントであれば）、Bポイントは全体として「対価を得て発行」されていると考えるのである。

㈡　積極説が資金決済法の適用対象と想定しているポイント発行企業

　積極説は、これによりマーケティングの手段としての思惑や販売促進費等の制約を受けずに発行できるポイント交換専門業者が発行するポイントについて最小限の規制が及ぶという点で適切であるとしている（ポイント交換を行っていても、自社での商品やサービスの購入に伴って無償で発行しているポイントの割合が多いポイント発行企業については資金決済法の適用は及ばないとしている。高橋・詳説115頁）。

　このように、積極説もポイント交換によって発行されるポイントがわずかなポイント発行企業についてまで資金決済法の規制を及ぼすべきとしているわけではない。積極説、消極説による帰結の差は、ポイント交換によって大

245

〔第3章〕 第5 ポイント交換の動きと共通ポイント

半のポイントを発行している交換系ポイント事業者について資金決済法の規制を及ぼすべきか否かという点にある。

(3) ポイント交換に対する資金決済法の適用についての検討

㋐ 資金決済法の趣旨

ポイント交換により発行されるポイントについて資金決済法による規制を及ぼすべきか否かは、法的には資金決済法の解釈問題といえ、これはポイント交換より発行されるポイントが「対価を得て発行」されたといえるか否かという問題に帰着する。

そして、そもそも、資金決済法上の前払式支払手段の発行者について供託等の資産保全を義務づけている趣旨は、発行者が破綻した場合の利用者（消費者）の保護である。そのため、ポイント交換により発行されるポイントが「対価を得て発行」され資金決済法を適用すべきか否かも、ポイント発行企業（交換系ポイント事業者）に資産保全の義務を課すに相応するほどの財産上の利益を消費者が支出したか、という観点で実質的に検討すべきであろう。

したがって、「対価を得て発行」という要件における対価の支払主体に特に限定は付されていないものの（資金決済法3条1項1号）、利用者（消費者）自身が対価の支払いをしていないのであれば、資産保全の規制を及ぼす必要性はない（高橋・詳説80頁）。また、消費者が財産的価値を支出している場合でも、それがわずかである場合（積極説を前提とするとポイントの利用により得られる価値の50パーセント以下の財産的価値を得て発行されている場合）も資産保全の規制を及ぼす必要性はない。

㋑ ポイント交換において消費者が支出する財産的価値の評価

ポイント交換の場合には、〈図28〉の例のように、交換前のポイントAを発行していたX_1から交換後のポイントBを発行しているX_2に、一定の金銭が支払われることになるのが通常である。しかし、ポイント交換によってポイ

246

ント発行企業間で金銭のやり取りがあるとしても、交換前のポイントＡは、消費者からみれば（ポイントに関する利用条件から）ポイント発行企業間で支払われる金銭と同額の財産的価値があるものではない。

　すなわち、ポイントは、現金等に比べれば用途が相当程度限定されているし、通常ポイントは譲渡や現金への払戻しはできず、仮にポイント交換を経由して電子マネーや現金に交換することができるとしても通常価値が目減りし、ポイント交換を行うためには時間や手間も必要である。このため、ポイント交換前のポイントに一定の財産的価値があるとしても、その客観的な財産的価値の評価は、ポイントを利用して得られる利益よりも低く評価されることになると考えられる。

　資金決済法の解釈としては積極説の考え方は基本的に妥当であると考えられ、消費者がポイント交換において手放したポイントを「対価」とみることができるとしても、一定の財産的価値を支出して前払式支払手段の発行を受けた利用者（消費者）の保護という資金決済法の趣旨からすれば、ポイントの財産的価値の評価は、消費者の主観的な期待に依拠するのではなく、客観的にどの程度の財産的価値があるかという視点で行われるべきである。

　このように考えると、ポイント交換より発行されるポイントが、「対価を得て発行」されているといえるかどうかは、ポイント交換前のポイントの財産的価値の評価がどのようなものかによって決することになる。現状のポイントプログラムを前提とすれば、譲渡や払戻しができず、現金化等にも手間がかかるポイントが多く、ポイントを利用した結果得られる値引額や特典自体の価値に比べて相当程度低い客観的な財産的価値しかないポイントが多数であろう（ポイントが法的権利であるとしても、法的権利を行使して得られる価値と法的権利自体の価値は必ずしも一致しない）。

　したがって、積極説を前提としても、ポイント交換前のポイントの財産的価値が交換後のポイントの発行額全体の50パーセント以下であれば、資金決済法の規制対象ではないと考えるべきである。このような場合には、交換系

247

〔第3章〕 第5 ポイント交換の動きと共通ポイント

ポイント事業者であっても前払式支払手段の発行者としての届出や登録は不要となる。

　もっとも、今後、非常に財産的価値の大きなポイントが多くなってきた場合には、「対価を得て発行」していると判断される可能性が高まるであろう。

3　共通ポイント

　共通ポイントは、複数の企業でポイントを共通化することにより、加盟企業となった企業では同一のポイントを提供し、利用者である消費者はポイントの提供を受けた加盟企業でも、その他の加盟企業でもポイントを利用することができる形態のポイントである。

　平成21年経産省研究会報告書においては、共通ポイント事業者の特長について、消費者にとっては、共通ポイント事業者が発行するポイントカードや付随するパンフレットの表示をみてポイントが付与されたり、利用できたりする店を識別することができること、加盟企業や加盟店にとっては、自前でポイントプログラムサービスを提供・管理するシステムを構築する必要がなく、コストや業務負荷を抑えて顧客にポイントプログラムを提供することができることがそれぞれあげられている（平成21年経産省研究会報告書8～9頁参照）。

　共通ポイント事業者の代表例としては、"Tポイント"（加盟店はTSUTAYA・ファミリーマートなど）、"Ponta"（加盟店はローソン・昭和シェルなど）があげられる。

　共通ポイントは、各ポイントの加盟している企業での取引金額に応じて貯めることができ、貯めたポイントは、加盟している企業で使用したり、加盟企業が発行しているポイントなどと交換したりすることができる。そして、ポイントを貯めることおよび使用することの両方に対応している企業もあれば、どちらか一方についてだけ対応している企業（貯められるだけ、あるいは

248

使用できるだけの企業）もある。

　共通ポイントは、ある加盟企業から提供されたポイントを他の加盟企業においても利用することが可能になりポイントの利用範囲が拡大するという点ではポイント交換と機能面での共通性がある。

　また、共通ポイントの発行形態は、①共通ポイント事業者が直接利用者に対してポイントを発行し、加盟企業は、自社で商品やサービスを購入した顧客に対して付与される等自社を介して発行されたポイント数に応じて、共通ポイント事業者に対して金銭の支払いを行う例、②加盟企業が、自社で商品やサービスを購入した顧客に対して共通ポイントを付与して、自社で付与したポイント数に応じて、共通ポイント事業者に対して金銭の支払いが行われる例がある。

　このため、共通ポイント事業者は、加盟企業から一定の金銭を得てポイントを発行し、そうした形態での発行が発行額全体に占める割合が大きいと思われるため、「対価を得て発行」されているようにもみえる。

　しかし、前述したように、資金決済法上の供託等の資産保全の制度は、消費者（ポイントの利用者）の保護のためのものである。このため「対価を得て発行」という要件（同法3条1項1号）は、利用者（消費者）自身が対価の支払いをしている場合に限定して解釈すべきであり、加盟企業が支払いをしている場合は含まないと考えられる（高橋・詳説80頁、107〜108頁）。

　共通ポイントにおいては、共通ポイント事業者と加盟企業間では金銭のやり取りはあるものの、利用者である消費者自身が商品やサービスの提供に伴って共通ポイントを無償で付与され、また、それを利用しているだけであるので、資産保全の規制を及ぼす必要性はないと考えるべきだろう。また、ポイント交換の場面と異なり、消費者が保有するポイントなど財産的価値のあるものを支出して共通ポイントを取得しているわけではないことから、資金決済法の制度趣旨に鑑みて前払式支払手段には該当しない、あるいは前払式支払手段に該当するにしても適用除外（同法第4条7号）と考えられる。な

〔第3章〕第5　ポイント交換の動きと共通ポイント

お、現在のところ共通ポイントに資金決済法の適用を及ぼすべきとの議論もなされていない。

災害と電子マネー・ポイント

　地震、火災、停電などの災害時においては、データシステムに支えられたバーチャルマネー（電子マネー・ポイント）に、現金決済では考えられないさまざまな問題が生じ得ます。この点、本文でも指摘したとおり、前払式支払手段発行者は、システムリスクが存在することを認識し、適切にシステムリスク管理を行う必要があると指導されていますが（事務ガイドラインⅡ－3－1）、それでも災害リスクをすべて回避するということは極めて困難といえるでしょう。

　起こりうる事象として、①大規模停電などによってシステム障害が発生して電子マネーが利用できなくなるという事象が考えられます。システム障害の原因や程度によっては、発行者の利用者に対する債務不履行責任が問題となりうるでしょう（第2章第2・3⑷参照）。

　また、②津波や火事によって利用者が電子マネーのカードを紛失・消失してしまったという場合には、利用者から、その電子マネーの回復や現金での払戻しを請求される可能性もあります。これについては、電子マネー利用約款の定めによっては、利用者に電子マネーの回復を認めることも可能でしょうが、現金での払戻しには払戻規制や「預り金」規制との関係で留意が必要です（第2章第2・3⑴参照）。

　さらに、③災害によって、電子マネーの利用サービスを提供していた店舗が営業を停止してしまったときに、利用者から電子マネーの残高相当額の返金を請求される可能性があります。これに対しては、それが「払戻し」に該当するか否か、また該当するとしても許容される程度か慎重に判断する必要があります（第2章第2・3⑶参照）。

他方、ポイントに関しても、災害によっては急遽ポイントサービスの停止をせねばならない可能性もあり、そのようなときには、ポイントの価値や、発行時の説明状況などに鑑みて停止の可否について検討せねばなりません（第2・2(3)参照）。

　しかし、そもそも電子マネー・ポイントが急激な広まりをみせてからまだ日が浅く、今なお未知の問題も多いことに加えて、災害という場面では、法律論からさらに踏み込んで利用者の救済という観点も必要になると考えられるため、今般の東日本大震災における対応（報道等によると、電子マネー・ポイントを利用して義援金を募っており、日々の物資購入にも電子マネーが役立ったということです。また、電子マネーによって被災者に対して義援金を配布する方法も議論されています）などを機に今後の実務の動向や議論が注目されるところです。

「ゲーム内通貨」と電子マネー・ポイント

　インターネットが普及した今日では、「バーチャルマネー」といえば、ゲームなどの仮想空間で使用できる「ゲーム内通貨」のことをイメージされる方もいらっしゃると思います。

　サービスによってその具体的内容は異なりますが、ここでいうゲーム内通貨とは、一般的に、特定のオンラインサービスにおいて経済活動を行うことのできる価値のことをいいます。利用者は、ゲーム内通貨を使って、ゲーム上のアイテムやアバターの洋服などの仮想グッズを購入することができるのです。しかし、このゲーム内通貨を現実社会の現金と交換する業者も現れており、かかる状況からゲーム内通貨を不正に発行・換金するという事件も発生し、社会に大きな影響を与え始めています。

　ところで、ゲーム内通貨の入手方法としては、一定のサービスを活用することでポイントを貯めて入手する方法や、現金で一定額のゲーム内通貨を購入す

〔第 3 章〕　第 5　ポイント交換の動きと共通ポイント

る方法があります。このような入手方法からは、前者によるものは、「おまけ」にすぎず対価性がないとして「ポイント」に該当するといえそうです（事務ガイドラインに対するパブリックコメントNo.5）。他方、後者によるものは、本書における「電子マネー」に該当する可能性があり、金融庁も、ゲーム内通貨であっても、また、特定のゲームなど使用方法が限定されるものであったとしても、資金決済法3条1項の定義に該当すれば前払式支払手段として法の適用対象になると明言しています（事務ガイドラインに対するパブリックコメントNo.5・No.13）。たとえば、利用者が一定額の「ポイント」を購入し、これを用いて利用者がアイテムを購入するたびにポイントが減算されるというゲーム事業については、当該ポイントは前払式支払手段に該当するとされており（パブリックコメントNo.4）、実際に現金で購入する「ゲーム内通貨」については前払式支払手段に該当することを前提に発行者が届出等を行っている事例が多く認められます。

　なお、前払式支払手段は払戻しが原則として禁止されていることから（資金決済法20条2項）、当初から現金との換金を予定しているゲーム内通貨を発行しようとしても、前払式支払手段の発行者として登録はできません（パブリックコメントNo.6）。また、同法の適用のある前払式支払手段に該当しないとしても、出資法等の「預り金」規制に抵触する可能性が高いといえるでしょう。

　ところで、ゲーム内通貨を用いて購入される「ゲーム内アイテム」について特定の事例を前提としたものですが、「サービスの代価の弁済等に使用されること」（権利行使）の要件を欠くため前払式支払手段には該当しないという金融庁のノーアクションレター手続に基づく回答もあります（金融庁監督局総務課金融会社室長による平成29年9月15日付回答書　https://www.fsa.go.jp/common/noact/kaitou/027/027_05b.pdf）。

　このようにゲーム内通貨等も具体的な仕組みいかんによっては、電子マネーに該当し、さまざまな法律の適用を受ける可能性があることには注意が必要です。

252

第4章

仮想通貨に関する法的問題

〔第4章〕 第1 仮想通貨に関する法的規制

第1 仮想通貨に関する法的規制

─◧ポイント◧─

➤ 資金決済法上に、新たに「仮想通貨」の定義が創設されました。

➤ 仮想通貨の法的規制を考えるにあたっては、仮想通貨を預かること等について出資法、仮想通貨による送金について銀行法、仮想通貨の発行について紙幣類似証券取締法、仮想通貨の販売について金融商品取引法および金融商品販売法、仮想通貨による国外への送金について外為法が、それぞれ問題となり得ます。これらについては、基本的には各法に抵触しないと考えられるものの、出資法や銀行法に関しては、スキームによっては抵触するおそれがあるため、個別に具体的なスキームを検討する必要があることには注意が必要です。

1 資金決済法との関係

(1) 「仮想通貨」とは

平成28年に改正された資金決済法において、仮想通貨とは以下のとおり定義されている。そして、第2・1に後述するとおり、その売買や交換等が「仮想通貨交換業」として新たに規制の対象となっている。ここでは、まず、資金決済法上の「仮想通貨」について検討する。

254

【資金決済法2条5項】

　この法律において「仮想通貨」とは、次に掲げるものをいう。

一　物品を購入し、若しくは借り受け、又は役務の提供を受ける場合に、これらの代価の弁済のために不特定の者に対して使用することができ、かつ、不特定の者を相手方として購入及び売却を行うことができる財産的価値（電子機器その他の物に電子的方法により記録されているものに限り、本邦通貨及び外国通貨並びに通貨建資産を除く。次号において同じ。）であって、電子情報処理組織を用いて移転することができるもの

二　不特定の者を相手方として前号に掲げるものと相互に交換を行うことができる財産的価値であって、電子情報処理組織を用いて移転することができるもの

(ア)　資金決済法2条5項1号規定の仮想通貨（1号仮想通貨）

　まず、資金決済法2条5項1号の仮想通貨（以下、「1号仮想通貨」という）の要件を分析すると、以下のとおり、四つの要件に整理することができる。

---

①　物品の購入、借受けをする場合、または役務の提供を受ける場合に、代価の弁済のために不特定の者に対して使用できること

②　不特定の者を相手方として購入および売却を行うことができる財産的価値であること

③　本邦通貨および外国通貨並びに通貨建資産ではないこと

④　電子機器その他の物に電子的方法により記録されており、電子情報処理組織を用いて移転することができること

　まず、①の要件では、相手方が「不特定」であることが求められている。

255

〔第 4 章〕 第 1　仮想通貨に関する法的規制

ちなみに、前払式支払手段は、相手方が発行者または発行者が指定する第三者に限定されていることから（資金決済法 3 条 1 項 1 号）、前払式支払手段に該当する場合には、仮想通貨には該当しないことになる。

そして、②の要件は、「不特定」の相手方からの購入や売却可能性を求めるものであり、相手方が特定の者に限定されるシステムが採用されている場合には、これに該当しないこととなる。

③の要件にいう「通貨建資産」とは、本邦通貨もしくは外国通貨をもって表示され、または本邦通貨もしくは外国通貨をもって債務の履行、払戻しその他これらに準ずるもの（以下、「債務の履行等」という）が行われることとされている資産をいう。また、この通貨建資産をもって債務の履行等が行われることとされている資産も、通貨建資産とみなされる（資金決済法 2 条 6 項）。

したがって、③の要件から、たとえば、円建てで表示される預金債権や、電子記録債権は「仮想通貨」に該当しないことになる。また、円建ての電子マネーも「仮想通貨」には該当しない。

(ｲ)　資金決済法 2 条 5 項 2 号規定の仮想通貨（2 号仮想通貨）

次に、資金決済法 2 条 5 項 2 号規定の仮想通貨（以下、「2 号仮想通貨」という）の要件を分析すると、以下のとおり、三つの要件を満たすものと整理することができる（②の要件および③の要件は、1 号仮想通貨の③の要件および④の要件と同じである）。

---

①　不特定の者を相手方として 1 号仮想通貨と相互に交換を行うことができる財産的価値であること

②　本邦通貨および外国通貨並びに通貨建資産ではないこと

③　電子機器その他の物に電子的方法により記録されており、電子情報処理組織を用いて移転することができること

弁済等のために不特定の者を相手方として使用することができ、かつ、法

定通貨と交換できる性質を有する1号仮想通貨に対して、2号仮想通貨は、不特定の者を相手方として1号仮想通貨と交換できるものをいう。

　1号仮想通貨および2号仮想通貨のいずれの定義においても、発行者の有無や中央管理型／分散管理型の別について言及されていないため、発行者の有無や中央管理型／分散管理型の別については、資金決済法上の「仮想通貨」該当性とは無関係といえる。

　現在、流通している仮想通貨をみれば、仮想通貨交換所で日本円、米ドル、人民元などの法定通貨と取引されているビットコイン、ライトコイン、ドージコイン、イーサ、リップルは1号仮想通貨の要件を、また、ビットコインと相互に交換できるカウンターパーティコインなどは2号仮想通貨の要件をそれぞれ充足するから、資金決済法上の「仮想通貨」に該当する。

2　出資法との関係

　出資法2条1項は、「業として預り金をするにつき他の法律に特別の規定のある者を除く外、何人も業として預り金をしてはならない」と定めている。そして、「預り金」とは、預貯金等と同様の経済的性質を有するものとされており（同法2条2項）、次の四つの要件のすべてに該当するものであるとされている（事務ガイドライン2−1−1(2)）。

---

① 不特定かつ多数の者が相手であること
② 金銭の受入れであること
③ 元本の返還が約されていること
④ 主として預け主の便宜のために金銭の価額を保管することを目的とするものであること

　まず、仮想通貨それ自体の預託を受ける行為について「預り金」に該当す

〔第4章〕　第1　仮想通貨に関する法的規制

るか検討するに、②の要件の「金銭」とは、取引社会において一般的価値尺度となり、一般的交換手段となるものをいうと解されているところ(奥田昌道編『新版注釈民法⑽Ⅰ』327頁（有斐閣、2003年))、現時点での仮想通貨の流通および履行における社会一般の受容性からは、いまだ、仮想通貨を「金銭」と評価することはできないから、「預り金」には該当しないと解される。

　また、仮想通貨の購入資金または売却代金として金銭の預託を受ける行為についても、当該金銭は預貯金等と同様の経済的性質を有するものとは評価できないから、「預り金」には該当しないと考えられる。

　もっとも、預託者による仮想通貨の購入注文の有無にかかわらず、預託者が自由に入金でき、金銭の引き出しも自由に求めることができる場合には、当該金銭はもはや預貯金等と同様の経済的性質を有するものとして、「預り金」に該当すると解される余地もあろう（片山義広「ビットコイン等のいわゆる仮想通貨に関する法的諸問題についての試論」金融法務事情1998号28頁ほか)。

　そこで、仮想通貨交換所の事業者はかかる預り金の規制に該当しないよう留意して、制度設計を行う必要がある。

3　銀行法との関係

　銀行法は、為替取引を銀行業として規定し（銀行法2条2項2号）、免許を受けずに銀行業を行うことを禁じている（同法4条1項)。

　ただし、100万円以下の少額の為替取引については、資金移動業の登録のみをすることによって、為替取引を行うことができる（資金決済法37条、同法施行令2条)。

　「為替取引」については法律上の定義規定はないが、最決平成13年3月12日刑集55巻2号97頁によると、銀行法2条2項2号の『『為替取引を行うこと』とは、顧客から、隔地者間で直接現金を輸送せずに資金を移動する仕組みを利用して資金を移動することを内容とする依頼を受けて、これを引き受ける

こと、又はこれを引き受けて遂行することをいう」とされている。

　この点、為替取引として規制対象となる「資金」移動の意味について、「資金は金銭及び金銭に容易に変わるものであり、預金、外貨もこれに当たる。金銭的価値が変動するものや換金が容易ではないものは資金には当たらないが、表記や単位呼称を変更しただけで、必ず一定の金額に換金されるものなど、事実上、金銭、預金、外貨にリンクしているものは資金に該当しうる」との見解がある（高橋・詳説155頁）。

　この見解によれば、仮想通貨は価値が変動するものであるから、「資金」には該当せず、仮想通貨それ自体の移転は、為替取引に該当するものではない（パブコメ回答No.99）。

　もっとも、仮想通貨交換所の事業者が、ある顧客から現金の払込みを受けてこれを仮想通貨に換え、当該顧客から別の顧客に対する仮想通貨の送付依頼により、当該送付先顧客に対して仮想通貨を送付し、かつ、当該送付先の顧客において自由に当該仮想通貨の換金が行われる場合には、一連の行為を全体としてみれば、為替取引としての機能を有するともいえ、銀行法の規制に抵触しうると考える余地もある。かかる観点から、資金移動業の登録の要否については別途検討が必要となる場合もあろう（パブコメ回答No.100参考）。

4　紙幣類似証券取締法との関係

　紙幣類似証券取締法は、「一様の形式を具え個々の取引に基かずして金額を定め多数に発行したる証券にして紙幣類似の作用を為すものと認むるときは財務大臣に於て其の発行及流通を禁止することを得」（同法１条１項。原文は漢字カタカナ）と定めている。この点、電子マネーと同様、仮想通貨が紙幣類似の価値を有するものであると考えると、この規定との関係が問題となりうる。

　紙幣類似証券取締法の適用に関し、旧大蔵省は、「通貨（紙幣）の機能とは、

259

〔第4章〕 第1 仮想通貨に関する法的規制

何処でも、誰でも、何にでも、支払ないし決済の手段として利用できることであると考えられる。従って、この三つの要素のいずれかが欠けていれば紙幣類似とはならないとの考え方を基本」とするとしている。

仮想通貨は、利用方法について契約等による制約はなく、「何処でも」「誰でも」「何にでも」支払いないし決済手段として利用できるよう設計されている。もっとも、現時点での支払いないし決済手段としての社会一般の受容性に鑑みれば、仮想通貨が、「何処でも」「誰でも」「何にでも」利用できる機能を未だ有するに至っておらず、仮想通貨は、紙幣類似証券取締法には抵触しないと考えられる。

5　金融商品取引法との関係

金融商品取引法は、有価証券の発行および取引等を規制するものであるところ、仮想通貨は、同法が定める「有価証券」の定義において具体的に列挙されたもののいずれにも該当しない（同法2条1項・2項）。

また、「金融商品」（同法2条24項）該当性について検討するに、同項3号には「通貨」が規定されているが、通貨とは、強制通用力を有する法定通貨を意味するから（通貨の単位及び貨幣の発行等に関する法律2条3項）、仮想通貨はこれにも該当しない。

もっとも、金融商品取引法2条24項4号は、「同一の種類のものが多数存在し、価格の変動が著しい資産であって、当該資産に係るデリバティブ取引（デリバティブ取引に類似する取引を含む。）について投資者の保護を確保することが必要と認められるものとして政令で定めるもの」も規制対象としているところ、将来において、仮想通貨がデリバティブ取引の対象となり、かつ、当該商品の流通量等に鑑みて投資者保護の要請が社会一般に認められるようになった場合には、金融商品取引法施行令において、仮想通貨のデリバティブ取引が、規制対象として指定される可能性は否定できない。

260

6 金融商品販売法との関係

　金融商品販売法は、その規制対象となる「金融商品の販売」に該当する行為として、預金の受入れを内容とする契約の締結や、有価証券を取得させる行為を定めている（同法2条1項）。

　仮想通貨を取り扱う行為は、同法の「金融商品の販売」の定義において具体的に列挙された行為のいずれにも該当せず（金融商品販売法2条）、同法の規制は及ばない。

　もっとも、金融商品販売法2条1項6号は「譲渡性預金証書をもって表示される金銭債権」を金融商品の販売の定義に含めているところ、同定義規定を、高度に流通がなされているものであって弁済として広く受け入れられているものの例示と解釈した場合には、今後の市場における仮想通貨の受容性の高まりに応じ、同定義規定に類似するものとして、金融商品販売法施行令で規制対象として追加される余地があると指摘されている（岡田仁志・高橋郁夫・山﨑重一郎『仮想通貨　技術・法律・制度』141頁（東洋経済新報社、2015年））。

7 外為法との関係

　外為法では「居住者若しくは非居住者が本邦から外国へ向けた支払若しくは外国から本邦へ向けた支払の受領をしたとき、又は本邦若しくは外国において居住者が非居住者との間で支払等をしたときは、政令で定める場合（筆者注：3000万円に相当する額以下の支払いの場合。外国為替令18条の4第1項1号、外国為替の取引等の報告に関する省令1条）を除き、当該居住者若しくは非居住者又は当該居住者は、政令で定めるところにより、これらの支払等の内容、実行の時期その他の政令で定める事項を主務大臣に報告しなければならない」と規定されている（同法55条1項）。

〔第4章〕 第1 仮想通貨に関する法的規制

　この点、外為法上は支払いの定義の規定はないものの、仮装通貨による送金であっても支払いとして行われる場合には、外為法上の規制対象となる。そのため、3000万円を超える額に相当する仮想通貨の送金については（外国為替に関する省令27条の2）、支払報告を要することに留意が必要である。

　なお、支払いが銀行等または資金移動業者が行う為替取引によってされるものである場合には、当該銀行等または資金移動業者を経由して支払い等の報告をしなければならないとされていることから（外為法55条2項）、かかる業務を行う事業者においては留意する必要がある。

262

第2　仮想通貨交換業に関する法規制

─◘ポイント◘─

➤「仮想通貨交換業」とは、資金決済法2条7項に定義があり、当該業を行うためには、登録が必要です。

➤ 仮想通貨交換業は、典型的には、仮想通貨の売買や他の仮想通貨との交換およびそれらの媒介、取次ぎまたは代理をいうのであって、単に仮想通貨を預かること、仮想通貨を貸し付けること、仮想通貨のままで送金することはこれに該当しないと考えられます。

➤「仮想通貨交換業者」には、主に、①情報の安全管理、②委託先に対する指導、③利用者の保護等に関する措置、④利用者財産の管理、⑤金融ADRへの対応、といった行為規制が課されます。

➤ 犯罪収益移転防止法の改正によって、仮想通貨交換業者も同法上の「特定事業者」に新たに加わったため、取引時本人確認義務など同法上の義務も履行する必要があります。

1　仮想通貨交換業の業規制

⑴　仮想通貨交換業とは

「仮想通貨交換業」とは、資金決済法2条7項において、以下のとおり、定

〔第4章〕 第2 仮想通貨交換業に関する法規制

義されている。

【資金決済法2条7項】

　この法律において「仮想通貨交換業」とは、次に掲げる行為のいずれかを業として行うことをいい、「仮想通貨の交換等」とは、第1号及び第2号に掲げる行為をいう。

一　仮想通貨の売買又は他の仮想通貨との交換

二　前号に掲げる行為の媒介、取次ぎ又は代理

三　その行う前二号に掲げる行為に関して、利用者の金銭又は仮想通貨の管理をすること。

(ア)　仮想通貨の売買または他の仮想通貨との交換

　仮想通貨の売買とは、仮想通貨と法定通貨との交換である。これは、そもそも、平成27年6月8日、G7 エルマウ・サミットにおいて、テロ資金対策として、各国は仮想通貨の規制を含め、さらなる行動をとることが合意され、また、同月26日、金融活動作業部会（FETA）において、仮想通貨と法定通貨を交換する交換所に対して、登録または免許制とマネーロンダリング等規制を課すことを各国に求めるガイダンスが公表された経緯から、まずは規制対象とされたものである。これまで一般的に「仮想通貨取引所」といわれてきたものは、概ねこれに該当するといえよう。

　なお、ある仮想通貨と他の仮想通貨を交換することについては、一方が法定通貨ではないことから、売買（民法555条）ではなく交換（同法586条第1項）と整理されている。

(イ)　(ア)に掲げる行為の媒介、取次または代理

　資金決済法2条7項1号記載の行為に関する媒介、取次、または代理を規制するものである。

(ウ)　(ア)(イ)に掲げる行為に関して、利用者の金銭または仮想通貨の管理をす

264

ること

資金決済法 2 条 7 項 3 号によって、単に利用者の金銭や仮想通貨の管理をする行為、たとえばウォレットを提供する業務単体では、仮想通貨交換業に該当しないことになる。これは、少なくとも現段階においては、国内で仮想通貨の保管のみを行う事業が広く展開されているわけではないことから、現時点では規制の対象としないこととしたものである。ただし、今後、多様な業者が登場する場合もあるため、環境の変化に応じて、改正の余地が指摘されているところである。

⑴ 具体的な検討

それでは、仮想通貨にまつわる具体的な事業に関して、その業規制を次に検討する。

(A) 仮想通貨の貸付け

仮想通貨の貸付けのみを行う場合、資金決済法 2 条 7 項 1 号および 2 号のいずれにも該当しないから、仮想通貨交換業には該当しない（パブコメ回答No.79）。

ただし、仮想通貨の貸付けが、貸金業法上の「貸金業」に該当するかは、貸金業 2 条 1 項の定義に照らして実質的な検討を要するとされており、仮想通貨の貸付けによって実質的に金銭を貸し付けていると評価されるスキームの場合には「貸金業」の登録が必要となり得る（パブコメ回答No.79）。

(B) 仮想通貨の送金

仮想通貨を顧客から受領し、これを顧客の指示する第三者に移転させる場合も資金決済法 2 条 7 項 1 号および 2 号のいずれにも該当しないため、仮想通貨交換業には該当しないと考えられる。

この点、法定通貨であれば資金移動業の該当性が問題となるが、仮想通貨のまま移転するのであれば為替取引には該当せず（第 1 ・ 3 参照）、資金移動業にも該当しないものと考えられる。ただし、たとえば、移転先の第三者が金銭に交換することが予定されているような場合には、仮想通貨交換業の該

〔第4章〕 第2 仮想通貨交換業に関する法規制

当性や、一連の取引をもって為替取引に該当すると認められる可能性も否定できないため、個別具体的な検討が必要になる（第1・3参照）。

(C) 仮想通貨のマイニング・発行

仮想通貨の、いわゆるマイニングは、仮想通貨を原始的に取得するものであって、資金決済法2条7項1号および2号のいずれにも該当しないため、仮想通貨交換業には該当しない。

同様に、仮想通貨を対価なしに新たに発行することも、資金決済法2条7項1号および2号のいずれにも該当しないため、仮想通貨交換業には該当しない。

(2) 仮想通貨交換業の参入規制

(ア) 趣 旨

仮想通貨交換業には、登録制度が採用されている。仮想通貨交換業は、新たに創設された制度であるところ、新規参入の障壁とならないよう、業規制としては比較的緩やかな登録制度が採用されている。

(イ) 参入規制の内容（登録型）

仮想通貨交換業を営もうとする者は、所管財務局長の登録を受けなければならない（資金決済法63条の2）。この登録にあたっては、資金決済法63条の3に列挙された事由を記載した登録申請書を管轄財務局長に提出しなければならない。

ところで、登録申請書には取り扱う仮想通貨の概要を記載せねばならず（仮想通貨府令5条1号）、当該仮想通貨の適切性が判断されることとなっている。事務ガイドラインによれば、その判断にあたっては、たとえば、当該仮想通貨の仕組み、想定される用途、流通状況、プログラムのバグなどの内在するリスク等の説明を求めるとともに、利用者からの苦情、認定資金決済事業者協会の意見等も踏まえるとされており（事務ガイドライン16－Ｉ－1－2）、事実上、特定の仮想通貨に限定されている。

そして、利用者保護の一環として、内閣総理大臣は、仮想通貨交換業登録簿を作成して、これを公表しなければならない（資金決済法63条の４）。

(ｳ)　登録の拒否

　所管轄財務局長は、仮想通貨交換業者が法人ではない、仮想通貨交換業を適正かつ確実に遂行する体制の整備が行われていないなど、資金決済法63条の５第１項各号の事由に一つでも該当する場合、または、登録申請書に虚偽などがある場合には、登録を拒絶しなければならない（同項）。登録拒否事由は以下のとおりである。

【資金決済法63条の５第１号各号】

一　株式会社又は外国仮想通貨交換業者（国内に営業所を有する外国会社に限る。）でないもの

二　外国仮想通貨交換業者にあっては、国内における代表者（国内に住所を有するものに限る。）のない法人

三　仮想通貨交換業を適正かつ確実に遂行するために必要と認められる内閣府令で定める基準に適合する財産的基礎を有しない法人

四　仮想通貨交換業を適正かつ確実に遂行する体制の整備が行われていない法人

五　資金決済法第３章の２の規定を遵守するために必要な体制の整備が行われていない法人

六　他の仮想通貨交換業者が現に用いている商号若しくは名称と同一の商号若しくは名称又は他の仮想通貨交換業者と誤認されるおそれのある商号若しくは名称を用いようとする法人

七　法第63条の17第１項若しくは第２項の規定により第63条の２の登録を取り消され、又はこの法律に相当する外国の法令の規定により当該外国において受けている同種類の登録（当該登録に類する許可その他の行政処分を含む。）を取り消され、その取消しの日から５年を経過しな

267

〔第4章〕 第2 仮想通貨交換業に関する法規制

　い法人

八　この法律若しくは出資の受入れ、預り金及び金利等の取締りに関する法律又はこれらに相当する外国の法令の規定に違反し、罰金の刑（これに相当する外国の法令による刑を含む。）に処せられ、その刑の執行を終わり、又はその刑の執行を受けることがなくなった日から5年を経過しない法人

九　他に行う事業が公益に反すると認められる法人

十　取締役若しくは監査役又は会計参与（外国仮想通貨交換業者にあっては、国内における代表者を含む。以下この章において「取締役等」という。）のうちに次のいずれかに該当する者のある法人

　　イ　成年被後見人若しくは被保佐人又は外国の法令上これらに相当する者

　　ロ　破産手続開始の決定を受けて復権を得ない者又は外国の法令上これに相当する者

　　ハ　禁錮以上の刑（これに相当する外国の法令による刑を含む。）に処せられ、その刑の執行を終わり、又はその刑の執行を受けることがなくなった日から5年を経過しない者

　　ニ　この法律、出資の受入れ、預り金及び金利等の取締りに関する法律若しくは暴力団員による不当な行為の防止等に関する法律又はこれらに相当する外国の法令の規定に違反し、罰金の刑（これに相当する外国の法令による刑を含む。）に処せられ、その刑の執行を終わり、又はその刑の執行を受けることがなくなった日から5年を経過しない者

　　ホ　仮想通貨交換業者が第63条の17第1項若しくは第2項の規定により第63条の2の登録を取り消された場合又は法人がこの法律に相当する外国の法令の規定により当該外国において受けている同種類の登録（当該登録に類する許可その他の行政処分を含む。）を取り消された

268

> 場合において、その取消しの日前30日以内にその法人の取締役等で
> あった者で、当該取消しの日から5年を経過しない者その他これに
> 準ずるものとして政令で定める者

　上記3号の登録拒否事由に関して、仮想通貨交換業には、財産的基礎とし
て資本金の額が1000万円以上であって債務超過でないことが求められている
が(仮想通貨府令9条)、事務ガイドラインによれば、業容や特性に応じた財産
的基礎を確保するよう努めることが求められており(事務ガイドライン16-Ⅱ
-1-2①)、登録時においても、そのための収支計画、態勢の整備などが考
慮されるものと考えられる。

　登録の申請を受けた管轄財務局長は、登録の要件を充足するか否かを審査
したうえで、登録の要件を充足する場合には、仮想通貨交換業者として登録
を行い、申請者にその旨通知する(資金決済法63条の4第2項)。他方、登録の
要件を充足しない場合には、遅滞なく、その理由を示して、その旨を申請者
に通知しなければならない(同法63条の5第2項)。

㈜　届出事項の変更

　仮想通貨交換業者は、届出事項の内容に変更があった場合は、遅滞なく、
管轄財務局長に届け出なければならない(資金決済法63条の6第1項)。

㈱　名義貸しの禁止

　仮想通貨交換業者は、他人にその仮想通貨交換業を行わせてはならない
(名義貸しの禁止:資金決済法63条の7)。ただし、これは業務委託等を禁止する
ものではない。業務委託については2(1)(ウ)に後述する。

〔第 4 章〕 第 2 仮想通貨交換業に関する法規制

2 仮想通貨交換業の行為規制

(1) 資金決済法上の行為規制

㈠ 行為規制の概要

資金決済法において、仮想通貨交換業者には、利用者保護の観点から、以下の行為規制が課されている。

---

① 情報の安全管理

② 委託先に対する指導

③ 利用者の保護等に関する措置

④ 利用者財産の管理

⑤ 金融 ADR

なお、仮想通貨交換業の行為規制は、資金決済法における資金移動業者および前払式支払手段の第三者型発行者に対する行為規制にパラレルな規制となっている。

㈡ 情報の安全管理

まず、仮想通貨交換業者は、仮想通貨交換業に係る情報の漏えい、滅失または毀損の防止その他の当該情報の安全管理のための必要な措置を講じなければならない(資金決済法63条の 8)。仮想通貨交換業は、その業務内容の特性から、電子情報処理の管理を十分に行うための措置を講じなければならず(仮想通貨府令12条)、また、個人利用者情報の安全管理措置を講じなければならない (同府令13条)。この点、個人利用者情報のうち、人権、信条、門地、本籍地、保健医療または犯罪経歴等のいわゆるセンシティブ情報の取扱いについても、適切な業務の運営の確保その他必要と認められる目的外の目的の

270

ために利用しないことを確保するための措置を講じなければならない（同府令14条）。

(ウ)　委託先に対する指導

次に、仮想通貨交換業者は、仮想通貨交換業の一部を第三者に対して委託した場合、当該委託に係る業務の委託先に対する指導その他の当該業務の適正かつ確実な遂行を確保するために必要な措置を講じなければならない（資金決済法63条の9、仮想通貨府令15条）。具体的には、委託先の選定基準等に関する社内規則等の策定、委託契約において仮想通貨交換業者が行ったと同様の利用者の権利確保、委託先における適切な情報管理などといった着眼点での対応が求められている（事務ガイドライン16－Ⅱ－2－3－3）。

(エ)　利用者の保護等に関する措置

仮想通貨交換業者は、情報不足による利用者の損害を防ぐため、仮想通貨と本邦通貨または外国通貨との誤認を防止するための説明、手数料その他の仮想通貨交換業に係る契約の内容についての情報の提供その他の仮想通貨交換業の利用者の保護を図り、および仮想通貨交換業の適正かつ確実な遂行を確保するために必要な措置を講じなければならない（資金決済法63条の10、仮想通貨府令16条）。そして、かかる措置に関する社内規則等の策定、従業員等に対する研修、委託先に対する指導等を行うための体制も整備しなければならない（同府令17条）。

(オ)　利用者財産の管理

仮想通貨交換業者は、利用者から預託を受けた資産の逸失を防止するため、その行う仮想通貨交換業に関して、仮想通貨交換業の利用者の金銭または仮想通貨を自己の金銭または仮想通貨と分別して管理しなければならない（資金決済法63条の11第1項）。金銭については金融機関への預貯金または信託業者への金銭信託の形式によることが、仮想通貨については利用者の仮想通貨と自己の固有財産である仮想通貨の明確な区分と利用者間の区分（帳簿により各利用者の数量が判別できる状態を含む）をして管理することが、それぞれ求

271

〔第4章〕 第2 仮想通貨交換業に関する法規制

められている（仮想通貨府令20条）。

　また、株式会社 MTGOX においては、その破綻時に帳簿上の顧客資産と実際の保有資産との間にかい離があったことから、このようなかい離が生じないように、その管理状況について、定期に公認会計士または監査法人の監査を受けなければならないとされている（資金決済法63条の11第2項、仮想通貨府令23条）。

(カ) 金融 ADR

　仮想通貨交換業者は、指定仮想通貨交換業務紛争解決機関が存在する場合には同機関と手続実施基本契約の締結義務が、同機関が存在しない場合には苦情処理処置および紛争解決措置の代替措置をとる義務がある（資金決済法63条の12）。

　金融庁所管の業者に横断的に課されている、いわゆる金融 ADR について、仮想通貨交換業者も漏れずその適用を受けることとなっているのである。

　この点、仮想通貨交換業者について現時点において指定 ADR 機関は存在せず、代替措置をとる必要がある。

　なお、行為規制としての金融 ADR に加えて、事務ガイドライン上も、仮想通貨交換業者には利用者保護のため苦情等への対処が求められている（事務ガイドライン16−II−2−5）。

(2) 犯罪収益移転防止法上の行為規制

　上記のとおり、マネーロンダリング規制の観点から仮想通貨交換業の規制の検討がスタートしたことから、仮想通貨交換業者は、犯罪収益移転防止法上の「特定事業者」に該当するものと改正され（同法2条2項31号）、取引時確認義務（同法4条）、確認記録の作成・保存義務（同法6条）、取引記録の作成・保存（同法7条）、疑わしい取引の届出（同法8条）、取引時確認等を的確に行うための措置の努力義務（同法11条）が課されている。

272

3 仮想通貨交換業への監督

　仮想通貨交換業の適切な実施のためには、仮想通貨交換業者が適切に行動する必要があることから、仮想通貨交換業者は所管財務局長の監督に服する。

　具体的には、仮想通貨交換業者は、帳簿書類等の作成・保存義務（資金決済法63条の13：具体的には取引記録、総勘定元帳、顧客勘定元帳等を作成・保存しなければならない（仮想通貨府令26条～28条））、所管財務局長に対する報告書の提出義務（同法63条の14）を負い、他方、所管財務局長は、仮想通貨交換業の業務の適正かつ確実な遂行のため、法定の要件を充足する場合には、立入検査等（同法63条の15）、業務改善命令（同法63条の16）、仮想通貨交換業者に対する登録の取消し等（同法27条）および監督処分の公告（同法63条の17）といった手段をとることができる。

第３　仮想通貨の法的性質と具体的問題点

1　仮想通貨の法的性質

ポイント

- 仮想通貨は、民法上の「通貨」でも「金銭」でもありません。
- ビットコインは、所有権の対象ではないが、所有権類似の物権的な権利を肯定する見解があり得ます。ただし、いかなる場合に所有権類似の物権的な権利を肯定できるか、考え方はさまざまです。たとえば、秘密鍵の管理者をもって、権利者とする考え方があります。
- ビットコインにつき物権的な権利を否定する見解でも、債権的な権利を肯定できる場合があります。
- ビットコインについていかなる権利を認めることができるかを検討するにあたっては、ビットコインの管理方法にも着目する必要があります。

(1)　仮想通貨は「通貨」か

仮想通貨は、その名称にもあるとおり、法律上の「通貨」なのだろうか。民法402条１項本文によれば、「債権の目的物が金銭であるときは、債務者は、その選択に従い、各種の通貨で弁済をすることができる」とされているところ、たとえば、代金債務について、仮想通貨で弁済することは可能かという

問題がある。

　この点、政府は、特にビットコインに関して、民法402条１項および２項における「通貨」とは、強制通用力を有する貨幣および日本銀行券であって、これを用いた金銭債務の弁済が当然に有効となるものをいうと解されており、強制通用力が法律上担保されていないビットコインは、当該「通貨」には該当しないと解している（ビットコインについて、平成26年３月７日付内閣参質186第28号答弁書「三について」参照）。これは仮想通貨一般に妥当すると考えられるところ、代金債務を仮想通貨で弁済しても、原則として弁済の効力は生じず、弁済の効力が生じるためには、別途代物弁済の合意をする必要がある。

　また、民法402条１項本文には「金銭」という用語も登場するが、私法上の「金銭」とは各種の「通貨」であり、仮想通貨は「通貨」ではない以上、「金銭」にも該当しない。したがって、仮想通貨を目的とする債務であっても、金銭債務の特則（民法419条）は適用されないと考えられる。

✸仮想通貨≠通貨
　⇨仮想通貨で金銭債務を弁済するには、別途代物弁済合意が必要。
✸仮想通貨≠金銭
　⇨仮想通貨の給付を目的とする債務の不履行について、損害の賠償の額は法定利率によって定められるとは限らない。
　⇨仮想通貨の給付を目的とする債務の不履行に基づく損害賠償請求について、不可抗力をもって抗弁とすることができる。

---

(2)　仮想通貨は所有権の対象たり得るか

　では、仮想通貨は所有権の対象となり得るだろうか。

　この点に関して、東京地判平成27年８月５日（平成26年(ワ)第33320号、判例集未登載）は、次のとおり述べる。

〔第4章〕 第3 仮想通貨の法的性質と具体的問題点

「民法は原則として、所有権を含む物権の客体（対象）を有体物に限定しているものである」。「また、所有権の対象となるには、有体物であることのほかに、所有権が客体である『物』に対する他人の利用を排除することができる権利であることから排他的に支配可能であること（排他的支配可能性）が、個人の尊厳が法の基本原理であることから非人格性が、要件になると解される」。

この点、「ビットコインは、『デジタル通貨（デジタル技術により創られたオルタナティヴ通貨）』あるいは『暗号学的通貨』であるとされており……、本件取引所の利用規約においても、『インターネット上のコモディティ（筆者注：一般化したため差別化が困難となった製品やサービスのことをいう）』とされていること……、その仕組みや技術は専らインターネット上のネットワークを利用したものであること……からすると、ビットコインには空間の一部を占めるものという有体性がないことは明らかである」。

また、ブロックチェーンに関するデータは多数の参加者が保有していること、秘密鍵は、ビットコインの送付先を指定するための識別情報となるビットコインアドレスを作成した参加者が管理・把握するものであり、他に開示されないこと、口座Ａから口座Ｂへのビットコインの送付は、口座Ａから口座Ｂに「送付されるビットコインを表象する電磁的記録」の送付により行われるのではなく、その実現には、送付の当事者以外の関与が必要であること、特定の参加者が作成し、管理するビットコインアドレスにおけるビットコインの有高（残量）は、ブロックチェーン上に記録されている同アドレスと関係するビットコインの全取引を差引計算した結果算出される数量であり、当該ビットコインアドレスに、有高に相当するビットコイン自体を表象する電磁的記録は存在しないことからすれば、「ビットコインアドレスの秘密鍵の管理者が、当該アドレスにおいて当該残量のビットコインを排他的に支配しているとは認められない」。

民法206条によれば、所有権は、法令の制限内において、自由にその所有

「物」の使用、収益および処分する権利であるとされており、民法85条によれば、「物」とは「有体物」をいうとされているが、上記裁判例のとおり、仮想通貨に有体性は認められず、所有権の対象にはならない。

なお、上記裁判例は、加えて、ビットコインの取引の基本構造から、ビットコインについては排他的支配可能性がないということも述べている。これについては、ペーパーウォレットについて所有権が問題になる可能性があったことから、それを見越して、排他的支配可能性についてもあらかじめ否定したのではないかという分析がある（鈴木尊明「判批」新・判例解説 Watch ◆民法（財産法）№.107（2016年）。ただし、ペーパーウォレットそれ自体の所有権が否定されるものではない）。

(3) 法的性質に関する各見解

⑦ はじめに

では、仮想通貨は、どのように法的に構成されるべきか。以下、仮想通貨の中でもビットコインを前提として、法的構成に関する各見解について概観することとする。

⑷ モノ説

(A) 概 要

所有権の対象たる「物」と認めることは難しいとしても、①ビットコインに、信頼性のある発行・管理主体は存在しておらず、②ビットコインは、それ自体に価値の認められるデータ・情報であり、売買・交換・仲介等を行う取引所等を通じて市場が形成されており、③アドレスと秘密鍵がわかれば他のビットコインとも区別・識別できることからすれば、ビットコインは、動産類似の価値のある「モノ」（改正前民法86条3項類推。ただし、同項は改正民法では削除されている）ととらえることが可能だとする見解がある（田中幸弘・遠藤元一「分散型暗号通貨・貨幣の法的問題と倒産法上の対応・規制の法的枠組み（上）―マウントゴックス社の再生手続開始申立て後の状況を踏まえて―」金法1995

277

〔第4章〕　第3　仮想通貨の法的性質と具体的問題点

号59頁)。この見解によれば、ビットコインについて所有権類似の権利関係を観念し得る余地があり、その他仮想通貨についても同様に考え得る可能性がある。以下では、仮想通貨について所有権類似の権利関係を肯定する考え方を「モノ説」と呼称する。

(B)　所有権類似の権利関係が認められる場合とは？

　次に、モノ説を前提とした場合でも、どのような場合にビットコインについて所有権類似の権利関係が認められるのかという問題がある。すなわち、第1章第3・2(3)のとおり、ビットコインの保管方法であるウォレットには複数の種類があるところ、それぞれの場合について、ウォレットに保管している者を所有権類似の権利を有する者と認めてよいのか、また、顧客がビットコインを取引所に預けている場合に、顧客につき所有権類似の権利関係を認めてよいのか、という問題である。

　この点、ビットコインは上述のとおり金銭ではないものの、モノとしての個性を有さないという点では金銭と類似していることからすれば、金銭と同じく、ビットコインについても、占有と所有が一致するという考え方も可能と考えられる（最判昭和39年1月24日判時365号26頁。以下、「一致説」という）。では、ビットコインの「占有」とは何かということが問題となるが、秘密鍵を保有している者のみがブロックチェーンを書き換えて他人にビットコインを送信することが可能であることからすれば、秘密鍵の保有者がビットコインを実質的に支配（＝占有）していると評価し得る（末廣裕亮「連載　FinTech深化に向けた制度のデザイン―新しい金融パラダイム実現のために　第3回　仮想通貨の私法上の取扱いについて」NBL1090号70頁参照。以下、「厳格説」という）。もっとも、ビットコインの支配（＝占有）については、秘密鍵を保有している場合に限らず、緩和して考えることも可能と考えられる（以下、「緩和説」という）。この点については、後記(4)において、ビットコインの管理方法に応じて触れることとする。

　以上に対して、ビットコインについては、あくまで金銭ではないというこ

278

とを強調し、占有と所有の一致を認めない考え方もあると思われるが（以下、「不一致説」という）、どのような場合に所有権類似の権利関係が認められるかということについて検討を要する。

(C) 問題点

モノ説は、仮想通貨の実情に照らして、仮想通貨について所有権類似の権利関係を肯定する見解であるが、知的財産権などと異なり、特段の法律の規定がないにもかかわらず、仮想通貨について所有権類似の権利関係を肯定することができるのか疑問がある。

(ウ) 債権説

(A) 概　要

次に、仮想通貨交換業者など第三者に対する債権として、ビットコインを法的に構成する見解がある（以下、「債権説」という）。この見解は、モノ説を採用する場合でも両立するものであるが、モノ説を採用しない場合には、特に債権的にビットコインを構成することが模索される。

(B) 問題点

後述のとおり、ビットコインの管理方法によっては、債権的に構成できない場合がある。

(エ) 合意構成

(A) 概　要

仮想通貨は、流通性こそが価値の源泉といえることから、流通性を基礎づける取引に関するルールの存在が必要と考えられるとし、当該ルールは、ネットワーク参加者が前提としている仕組みが最大限尊重されるべきであるところ、ビットコインの保有を可能としているのは、取引参加者全員が「合意」し、前提としている仕組みであり、そのような合意が一種のソフトローとなってシステム全体を支えているといえるとして、ビットコインやこれに類似する仮想通貨の取引ルールは、このような合意（参加者全員が従うことに合意している規範のようなもの）に根拠を求めるべきという見解がある（末廣・

〔第4章〕 第3 仮想通貨の法的性質と具体的問題点

前掲68頁）。この見解によれば、問題となる取引場面ごとに個別にルールを検討すれば足りるということとなる。ただし、当該ルールが、仕組み上の合意（オンチェーンの合意）なのか、ネットワーク外での合意（オフチェーンの合意）なのかという区分けが重要となる。

（B） 問題点

合意構成は、仮想通貨の法的性質に立ち入ったものではないため、具体的な問題が生じた場合に、仮想通貨の法的性質から演繹的に解決することができない。

(オ) 各見解のまとめ

各見解をまとめると、〔表14〕のとおりとなる。

〔表14〕 仮想通貨の法的構成に関する見解

見解			概要	問題点
モノ説	一致説	厳格説	ビットコインを動産類似の「モノ」と考え、所有権類似の権利関係を肯定する。⇒占有＝所有と考え、秘密鍵の保有者（占有者）がビットコインについて権利を有する。	所有権類似の権利関係を肯定する特段の法律の規定がない。
		緩和説	⇒占有＝所有と考えるが、ビットコインの占有者を秘密鍵の保有者に限らない。	
	不一致説		⇒占有≠所有と考える。	
債権説			取引所など第三者に対する債権として構成する。	債権として構成できない場合があり得る。
合意構成			明確な性質決定はせず、問題となる場面ごとにルールを検討する。	問題となる場面ごとに個別に検討しなければならない。

280

なお、政府は、ビットコインを金や骨董品のような「モノ」として認識しているのか、あるいは電磁的記録として認識しているのかという質問に対し、「お尋ねの『モノ』の内容が明らかでないが、いずれにしても、ビットコインの使用実態等が明らかでないため、ビットコインが『モノ』あるいはお尋ねの『電磁的記録』に該当するか否かをお答えすることは困難である」としている（平成26年3月18日内閣参質186第39号）。

このように、ビットコインの法的性質に関する政府の考え方は固まったものではない。そのため、今のところ、ビットコインについては、モノ説、債権説、合意構成のいずれの考え方も可能と考えられる。

(4) 仮想通貨の管理方法と権利性

(ア) はじめに

以上のとおり、ビットコインの法的構成については、複数の考え方があり得るが、ビットコインの管理方法によっても、権利性は変わり得ると考えられる。そこで、ビットコインの管理方法に応じて、モノ説および債権説から導かれる結論について検討する（合意構成は、ビットコインの法的性質に立ち入ったものではないため、ここでの検討からは除く）。なお、それぞれの説から導かれる結論の差異は、平時の場合、決して大きなものではないが、後述する倒産手続の場合には、顕著に現れることとなる。

(イ) ウォレットにより管理している場合

(A) クライアント型・オフライン型の場合

この場合、モノ説を前提とすると、占有についてどのような考え方をとろうとも、ウォレット開設者の「モノ」として、仮想通貨について、同人に所有権類似の権利を認めることができると考えられる。

これに対して、債権説によれば、債務者に該当する者が存在しないことから、仮想通貨について、債権的に構成することはできないと考えられる。

〔第4章〕 第3 仮想通貨の法的性質と具体的問題点

モノ説	ウォレット開設者に所有権類似の権利が認められる。
債権説	権利は認められない。

(B) オンライン型（秘密鍵ユーザー管理型）

　この場合、モノ説を前提とすると、占有についてどのような考え方をとろうとも、クライアント型・オフライン型と同じく、ウォレット開設者の「モノ」として、仮想通貨について、同人の所有権類似の権利を認めることができると考えられる。

　これに対し、債権説によれば、ウォレット開設者のビットコインに関する権利を導くような債権を肯定できるかが問題となる。たとえば、ウォレット開設者が有するビットコインの量を維持できるようオンライン型ウォレットのシステム維持を求める債権などを考えることができるが、ウォレット提供者が倒産した場合に、ウォレット開設者が有するビットコインに相当する額面の倒産債権になるのか検討が必要である。

モノ説	ウォレット開設者に所有権類似の権利が認められる。
債権説	ウォレット開設者がウォレット提供者に対して有する債権。

(C) オンライン型（秘密鍵ウォレット提供者管理型）

　この場合、モノ説を前提とした場合、秘密鍵をウォレット提供者が管理していることをどのように考えるかということが問題となる。まず、一致説のうち厳格説の場合には、ウォレット提供者が、仮想通貨について所有権類似の権利を有することになろう。

　これに対し、ウォレット提供者は、ウォレット開設者から委託を受けて秘密鍵を管理しており、ウォレット開設者から送金の指示があれば、それに従ってビットコインを送金する立場にあるところ、秘密鍵を管理しているのがウォレット提供者であるとしても、ウォレット開設者が実質的にビットコインを支配（＝占有）していると評価することも可能と考えられる（すなわち、

282

ウォレット開設者がビットコインを占有していると考えることとなる）。この考えによれば、ウォレット開設者がビットコインについて所有権類似の権利を有していることとなる。

　他方、ビットコインについて、不一致説によれば、ウォレット提供者がビットコインを支配（＝占有）しているとしても、ウォレット開設者がビットコインについて所有権類似の権利を有していると考えることになる。

　また、債権説によれば、ウォレット提供者を債務者として、ビットコインを債権的に構成できる可能性がある。もっとも、この場合も、ウォレット開設者のビットコインに関する権利を導くような債権を肯定できるかという問題がある。

見解			概要
モノ説	一致説	厳格説	ウォレット提供者が所有権類似の権利を有する。
		緩和説	ウォレット開設者が所有権類似の権利を有すると考えることも可能。
	不一致説		ウォレット開設者が所有権類似の権利を有すると考えることも可能。
債権説			ウォレット提供者に対する債権として構成する。

(ウ)　仮想通貨交換業者に預けている場合

　ウォレットではなく、顧客が仮想通貨交換業者にビットコインを預けている場合、顧客はどのような権利を有しているだろうか。

　まず、少なくとも、顧客は仮想通貨交換業者に対して、保管している仮想通貨に関し、売買、交換、両替、寄託等に関する契約に基づくビットコインの返還請求に準じた債権を有していると考えられることから（堀天子『実務解説　資金決済法〔第3版〕』352頁（商事法務・2017年））、顧客の権利を債権的に構成することは可能である。

　次に、モノ説を前提にした場合、秘密鍵は仮想通貨交換業者が管理しており、顧客はウォレットをダウンロードしたわけではなく、あくまでも仮想通

〔第4章〕 第3 仮想通貨の法的性質と具体的問題点

貨交換業者にビットコインを預けている状態になっていることから、一致説のうち、厳格説によれば、顧客に所有権類似の権利を認めることはできない。

　もっとも、緩和説を採用し、仮想通貨交換業者固有の口座とは別に顧客用口座にてビットコインを保管している場合には、実質的に自らのウォレットに保管している場合に相当すると考え、顧客の占有を観念するという考え方もあり得るものと思料される。この考え方による場合、顧客が有する権利は、仮想通貨交換業者における顧客のビットコインの保管方法に応じて、以下のとおり整理される（田中・遠藤・前掲60頁）。

〔表15〕　取引所の保管方法による顧客の権利

	保管方法	顧客の権利
同一口座型	顧客から預かっているビットコインを仮想通貨交換業者固有の口座に仮想通貨交換業者の保有するビットコインと混合して保管している場合	顧客に所有権類似の権利を肯定できない。
個別口座型	ビットコインが仮想通貨交換業者固有の口座とは別に顧客ごとの口座で分別管理されている場合	顧客に所有権類似の権利を肯定できる。
準個別口座型	仮想通貨交換業者の口座とは別に顧客用口座を設けているが、顧客ごとの分別管理がなされていない場合	全顧客が顧客用口座に管理されているビットコインについて所有権類似の権利を共有している。

　2018年にCoincheckから仮想通貨の一種であるNEMが流出した件が話題となったが、仮想通貨交換業者から仮想通貨が流出した場合、顧客は、仮想通貨の返還請求権に準じた債権を有すると考えられることから、仮想通貨交換業者に対して、仮想通貨の返還を求めることが可能と考えられる。もっとも、仮想通貨交換業者の手元に仮想通貨がない以上、仮想通貨交換業者の返

還債務は履行不能になっているものと考えられることから、顧客は仮想通貨交換業者に対して、履行不能に基づく損害賠償請求権を行使し、履行不能時の仮想通貨の価値に相当する損害の賠償を請求できると思料される。

モノ説を採用し、顧客に仮想通貨について所有権類似の権利が認められる場合には、顧客は、所有権類似の権利に基づき、仮想通貨交換業者に対して、仮想通貨の返還を求めることができると考えられるが、同じく、当該返還債務は履行不能になっていると考えられ、債権説の場合と同様の結論に至るものと考えられる。

(5) マイニングの位置づけ

ビットコインについては、「マイニング」とよばれるビットコインの新規発行過程があるところ、マイニングは民法上どのように位置づけられるだろうか。

モノ説の場合には、マイニングにより、いわばビットコインが原始取得されているものと評価できるだろう。

これに対して、債権説の場合には、マイニングによるビットコインの取得自体は、法的に位置づけがたい。マイニングによって取得されたビットコインをウォレット提供者が秘密鍵を管理するオンライン型ウォレットに移動したり、取引所に預けたりした場合に、ウォレット提供者や取引所に対する債権として初めて法的に位置づけられることになるものと考えられる。

2　具体的問題点の検討

───◆ポイント◆───

➢ビットコインの送金先を誤った場合、誤送金の相手方に対して、誤送金分のビットコインの返還を求めることができますが、強制執行が困

285

〔第4章〕 第3 仮想通貨の法的性質と具体的問題点

難であることに留意が必要です。

➤ ビットコインが盗まれた場合には、盗んだ人に対して、原則として盗まれた時点におけるビットコイン相当額の賠償を求めることができます。

➤ ビットコインの送金額を誤って多く送金した場合、多く送金した分のビットコインの返還を求めることができます。しかし、送金時の画面において、意思表示を行う意思の有無について確認を求める措置が講じられている場合において、錯誤が重過失による場合には、錯誤無効が認められず、多く送金した分のビットコインの返還を求めることはできません。

➤ 最近ではビットコインによる決済サービスを提供しているビットコイン取引所も存在します。万一、決済の途中でシステム障害等が発生し手続が滞った場合の法律関係は、消費者一加盟店・消費者一取引所・加盟店一取引所間の契約内容に左右される場合があるため、その内容には十分な留意が必要です。

(1) はじめに

以上で述べた仮想通貨の法的性質を前提として、仮想通貨を使用した取引で生じ得る具体的な問題点を検討する。以下では、ビットコインを前提として述べることとするが、仮想通貨一般にも妥当し得るものである。

(2) ビットコインの移転先を誤った場合

⑦ 問題の所在

AがBに対してビットコインを移転することを約していたが、誤ってCに移転してしまった場合、いわば誤送金のような事象が発生した場合（以下、便宜上「誤送金」という）、AないしCの権利関係はどのようになるだろうか。

286

〈図29〉 ビットコインの誤送金

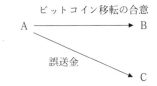

(イ) 不当利得返還請求権の行使
　(A) モノ説の場合
　モノ説によれば、Cに誤送金された時点で、Cは誤送金されたビットコインについて所有権類似の権利を取得すると考えられる。しかし、かかるCの受益には法律上の原因がなく、Aには誤送金に係るビットコイン分の損失が生じ、受益と損失との間に因果関係を認めることができることから、Aは、Cに対して、不当利得返還請求権を行使することができると考えられる。
　もっとも、この場合、特定された「AからCに誤送金されたビットコイン」の返還を求めることはできず（そもそも、「特定の参加者が作成し、管理するビットコインアドレスにおけるビットコインの有高（残量）は、ブロックチェーン上に記録されている同アドレスと関係するビットコインの全取引を差引計算した結果産出される数量であり、当該ビットコインアドレスに、有高に相当するビットコイン自体を表象する電磁的記録は存在しないこと」からすれば（前掲・東京地判平成27年8月5日）、「特定されたビットコイン」というものを観念することはできない）、金銭の不当利得と同じく、誤送金された分に相当するビットコインの返還を求めることができるにとどまる。
　(B) モノ説以外の場合
　モノ説によれば、当然にAの損失とCの受益を認めることができるが、上述のとおり、モノ説によらない場合には、個人のウォレットに保管しているビットコインについては、物権や債権が認められない可能性があるため、Aの損失とCの受益を認めることができるか問題となる。

〔第4章〕 第3 仮想通貨の法的性質と具体的問題点

　もっとも、この点、権利といえないでも財産的な利益と称し得るものを取得することは受益であるとされており（谷口知平・甲斐道太郎編『新版注釈民法(18)　債権(9)』422頁（有斐閣・2001年））、モノ説によらない場合でも、Aは、Cに対して、不当利得返還請求権を行使して、受益たる誤送金分のビットコインの返還を求めることができると考えられる。

(ウ)　強制執行

　CがAに対して、任意にビットコインを返還するのであれば問題はないが、Cが任意にビットコインの返還に応じない場合には、Aとしては、Cに対して訴訟を提起し、さらに強制執行を申し立てる必要がある。この場合、強制執行はどのような方法によることになるだろうか。

　現在のところ、強制執行について確定した方法はないものと思料されるが、前記のとおり、ビットコインは「金銭」ではないことから、金銭の支払いを目的としない債権の執行の方法によることになるものと思料される（とある箇所では、仮想通貨は金銭に類似すると述べているが、特に強制執行に関しては、財産を差し押さえても、ビットコインに換価されることは想定されていない。そのため、ここでは、金銭に類似しているとして、金銭債権の執行の方法によることはできないと思料される）。もっとも、金銭の支払いを目的としない債権の方法によるとしても、その中のいずれにも直接的には該当しない。

　しかし、モノ説、債権説のいずれであるかを問わず、強いていうならば、動産の引渡しの強制執行が最も本件に近いと思料される。この点、動産の引渡しの強制執行は、執行官が債務者からこれを取り上げて債権者に引き渡す方法により行うこととされているが（民事執行法169条1項）、これをビットコインにも当てはめると、執行官がCからビットコインを取り上げて、Aに引き渡す方法によることとなる。この場合、執行官としては、Cの秘密鍵を知る必要があるが、執行官がCの秘密鍵を強制的に確知する方法はない。そのため、Aとしては、結局、間接強制を申し立てる必要があると考えられるが（民事執行法173条1項・172条1項）、強い実効性が認められるものではない。

(エ) ビットコインがさらに処分された場合

〈図30〉 誤送金されたビットコインの処分

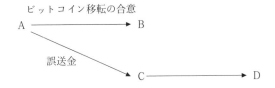

(A) Cに対する請求

では、CがすでにDに対して、ビットコインをすべて移転した場合はどのようになるだろうか。ビットコインは代替物であるため、Cとしては、新たにビットコインを調達してAに返還すべき義務があるのではないか問題となる。

この点につき、最判平成19年3月8日民集61巻2号479頁が、代替物を第三者に譲渡した場合の不当利得に関して、受益者による代替物の調達義務を否定したことに鑑みると、Cにおいて新たにビットコインを調達し、それをAに返還する義務はないと考えられる。Cとしては、Aに対して価額返還義務を負担するのみであると思料される。

では、Cとしては、いくら返還すればいいだろうか。この点について、前掲・最判平成19年3月8日は、受益者が、法律上の原因なく利得した代替性のある物を第三者に売却処分した場合には、損失者に対し、原則として、売却代金相当額の金員の不当利得返還義務を負うとしている。したがって、CはAに対して、Dにビットコインを売却した際の代金相当額を返還する義務を負うこととなると考えられる。

(B) Dに対する請求

それでは、AはDに対して、ビットコインの返還を求めることはできるだろうか。ビットコインは金銭ではないものの、金銭に代わるものとして利用

されている実態に鑑みれば、いわゆる「騙取金による弁済」と同じく考えることができる可能性がある。すなわち、DがCからビットコインを取得した際に、社会通念上Cのビットコインで D の利益を図ったと認められるだけの連結があり、Dが誤送金の事実を知らず、または知らないことにつき重過失がない場合には、Aに対してビットコインの返還義務を負わず、逆に悪意または重過失であれば、Aに対しビットコインを返還する義務を負うものと考えられる（最判昭和49年9月26日民集28巻6号1243頁）。AがDに対して求める義務の内容、強制執行の方法については、前記(ウ)を参照されたい。

〈図31〉　処分の相手方への請求

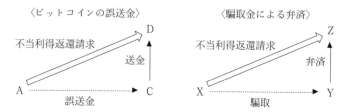

(3)　他者にビットコインを盗まれた場合

BがAのペーパーウォレット自体を盗んだり、Bが、Aがウォレットに保管し、または仮想通貨交換業者に預けているビットコインを無断でBや第三者に移転することにより盗んだりした場合は、どうなるだろうか。

まず、BがAのペーパーウォレットを窃取した場合には、BはAに対して、ペーパーウォレット自体の所有権に基づき、ペーパーウォレット自体の返還を求めることができる。もっとも、Bがすでにペーパーウォレットから B 自身や第三者にビットコインを移転している場合には、ペーパーウォレット自体の返還を求めても経済的な意味はない。

そこで、以上の場合や、ウォレットまたは仮想通貨交換業者に保管されているビットコインがAに無断でBや第三者に移転された場合には、AはBの

不法行為により、盗まれたビットコイン相当額の損害を被っていることから、不法行為に基づく損害賠償を請求することができる。この場合、損害賠償額算定の基準時は、原則として不法行為時（なお、ペーパーウォレットの場合には、ペーパーウォレットが窃取された時点で、そこで記録されているビットコインに対する支配を失っていることから、ペーパーウォレットが盗まれた時）となるが、仮にその後にビットコインの価格が騰貴したような場合には、Bが「ビットコインの価格騰貴」という特別の事情を予見すべきであった場合に限り、AはBに対し、騰貴後の価格に基づき損害の賠償を請求することができる。

(4) 送金額の入力ミス

ビットコインを送金する際に、送金額を誤って多く入力した場合はどのようになるだろうか。

ビットコインでの決済が許される場合は、「電子消費者契約」（「消費者と事業者との間で電磁的方法により電子計算機の映像面を介して締結される契約であって、事業者又はその委託を受けた者が当該映像面に表示する手続に従って消費者がその使用する電子計算機を用いて送信することによってその申込み又はその承諾の意思表示を行うもの」（電子消費者契約法2条1項））である場合が多いと思われる。この場合、原則として、消費者がその使用する電子計算機を用いて送信した時に事業者との間で電子消費者契約の申込みまたはその承諾の意思表示を行う意思がなかったとき、または当該電子消費者契約の申込みまたはその承諾の意思表示と異なる内容の意思表示を行う意思があったときは、民法95条ただし書（改正民法では95条3項）の規定は適用しないとされている（電子消費者契約法3条本文）。そのため、消費者が送金額を誤って多く入力した場合には、錯誤無効が認められる可能性が高い。そのため、この場合には、不当利得返還請求として、多く送金した分のビットコインの返還を求め得ると考えられる（不当利得返還請求については、前記(1)も参照されたい）。

もっとも、電子消費者契約法3条ただし書によれば、電子消費者契約の相

手方である事業者が、当該申込みまたはその承諾の意思表示に際して、電磁的方法によりその映像面を介して、その消費者の申込みもしくはその承諾の意思表示を行う意思の有無について確認を求める措置を講じた場合またはその消費者から当該事業者に対して当該措置を講ずる必要がない旨の意思の表明があった場合は、民法95条ただし書（改正民法95条3項）の適用は排除されない。したがって、送金時の画面において、意思表示を行う意思の有無について確認を求める措置が講じられている場合において、錯誤が重過失による場合には、錯誤無効は認められない。

(5) ビットコインによる決済をめぐる法的論点

(ア) ビットコイン決済の仕組み

ビットコイン取引所の中には、消費者が店舗で商品の販売やサービスの提供（以下、「商品の販売等」という）を受けた場合に、消費者と店舗の間の決済をビットコインで行うことができるサービス（以下、「ビットコイン決済」という）を提供しているものがある（以下、ビットコイン取引所の前記サービスを利用している店舗を「加盟店」という）。公共料金（電気代）の支払いや旅行会社への旅行代金の支払いの局面においてもビットコイン決済が導入されている例もあり、今後もビットコイン決済が可能な取引の範囲は拡大するものと思

〈図32〉 ビットコイン決済の仕組み

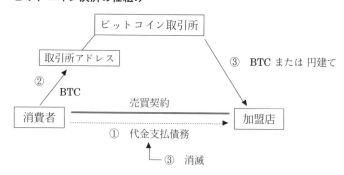

われる。

　ビットコイン決済の仕組みは、概ね、以下のとおりである（個々の取引所によって取扱いが異なると思われることから、以下で紹介する仕組みは、ビットコイン決済の一つの例である）。

①　消費者と加盟店の間で商品の販売等にかかる契約が締結される。これにより、消費者は加盟店に対する代金支払債務を負担する（〈図32〉①）。

②　消費者は、ビットコイン取引所が指定するビットコインアドレスに、当該代金相当額のビットコインを移転する（〈図32〉②）。その一方で、ビットコイン取引所は加盟店に対し当該代金相当額のビットコインを移転（付与）する（〈図32〉③）。

③　②の手続が完了した時点で、消費者の加盟店に対する代金支払債務は消滅する。

　なお、ビットコイン取引所の中には、上記②の手続において、加盟店の希望により、加盟店がビットコイン取引所から移転（付与）されたビットコインを自動的に換金して、円建てで受領することができるサービスを実施しているものも存在する。

⒤　ビットコイン決済をめぐる法的関係

⒜　消費者と加盟店との間の法律関係

　前記㋐で紹介した仕組みを前提とすれば、ビットコイン決済においては、消費者の加盟店に対する代金支払債務が、消費者によるビットコイン取引所が指定するビットコインアドレスへのビットコインの移転と、ビットコイン取引所による加盟店に対するビットコインの移転（付与）が完了した時点で消滅することが想定されている。

　これを法的に構成すれば、ビットコインが通貨ではないと解されていることとの関係上（前記1⑴）、消費者と加盟店の間では、前記手続が完了した時点で、消費者の代金支払債務を消滅させる旨の代物弁済合意が成立したものと理解することとなろう（これは代物弁済契約が要物契約であることに起因す

293

〔第4章〕 第3 仮想通貨の法的性質と具体的問題点

る）。この点、ビットコイン取引所は、消費者と加盟店との間の契約の当事者ではないことから、消費者の加盟店に対する代金支払債務の消滅時期については、消費者と加盟店との間の合意によって定められることとなる以上、ビットコイン決済の手続が何らかのトラブルにより滞った場合に備えて、消費者と加盟店の間で、代金債務の消滅時期等につき、明確な合意をしておくことが望ましいと考えられる。

(B) 消費者および加盟店とビットコイン取引所との間の法律関係

ビットコイン取引所は、消費者から代金額に相当するビットコインの移転を受けたうえ、加盟店に対しビットコインの移転（付与）を行うこととなる以上、消費者および加盟店とビットコイン取引所との間では、ビットコインの移転という事務の委託契約、すなわち、準委任契約が締結されていると構成することになる。

(ウ) ビットコイン決済の過程でシステム障害等が発生し、ビットコイン決済が完了できない場合の法的関係

(A) はじめに

ビットコイン決済の過程で、ビットコイン決済にかかるシステム障害等により手続が滞ってしまった場合、消費者と加盟店、加盟店とビットコイン取引所、消費者とビットコイン取引所の間の法律関係はどのように整理されるのであろうか。

以下、システム障害等が生じた時期を区別して検討する。

(B) 消費者によるビットコイン取引所への移転前に、システム障害が発生した場合

この場合、消費者の（管理する）ビットコインは移転していない以上、加盟店に対する消費者の代金支払債務が消滅することはない。したがって、消費者は加盟店に対し、依然として代金支払義務を負うことになる。

なお、消費者および加盟店は、システム障害等に起因して損害を被った場合には、ビットコイン取引所に対して、債務不履行に基づく損害賠償請求を

することが考えられる。

⒞　消費者によるビットコイン取引所への移転後、加盟店へのビットコイン
の移転（付与）前にシステム障害が発生した場合

この場合、消費者としては加盟店に支払うべき代金額に相当するビットコインをビットコイン取引所が指定するビットコインアドレスに移転している一方で、加盟店は、当該代金額に相当するビットコインの移転（付与）を受けられていない状態であることから、消費者の加盟店に対する代金支払義務が消滅しているか否か等をめぐり、問題が生ずることになる。

この点、消費者の加盟店に対する代金支払義務が消滅する時期については、消費者と加盟店の間の合意に基づき決定されることになると解されることから、まずは、消費者と加盟店の間でなされた合意の内容を確定することが必要となる。

仮に、前記㋐のように、消費者と加盟店の間で、消費者がビットコイン取引所（が指定するビットコインアドレス）に対し、代金額に相当するビットコインを移転し、かつ、加盟店がビットコイン取引所から当該代金額に相当するビットコインの移転（付与）を受けた時点で、消費者の加盟店に対する代金支払義務が消滅する旨の合意がなされている場合、加盟店へのビットコインの移転（付与）が完了していない以上、消費者の加盟店に対する代金支払債務は消滅していないことになるため、加盟店は消費者に対して、代金の支払いを請求することができると解される。この場合、消費者はビットコイン取引所に対し、債務不履行に基づく損害賠償請求を行うことができる（ビットコイン取引所が、消費者との関係において、自らの損害賠償責任を制限する旨の利用規約等を設けていた場合、かかる規程の有効性について、消費者契約法の適用を受けることに留意する必要がある）。

一方、前記㋐とは異なり、消費者と加盟店の間で、消費者がビットコイン取引所に代金額に相当するビットコインを移転する手続をした時点で、消費者の加盟店に対する代金支払債務が消滅する旨の合意がなされていた場合、

〔第4章〕第3　仮想通貨の法的性質と具体的問題点

消費者の加盟店に対する代金支払債務は消滅していることから、加盟店は消費者に対し、代金の支払いを請求することはできない。そのため、加盟店はビットコイン取引所に対し、債務不履行に基づく損害賠償請求を行うことになろうが、ビットコイン取引所は、システム障害等によりビットコイン決済に関しトラブルが発生した場合に備えて、加盟店との間の利用規約等において、損害賠償責任を制限する旨の規定を設けていることが多いと思われる。

〔表16〕　システム障害等で決済が完了しない場合の法律関係

	消費者による取引所への移転前	消費者による取引所への移転後、取引所から加盟店への移転前
消費者―加盟店間	代金支払債務は消滅しない	合意の内容による
消費者―取引所間	損害賠償の可能性〔消費者契約法に留意〕	損害賠償の可能性〔消費者契約法に留意〕
加盟店―取引所間	損害賠償の可能性	損害賠償の可能性

仮想通貨決済サービスに係る賠償責任保険の登場

　仮想通貨決済サービスの拡大に伴い、仮想通貨の決済に関して取引所が被る損害賠償責任を補塡するための賠償責任保険が開発されるに至っています。
　たとえば、株式会社bitFlyerと三井住友海上火災保険株式会社が共同開発した、仮想通貨決済サービスにかかわる損害賠償責任を補償する保険においては、①事業者が提供する決済サービスにおいて、一部加盟店を対象に決済代金の未収が発生した場合やサービスの運営に関連して事業者が被る損害賠償責任を補償したうえ、②弁護士および裁判に要する各種法定費用等の争訟費用も補償する内容になっています（http://www.ms-ins.com/news/fy2017/pdf/0630_1.pdf）。

また、コインチェック株式会社が東京海上日動火災保険株式会社と協力して開発した加盟店補償サービスは、「コインチェックの運営するビットコイン決済サービス『Coincheck Payment』の加盟店において、ビットコインネットワーク上の混雑等により、取引データが正しく承認されなかったことによる損失のうち、コインチェックの基準により認定された損失」を補填するものとなっています（http://corporate.coincheck.com/2017/06/30/11.html）。

　今後も仮想通貨による決済サービスの範囲の拡大に伴い、かかる賠償責任保険を提供する保険会社が増えてくる可能性がありますが、いかなる範囲の損害が補填されるのかについては、仮想通貨決済サービスを利用する前にしっかりと確認しておくことが必要になると思われます。

〔第4章〕 第4　仮想通貨と倒産・執行手続

第4　仮想通貨と倒産・執行手続

1　はじめに

　ビットコインの取引所である株式会社MTGOX（以下、「MTGOX」という）
が倒産した事件は、ビットコインを一躍有名にしたが、ビットコインを
MTGOXに預けていた顧客は破産債権者としてしか扱われなかったようであ
る。仮想通貨を仮想通貨交換業者に預ける者の権利が、倒産法上、倒産債権
としか扱われないのか、取戻権として扱われるのかでは、大きな違いがある。
以下では、これまで述べてきた仮想通貨の法的性質を踏まえながら、仮想通
貨が仮想通貨交換業者に預けられている場合のほか、ウォレットにおいて保
管されている場合について、仮想通貨が倒産手続上、どのように扱われるか
を検討する。

　また、今後、債務者がビットコインを保有している場合に、それをどのよ
うに差し押さえるのかという問題も生じると思われる。そこで、仮想通貨を
差し押さえる方法についても検討する。

2　倒産手続における取扱い

┌─◖◗ポイント◖◗─────────────────────
│ ➤ 顧客がビットコインを預けている仮想通貨交換業者が倒産した場合、

298

モノ説によらない場合には、顧客が有する権利は、仮想通貨交換業者の倒産手続において、倒産債権として扱われます。所有権類似の権利を肯定できるのであれば、取戻権として扱われます。

➤ 仮想通貨交換業者にビットコインを預けている顧客が破産した場合には、破産管財人がビットコインを換価することとなります。

➤ ウォレットにビットコインを保管している場合に、ウォレット提供者が倒産した場合、顧客の権利につき、所有権類似の権利を肯定できるのであれば、取戻権として扱われますが、それが認められない場合には、倒産債権として扱われることとなります。

(1) 仮想通貨交換業者に預けている場合

㋐ 仮想通貨交換業者が倒産した場合

(A) 仮想通貨の法的性質に基づく場合分け

まずは、仮想通貨交換業者に仮想通貨が預けられている場合に、仮想通貨交換業者が倒産した場合を考える。この場合、仮想通貨交換業者に預けられている仮想通貨の法的性質は、前記第3・1⑷㋒のとおり場合分けされる。

顧客の権利が取戻権として扱われるか否かは、顧客において所有権類似の権利が認められるか否かによる（前記第3・1⑷㋒参照）。

(B) 所有権類似の権利が認められない場合

まず、所有権類似の権利が認められない場合には、仮想通貨交換業者の顧客は、仮想通貨交換業者に預けた仮想通貨について所有権類似の権利を有さない。そのため、顧客の権利（保管している仮想通貨に関し、売買、交換、両替、寄託等に関する契約に基づくビットコインの返還請求に準じた債権）は倒産債権として扱われることとなる。

まず、破産手続の場合には、非金銭債権である財産上の債権も金銭債権に転化することとされているところ（破産法103条2項1号イ）、以上の債権も金

〔第4章〕 第4 仮想通貨と倒産・執行手続

銭債権に転化することとなる。MTGOX の破産手続では、このようにビット
コインを債権的に構成し、顧客に債権届出を促していたところである。

　次に、民事再生手続の場合には、破産手続のような非金銭債権の金銭債権
化に関する規定はないことから、非金銭債権として扱われることとなる。議
決権額については、「金銭の支払を目的としない債権」として再生手続開始時
点での評価額に応じたものになるものと思料される（民事再生法87条柱書）。

(C)　所有権類似の権利が認められる場合

　モノ説の場合で、分別管理型の場合には、実質的に自らのウォレットに保
管している場合に相当すると考え、顧客の占有を観念するという考え方によ
れば、顧客には取戻権が認められる。また、準分別管理型の場合には、少な
くとも仮想通貨交換業者の固有財産からは独立しているとして、顧客全員が
共有のウォレットに保管している場合に相当すると考え、顧客の取戻権を肯
定することも考えられる。この場合、取戻権の行使は持分権の行使としてな
されることとなる。

(イ)　顧客について倒産手続が開始した場合

　顧客について倒産手続が開始した場合、特に破産手続の場合、仮想通貨は
破産財団に帰属することとなる。破産管財人は、当該仮想通貨を市場にて第三
者に売却するなどして換価することになろう。もっとも、仮想通貨の価格は
市場において激しく変動するため、どの時点で換価するかということについ
て、破産管財人は難しい判断を迫られる。

(2)　ウォレットにより保管している場合

(ア)　クライアント型・オフライン型の場合

　この場合、ウォレット開設者について倒産手続が開始した場合を検討する
こととなる。この場合は、(1)(イ)の場合と同じく、破産手続の場合、仮想通貨
は破産財団に帰属し、破産管財人は当該仮想通貨を換価することとなる。

(イ)　オンライン型（秘密鍵ユーザー管理型）

300

ウォレット開設者について倒産手続が開始した場合は、(ア)と同様である。

これに対し、ウォレット提供者について倒産手続が開始した場合には、モノ説の場合、ウォレット開設者は取戻権を有するが、債権説の場合には、取戻権を観念することができない。前述のとおり、債権説の場合には、ウォレット開設者がウォレット提供者に対して有する債権が倒産債権として扱われる可能性がある。

(ウ) オンライン型（秘密鍵ウォレット提供者管理型）

ウォレット開設者について倒産手続が開始した場合は、(ア)と同様である。

これに対し、ウォレット提供者について倒産手続が開始した場合は、前記第3・1(4)(イ)(C)でのまとめを前提に、ウォレット開設者に所有権類似の権利が認められる場合には、ウォレット開設者が有する権利は取戻権となる。これに対し、ウォレット提供者に所有権類似の権利が認められない場合でも、ウォレット開設者がウォレット提供者に対して有する債権を観念できる場合には、ウォレット開設者が有する権利は倒産債権となる。

なお、ウォレット提供者に所有権類似の権利が認められる場合、ウォレット開設者について倒産手続が開始した場合には、ウォレット提供者は取戻権を行使することができてしまい、一見、ウォレット開設者は倒産手続の開始によりビットコインを失ってしまうようにも感じる。しかし、ウォレット開設者はウォレット提供者に対して、ビットコインに係る債権を有しており、当該ビットコインをすべて失ってしまうわけではない。

〔第4章〕　第4　仮想通貨と倒産・執行手続

3　仮想通貨と差押え

---◙ポイント◙---

> ビットコインを差し押さえる方法としては、ビットコインの法的構成に関する考え方を前提として、動産執行やその他財産権の執行の方法が考えられます。

> しかし、実効性に乏しいという問題があり、今後の立法的な対応がまたれます。

---

(1)　はじめに

次に、仮想通貨、特にビットコインを差し押さえることを考えてみる。差押えの方法は、ビットコインの法的性質や管理方法によることとなる。

(2)　ユーザーの債権者による差押え

㋐　ウォレットにより保管している場合

(A)　ペーパーウォレットの場合

債務者が、ペーパーウォレットにてビットコインを保管している場合、債権者としては、当該ペーパーウォレットを動産執行の方法により差し押さえることが可能であり、ペーパーウォレット自体が競売の対象となる。この場合、ペーパーウォレットを見る限り、いくらのビットコインが入っているのかわからないという問題がある。

(B)　クライアント型・オフライン型の場合

モノ説の場合、債権者によるビットコインの差押えの方法としては、動産に類似するものとして動産執行（民事執行法122条以下）の方法が考えられる。

動産執行は、執行官の目的物の差押えにより開始し（民事執行法122条1項）、

302

動産の差押えは、執行官がその動産を占有して行うこととされている（同法123条1項）。この点、どのような場合にビットコインを「占有」しているといえるかについては考えが分かれると思われるが、いずれにせよ、執行官において、債務者から秘密鍵を知る必要があるものと考えられる。しかし、債務者から強制的に秘密鍵を聞き出す術はない（土屋雅一「ビットコインと税務」税大ジャーナル23号（2014年）81頁～82頁）。

　ほかには、ビットコインが「その他の財産権」に該当するとして、その他の財産権の執行の方法によることが考え得る。この場合、第三債務者を観念できないことから、差押えの効力は、差押命令が債務者に送達された時に生ずると解されるが（民事執行法161条1項）、債務者が秘密鍵を管理している以上、債務者の協力なしにビットコインを移転することはできず、債務者が勝手に第三者にビットコインを移転することを止めることも困難である。

　他方、債権説の場合、クライアント型・オフライン型の場合には、第三債務者を観念することができないため、債権執行の方法によることはできない。もっとも、同じくその他の財産権に対する強制執行の方法によることは考え得るが、モノ説の場合と同様の問題点がある。

　いずれにせよ、具体的な執行方法については、立法的な対応がまたれる。

(C) オンライン型（秘密鍵ユーザー管理型）

　モノ説の場合、前記(B)と同じく、動産執行（またはその他の財産権の執行）の方法によることが考えられる。

　債権説の場合には、ウォレット提供者に対する債権を観念できれば、ウォレット提供者も差押命令の名宛人とすることで、債権執行（またはその他財産権の執行）の方法によることが考えられる。この場合、第三債務者であるウォレット提供者において、ウォレット開設者が秘密鍵を用いてビットコインを他に移転することなどを実質的に食い止める必要がある。

(D) オンライン型（秘密鍵ウォレット提供者管理型）

　モノ説の場合で、ウォレット開設者がビットコインを占有（＝所有）して

〔第4章〕 第4 仮想通貨と倒産・執行手続

いると考えた場合には、ウォレット開設者のモノであることから、動産執行（またはその他の財産権の執行）によることなるものと解される。もっとも、(B)と同様の問題点がある。

これに対し、モノ説の場合で、秘密鍵を管理するウォレット提供者がビットコインを占有（＝所有）していると考えた場合や、そもそも債権説の場合には、債権執行（またはその他の財産権の執行）によることになるものと解される。この場合、ウォレット提供者が秘密鍵を保有していることから、ウォレット開設者が秘密鍵を用いてビットコインを他に移転するというリスクは生じ難いと思料される。

(イ) 仮想通貨を仮想通貨交換業者に預けている場合

(A) はじめに

債務者が仮想通貨交換業者にビットコインを預けている場合、債権者としては、どのように仮想通貨を差し押さえることになるだろうか。

この点、仮想通貨交換業者における仮想通貨の保管方法としては、混合保管型、準分別保管型および分別保管型が考えられるところ、このような取引所における仮想通貨の保管方法も、差押えの方法に影響を与える。

(B) 混合保管型の場合

混合保管型の場合には、モノ説を前提としても、アドレスと秘密鍵とで他と区別・識別できるビットコインを保有しているわけではないことから、債務者が「モノ」たるビットコインを保有しているとは評価できない。そのため、混合保管型の場合には、ビットコインを「モノ」ととらえる見解を前提としても、債権的な構成を考えざるを得ない。

そこで、債権者としては、債務者が第三債務者たる仮想通貨交換業者に対して有する債権を債権執行（またはその他の財産権の執行）の方法により差し押さえることとなる（民事執行法143条以下）。この場合、仮想通貨交換業者は、債務者によるビットコインの処分を食い止める必要がある。

その他、顧客の仮想通貨交換業者に対する利用契約上の地位（仮想通貨アカ

ウント）を「その他財産権」に位置づけて、差押債権者が仮想通貨交換業者の承諾を得て仮想通貨アカウントを譲渡命令または売却命令で取得したうえで、仮想通貨アカウントに基づく権利行使の一環として売却指図を行って、仮想通貨交換業者から法定通貨の支払いを受けるという構成も指摘されている（高松志直「電子マネーおよび仮想通貨に対する強制執行」金法2067号50頁）。

(C) 準分別保管型・分別保管型の場合

モノ説の場合で緩和説の場合、準分別管理型または分別管理型の場合には、動産執行（またはその他の財産権執行）の方法によることが考えられる。

モノ説の場合で厳格説の場合や、債権説の場合には、債権執行（またはその他の財産権の執行）の方法によることとなる。仮想通貨交換業者が債務者によるビットコインの処分を食い止める必要があることは、(B)と同様である。

(D) 実　例

以上のとおり、仮想通貨交換業者に預けられた仮想通貨を差し押さえる方法については、仮想通貨の法的性質に照らしてさまざまな考え方があるところであるが、東京地裁では、第三債務者を仮想通貨交換業者とし、その利用者を債務者とする、債務者の第三債務者との間の仮想通貨の管理委託契約等に基づく返還請求権につき債権差押命令を発令した実例が出ており、差押債権目録は以下のとおりとなっている（藤井裕子「仮想通貨等に関する返還請求権の債権差押え」金法2079号6頁以下）。

【実際に発令された例】　債権差押目録（仮想通貨）

差押債権目録

金●円

　債務者と第三債務者との間の仮想通貨（資金決済に関する法律第2条第5項）の売買、交換、譲渡、両替、送付、貸借、管理、寄託等に関する契約に基づいて債務者が第三債務者に対して有する仮想通貨等（金銭を含む。）の返還請求権のうち、下記に記載する順序に従い、本差押命令が第三債務者に

〔第4章〕 第4 仮想通貨と倒産・執行手続

到達された時点における第三債務者の仮想通貨相場ないし電信買相場により日本円に換算した金額（手数料等を控除後の金額）において頭書金額に満つるまで。

記

1 差押え・仮差押えのない Ripple ウォレット（取引口座）と差押え・仮差押えのある Ripple ウォレット（取引口座）があるときは、⑴先行の差押え・仮差押えのないもの、⑵先行の差押え・仮差押えのあるものの順序による。

2 差押え・仮差押えのない Bitcoin ウォレット（取引口座）と差押え・仮差押えのある Bitcoin ウォレット（取引口座）があるときは、⑴先行の差押え・仮差押えのないもの、⑵先行の差押え・仮差押えのあるものの順序による。

3 数種の取引口座があるときは、⑴一般口座、⑵特別口座の順序による。

4 同種の取引口座が複数あるときは、取引口座に付された番号等の若い順序（アルファベットは数字に後れるものとし、アルファベットは A を最も若いものとする。）による。

5 取引口座に表示された通貨及び仮想通貨に係る請求権が複数あるときは、次の順序による。

⑴ 日本円（JPY）　⑵ Ripple　⑶ Bitcoin
⑷ Litecoin　⑸ Dogecoin　⑹ Stallar
⑺ RJP　⑻ Ethereum　⑼ Ethereum Classic
⑽ Augur　⑾ 外貨

以上

　これに対して、顧客の仮想通貨交換業者に対する利用契約上の地位の差押えを認めた例はまだみられない。

⒠ 仮想通貨交換業者による対応

　顧客が仮想通貨交換業者に対して有する債権や利用契約上地位を執行対象財産とする見解が登場した背景には、仮想通貨交換業者を第三債務者として執行手続に取り込むことにより、債務者による仮想通貨の処分を防止できる

306

との期待があったところ、実際にも、仮想通貨交換業者のサービス利用約款でも、顧客を債務者とする保全、執行または倒産手続の申立て等がなされた場合、仮想通貨交換業者は、通知・催告なしにサービスの提供を停止できる旨を定めている例が多い（石井教文「仮想通貨保有者からの債権回収」金法2092号4頁）。

もっとも、仮想通貨交換業者を第三債務者とする債権差押命令が発令された場合であっても、仮想通貨交換業者が「技術的に困難」であるとして、債務者である顧客のウォレットを凍結しない事例があるとされており（平成30年6月13日付日本経済新聞電子版記事、石井・前掲）、強制執行が不奏功に終わるリスクが認められる。仮想通貨に対する強制執行に応じている仮想通貨交換業者も存在するようであるが（前掲・日本経済新聞電子版記事）、仮想通貨に対する強制執行の実効性のため、立法的な対応が待たれる。

(3)　仮想通貨交換業者の債権者による差押え

仮想通貨交換業者は、ウォレットにてビットコインを保管しているものと考えられる。したがって、仮想通貨交換業者の債権者がビットコインを差し押さえる方法については、(2)(ア)を参照されたい。

307

参考資料

資料

参考資料

① 資金決済に関する法律（抄）

（平成21年6月24日法律第59号）

（最終改正：平成29年6月2日法律第49号）

第1章　総則

（目的）

第1条　この法律は、資金決済に関するサービスの適切な実施を確保し、その利用者等を保護するとともに、当該サービスの提供の促進を図るため、前払式支払手段の発行、銀行等以外の者が行う為替取引、仮想通貨の交換等及び銀行等の間で生じた為替取引に係る債権債務の清算について、登録その他の必要な措置を講じ、もって資金決済システムの安全性、効率性及び利便性の向上に資することを目的とする。

（定義）

第2条　この法律において「前払式支払手段発行者」とは、次条第6項に規定する自家型発行者及び同条第7項に規定する第三者型発行者をいう。

2　この法律において「資金移動業」とは、銀行等以外の者が為替取引（少額の取引として政令で定めるものに限る。）を業として営むことをいう。

3　この法律において「資金移動業者」とは、第37条の登録を受けた者をいう。

4　この法律において「外国資金移動業者」とは、この法律に相当する外国の法令の規定により当該外国において第37条の登録と同種類の登録（当該登録に類する許可その他の行政処分を含む。）を受けて為替取引を業として営む者をいう。

5　この法律において「仮想通貨」とは、次に掲げるものをいう。

一　物品を購入し、若しくは借り受け、又は役務の提供を受ける場合に、これらの代価の弁済のために不特定の者に対して使用することができ、かつ、不特定の者を相手方として購入及び売却を行うことができる財産的価値（電子機器その他の物に電子的方法により記録されているものに限り、本邦通貨及び外国通貨並びに通貨建資産を除く。次号において同じ。）であって、電子情報処理組織を用いて移転することができるもの

二　不特定の者を相手方として前号に掲げるものと相互に交換を行うことができる財産的価値であって、電子情報処理組織を用いて移転することができるもの

6　この法律において「通貨建資産」とは、本邦通貨若しくは外国通貨をもって表示され、又は本邦通貨若しくは外国通貨をもって債務の履行、払戻しその他これらに準ずるもの（以下この項において「債務の履行等」という。）が行われることとされている資産をいう。この場合において、通貨建資産をもって債務の履行等が行われることとされている資産は、通貨建資産とみなす。

7　この法律において「仮想通貨交換業」とは、次に掲げる行為のいずれかを業として行うことをいい、「仮想通貨の交換等」とは、第1号及び第2号に掲げる行為をいう。

一　仮想通貨の売買又は他の仮想通貨との交換

　　　　　　　　　　　　　　　　　　　　　　　　　　　　　　　　１　資金決済に関する法律（抄）

　二　前号に掲げる行為の媒介、取次ぎ又は代理
　三　その行う前２号に掲げる行為に関して、利用者の金銭又は仮想通貨の管理をすること。

8　この法律において「仮想通貨交換業者」とは、第63条の２の登録を受けた者をいう。

9　この法律において「外国仮想通貨交換業者」とは、この法律に相当する外国の法令の規定により当該外国において第63条の２の登録と同種類の登録（当該登録に類する許可その他の行政処分を含む。）を受けて仮想通貨交換業を行う者をいう。

10　この法律において「資金清算業」とは、為替取引に係る債権債務の清算のため、債務の引受け、更改その他の方法により、銀行等の間で生じた為替取引に基づく債務を負担することを業として行うことをいう。

11　この法律において「資金清算機関」とは、第64条第１項の免許を受けた者をいう。

12　この法律において「認定資金決済事業者協会」とは、第87条の規定による認定を受けた一般社団法人をいう。

13　この法律において「指定紛争解決機関」とは、第99条第１項の規定による指定を受けた者をいう。

14　この法律において「紛争解決等業務」とは、苦情処理手続（資金移動業又は仮想通貨交換業に関する苦情を処理する手続をいう。）及び紛争解決手続（資金移動業又は仮想通貨交換業に関する紛争で当事者が和解をすることができるものについて訴訟手続によらずに解決を図る手続をいう。第100条第３項を除き、以下同じ。）に係る業務並びにこれに付随する業務をいう。

15　この法律において「紛争解決等業務の種別」とは、紛争解決等業務に係る資金移動業務（資金移動業者が営む為替取引に係る業務をいう。第51条の２第１項第１号において同じ。）及び仮想通貨交換業務（仮想通貨交換業者が行う第７項各号に掲げる行為に係る業務をいう。第63条の12第１項第１号において同じ。）の種別をいう。

16　この法律において「信託会社等」とは、信託業法（平成16年法律第154号）第３条若しくは第53条第１項の免許を受けた信託会社若しくは外国信託会社又は金融機関の信託業務の兼営等に関する法律（昭和18年法律第43号）第１条第１項の認可を受けた金融機関をいう。

17　この法律において「銀行等」とは、次に掲げる者をいう。
　一　銀行法（昭和56年法律第59号）第２条第１項に規定する銀行
　二　長期信用銀行法（昭和27年法律第187号）第２条に規定する長期信用銀行
　三　信用金庫
　四　信用金庫連合会
　五　労働金庫
　六　労働金庫連合会
　七　信用協同組合
　八　中小企業等協同組合法（昭和24年法律第181号）第９条の９第１項第１号の事業を行

311

参考資料

う協同組合連合会

九　農業協同組合法（昭和22年法律第132号）第10条第1項第3号の事業を行う農業協同組合

十　農業協同組合法第10条第1項第3号の事業を行う農業協同組合連合会

十一　水産業協同組合法（昭和23年法律第242号）第11条第1項第4号の事業を行う漁業協同組合

十二　水産業協同組合法第87条第1項第4号の事業を行う漁業協同組合連合会

十三　水産業協同組合法第93条第1項第2号の事業を行う水産加工業協同組合

十四　水産業協同組合法第97条第1項第2号の事業を行う水産加工業協同組合連合会

十五　農林中央金庫

十六　株式会社商工組合中央金庫

18　この法律において「破産手続開始の申立て等」とは、破産手続開始の申立て、再生手続開始の申立て、更生手続開始の申立て、特別清算開始の申立て又は外国倒産処理手続の承認の申立て（外国の法令上これらに相当する申立てを含む。）をいう。

19　この法律において「銀行法等」とは、銀行法、長期信用銀行法、信用金庫法（昭和26年法律第238号）、労働金庫法（昭和28年法律第227号）、中小企業等協同組合法、協同組合による金融事業に関する法律（昭和24年法律第183号）、農業協同組合法、水産業協同組合法、農林中央金庫法（平成13年法律第93号）又は株式会社商工組合中央金庫法（平成19年法律第74号）をいう。

第2章　前払式支払手段

第1節　総則

（定義）

第3条　この章において「前払式支払手段」とは、次に掲げるものをいう。

一　証票、電子機器その他の物（以下この章において「証票等」という。）に記載され、又は電磁的方法（電子的方法、磁気的方法その他の人の知覚によって認識することができない方法をいう。以下この項において同じ。）により記録される金額（金額を度その他の単位により換算して表示していると認められる場合の当該単位数を含む。以下この号及び第3項において同じ。）に応ずる対価を得て発行される証票等又は番号、記号その他の符号（電磁的方法により証票等に記録される金額に応ずる対価を得て当該金額の記録の加算が行われるものを含む。）であって、その発行する者又は当該発行する者が指定する者（次号において「発行者等」という。）から物品を購入し、若しくは借り受け、又は役務の提供を受ける場合に、これらの代価の弁済のために提示、交付、通知その他の方法により使用することができるもの

二　証票等に記載され、又は電磁的方法により記録される物品又は役務の数量に応ずる対価を得て発行される証票等又は番号、記号その他の符号（電磁的方法により証票等に記録される物品又は役務の数量に応ずる対価を得て当該数量の記録の加算が行われ

① 資金決済に関する法律（抄）

るものを含む。）であって、発行者等に対して、提示、交付、通知その他の方法により、当該物品の給付又は当該役務の提供を請求することができるもの

2　この章において「基準日未使用残高」とは、前払式支払手段を発行する者が毎年3月31日及び9月30日（以下この章において「基準日」という。）までに発行したすべての前払式支払手段の当該基準日における未使用残高（次の各号に掲げる前払式支払手段の区分に応じ当該各号に定める金額をいう。）の合計額として内閣府令で定めるところにより算出した額をいう。

一　前項第1号の前払式支払手段　当該基準日において代価の弁済に充てることができる金額

二　前項第2号の前払式支払手段　当該基準日において給付又は提供を請求することができる物品又は役務の数量を内閣府令で定めるところにより金銭に換算した金額

3　この章において「支払可能金額等」とは、第1項第1号の前払式支払手段にあってはその発行された時において代価の弁済に充てることができる金額をいい、同項第2号の前払式支払手段にあってはその発行された時において給付又は提供を請求することができる物品又は役務の数量をいう。

4　この章において「自家型前払式支払手段」とは、前払式支払手段を発行する者（当該発行する者と政令で定める密接な関係を有する者（次条第5号及び第32条において「密接関係者」という。）を含む。以下この項において同じ。）から物品の購入若しくは借受けを行い、若しくは役務の提供を受ける場合に限り、これらの代価の弁済のために使用することができる前払式支払手段又は前払式支払手段を発行する者に対してのみ、物品の給付若しくは役務の提供を請求することができる前払式支払手段をいう。

5　この章において「第三者型前払式支払手段」とは、自家型前払式支払手段以外の前払式支払手段をいう。

6　この章において「自家型発行者」とは、第5条第1項の届出書を提出した者（第33条第1項の規定による発行の業務の全部の廃止の届出をした者であって、第20条第1項の規定による払戻しを完了した者を除く。）をいう。

7　この章において「第三者型発行者」とは、第7条の登録を受けた法人をいう。

8　この章において「基準期間」とは、基準日の翌日から次の基準日までの期間をいう。

（適用除外）

第4条　次に掲げる前払式支払手段については、この章の規定は、適用しない。

一　乗車券、入場券その他これらに準ずるものであって、政令で定めるもの

二　発行の日から政令で定める一定の期間内に限り使用できる前払式支払手段

三　国又は地方公共団体（次号において「国等」という。）が発行する前払式支払手段

四　法律により直接に設立された法人、特別の法律により特別の設立行為をもって設立された法人又は特別の法律により地方公共団体が設立者となって設立された法人であって、その資本金又は出資の額の全部が国等からの出資によるものその他の国等に準ずるものとして政令で定める法人が発行する前払式支払手段

313

参考資料

五　専ら発行する者（密接関係者を含む。）の従業員に対して発行される自家型前払式支払手段（専ら当該従業員が使用することとされているものに限る。）その他これに類するものとして政令で定める前払式支払手段

六　割賦販売法（昭和36年法律第159号）その他の法律の規定に基づき前受金の保全のための措置が講じられている取引に係る前払式支払手段として政令で定めるもの

七　その利用者のために商行為となる取引においてのみ使用することとされている前払式支払手段

第2節　自家型発行者

（自家型発行者の届出）

第5条　前払式支払手段を発行する法人（人格のない社団又は財団であって代表者又は管理人の定めのあるものを含む。）又は個人のうち、自家型前払式支払手段のみを発行する者は、基準日においてその自家型前払式支払手段の基準日未使用残高がその発行を開始してから最初に基準額（第14条第1項に規定する基準額をいう。）を超えることとなったときは、内閣府令で定めるところにより、次に掲げる事項を記載した届出書を内閣総理大臣に提出しなければならない。自家型前払式支払手段の発行の業務の全部を廃止した後再びその発行を開始したときも、同様とする。

一　氏名、商号又は名称及び住所

二　法人にあっては、資本金又は出資の額

三　前払式支払手段の発行の業務に係る営業所又は事務所の名称及び所在地

四　法人（人格のない社団又は財団であって代表者又は管理人の定めのあるものを含む。）にあっては、その代表者又は管理人の氏名

五　当該基準日における基準日未使用残高

六　前払式支払手段の種類、名称及び支払可能金額等

七　物品の購入若しくは借受けを行い、若しくは役務の提供を受ける場合にこれらの代価の弁済のために使用し、又は物品の給付若しくは役務の提供を請求することができる期間又は期限が設けられているときは、当該期間又は期限

八　前払式支払手段の発行の業務の内容及び方法

九　前払式支払手段の発行及び利用に関する利用者からの苦情又は相談に応ずる営業所又は事務所の所在地及び連絡先

十　その他内閣府令で定める事項

2　前項の届出書には、財務に関する書類その他の内閣府令で定める書類を添付しなければならない。

3　自家型発行者は、第1項各号（第5号を除く。）に掲げる事項のいずれかに変更があったときは、遅滞なく、その旨を内閣総理大臣に届け出なければならない。

（自家型発行者名簿）

第6条　内閣総理大臣は、自家型発行者について、自家型発行者名簿を作成し、これを公

314

衆の縦覧に供しなければならない。

第3節　第三者型発行者

（第三者型発行者の登録）

第7条　第三者型前払式支払手段の発行の業務は、内閣総理大臣の登録を受けた法人でなければ、行ってはならない。

（登録の申請）

第8条　前条の登録を受けようとする者は、内閣府令で定めるところにより、次に掲げる事項を記載した登録申請書を内閣総理大臣に提出しなければならない。

一　商号又は名称及び住所

二　資本金又は出資の額

三　前払式支払手段の発行の業務に係る営業所又は事務所の名称及び所在地

四　役員の氏名又は名称

五　前払式支払手段の種類、名称及び支払可能金額等

六　物品の購入若しくは借受けを行い、若しくは役務の提供を受ける場合にこれらの代価の弁済のために使用し、又は物品の給付若しくは役務の提供を請求することができる期間又は期限が設けられているときは、当該期間又は期限

七　前払式支払手段の発行の業務の内容及び方法

八　前払式支払手段の発行及び利用に関する利用者からの苦情又は相談に応ずる営業所又は事務所の所在地及び連絡先

九　その他内閣府令で定める事項

2　前項の登録申請書には、第10条第1項各号に該当しないことを誓約する書面、財務に関する書類その他の内閣府令で定める書類を添付しなければならない。

（第三者型発行者登録簿）

第9条　内閣総理大臣は、第7条の登録の申請があったときは、次条第1項の規定によりその登録を拒否する場合を除くほか、次に掲げる事項を第三者型発行者登録簿に登録しなければならない。

一　前条第1項各号に掲げる事項

二　登録年月日及び登録番号

2　内閣総理大臣は、前項の規定による登録をしたときは、遅滞なく、その旨を登録申請者に通知しなければならない。

3　内閣総理大臣は、第三者型発行者登録簿を公衆の縦覧に供しなければならない。

（登録の拒否）

第10条　内閣総理大臣は、登録申請者が次の各号のいずれかに該当するとき、又は登録申請書若しくはその添付書類のうちに重要な事項について虚偽の記載があり、若しくは重要な事実の記載が欠けているときは、その登録を拒否しなければならない。

一　法人でないもの（外国の法令に準拠して設立された法人で国内に営業所又は事務所

参考資料

を有しないものを含む。）

二　次のいずれにも該当しない法人

イ　純資産額が、発行する前払式支払手段の利用が可能な地域の範囲その他の事情に照らして政令で定める金額以上である法人

ロ　営利を目的としない法人で政令で定めるもの

三　前払式支払手段により購入若しくは借受けを行い、若しくは給付を受けることができる物品又は提供を受けることができる役務が、公の秩序又は善良の風俗を害し、又は害するおそれがあるものでないことを確保するために必要な措置を講じていない法人

四　加盟店（前払式支払手段により購入若しくは借受けを行い、若しくは給付を受けることができる物品の販売者若しくは貸出人又は提供を受けることができる役務の提供者をいう。第32条において同じ。）に対する支払を適切に行うために必要な体制の整備が行われていない法人

五　この章の規定を遵守するために必要な体制の整備が行われていない法人

六　他の第三者型発行者が現に用いている商号若しくは名称と同一の商号若しくは名称又は他の第三者型発行者と誤認されるおそれのある商号若しくは名称を用いようとする法人

七　第27条第1項若しくは第2項の規定により第7条の登録を取り消され、又はこの法律（この章の規定及び当該規定に係る第8章の規定に限る。以下この項において同じ。）に相当する外国の法令の規定により当該外国において受けている同種類の登録（当該登録に類する許可その他の行政処分を含む。第9号ホにおいて同じ。）を取り消され、その取消しの日から3年を経過しない法人

八　この法律又はこの法律に相当する外国の法令の規定により罰金の刑（これに相当する外国の法令による刑を含む。次号ニにおいて同じ。）に処せられ、その刑の執行を終わり、又はその刑の執行を受けることがなくなった日から3年を経過しない法人

九　役員のうちに次のいずれかに該当する者のある法人

イ　成年被後見人若しくは被保佐人又は外国の法令上これらに相当する者

ロ　破産手続開始の決定を受けて復権を得ない者又は外国の法令上これに相当する者

ハ　禁錮以上の刑（これに相当する外国の法令による刑を含む。）に処せられ、その刑の執行を終わり、又はその刑の執行を受けることがなくなった日から3年を経過しない者

ニ　この法律又はこの法律に相当する外国の法令の規定により罰金の刑に処せられ、その刑の執行を終わり、又はその刑の執行を受けることがなくなった日から3年を経過しない者

ホ　第三者型発行者が第27条第1項若しくは第2項の規定により第7条の登録を取り消された場合又は法人がこの法律に相当する外国の法令の規定により当該外国において受けている同種類の登録を取り消された場合において、その取消しの日前30日

以内にその法人の役員であった者で、当該取消しの日から３年を経過しない者その他これに準ずるものとして政令で定める者

2　内閣総理大臣は、前項の規定により登録を拒否したときは、遅滞なく、その理由を示して、その旨を登録申請者に通知しなければならない。

（変更の届出）

第11条　第三者型発行者は、第８条第１項各号に掲げる事項のいずれかに変更があったときは、遅滞なく、その旨を内閣総理大臣に届け出なければならない。

2　内閣総理大臣は、前項の規定による届出を受理したときは、届出があった事項を第三者型発行者登録簿に登録しなければならない。

（名義貸しの禁止）

第12条　第三者型発行者は、自己の名義をもって、他人に第三者型前払式支払手段の発行の業務を行わせてはならない。

第４節　情報の提供、発行保証金の供託その他の義務

（情報の提供）

第13条　前払式支払手段発行者は、前払式支払手段を発行する場合には、内閣府令で定めるところにより、次に掲げる事項に関する情報を利用者に提供しなければならない。

一　氏名、商号又は名称

二　前払式支払手段の支払可能金額等

三　物品の購入若しくは借受けを行い、若しくは役務の提供を受ける場合にこれらの代価の弁済のために使用し、又は物品の給付若しくは役務の提供を請求することができる期間又は期限が設けられているときは、当該期間又は期限

四　前払式支払手段の発行及び利用に関する利用者からの苦情又は相談に応ずる営業所又は事務所の所在地及び連絡先

五　その他内閣府令で定める事項

2　前払式支払手段発行者が加入する認定資金決済事業者協会が当該前払式支払手段発行者に係る前項第４号及び第５号に掲げる事項を前払式支払手段の利用者に周知する場合その他の内閣府令で定める場合には、当該前払式支払手段発行者は、同項の規定にかかわらず、当該事項について同項の規定による情報の提供をすることを要しない。

（発行保証金の供託）

第14条　前払式支払手段発行者は、基準日未使用残高が政令で定める額（以下この章において「基準額」という。）を超えるときは、当該基準日未使用残高の２分の１の額（以下この章において「要供託額」という。）以上の額に相当する額の発行保証金を、内閣府令で定めるところにより、主たる営業所又は事務所の最寄りの供託所に供託しなければならない。

2　前払式支払手段発行者は、第31条第１項の権利の実行の手続の終了その他の事実の発生により、発行保証金の額（次条に規定する保全金額及び第16条第１項に規定する信託

財産の額の合計額を含む。第18条第2号及び第23条第1項第3号において同じ。）がその
事実が発生した日の直前の基準日における要供託額（第20条第1項の規定による払戻し
の手続又は第31条第1項の権利の実行の手続が終了した日の直前の基準日にあっては、
これらの手続に係る前払式支払手段がないものとみなして内閣府令で定める方法により
計算された額）に不足することとなったときは、内閣府令で定めるところにより、その
不足額について供託を行い、遅滞なく、その旨を内閣総理大臣に届け出なければならな
い。

3 　発行保証金は、国債証券、地方債証券その他の内閣府令で定める債券（社債、株式等
の振替に関する法律（平成13年法律第75号）第278条第1項に規定する振替債を含む。第
16条第3項において同じ。）をもってこれに充てることができる。この場合において、当
該債券の評価額は、内閣府令で定めるところによる。

（発行保証金保全契約）

第15条 　前払式支払手段発行者は、政令で定めるところにより、発行保証金保全契約（政
令で定める要件を満たす銀行等その他政令で定める者が前払式支払手段発行者のために
内閣総理大臣の命令に応じて発行保証金を供託する旨の契約をいう。以下この章におい
て同じ。）を締結し、その旨を内閣総理大臣に届け出たときは、当該発行保証金保全契約
の効力の存する間、保全金額（当該発行保証金保全契約において供託されることとなっ
ている金額をいう。第17条において同じ。）につき、発行保証金の全部又は一部の供託を
しないことができる。

（発行保証金信託契約）

第16条 　前払式支払手段発行者は、信託会社等との間で、発行保証金信託契約（当該信託
会社等が内閣総理大臣の命令に応じて信託財産を発行保証金の供託に充てることを信託
の目的として当該信託財産の管理その他の当該目的の達成のために必要な行為をすべき
旨の信託契約をいう。以下この章において同じ。）を締結し、内閣総理大臣の承認を受け
たときは、当該発行保証金信託契約に基づき信託財産が信託されている間、当該信託財
産の額につき、発行保証金の全部又は一部の供託をしないことができる。

2 　発行保証金信託契約は、次に掲げる事項をその内容とするものでなければならない。

一 　発行保証金信託契約を締結する前払式支払手段発行者が発行する前払式支払手段の
保有者を受益者とすること。

二 　受益者代理人を置いていること。

三 　内閣総理大臣の命令に応じて、信託会社等が信託財産を換価し、供託をすること。

四 　その他内閣府令で定める事項

3 　発行保証金信託契約に基づき信託される信託財産の種類は、金銭若しくは預貯金（内
閣府令で定めるものに限る。）又は国債証券、地方債証券その他の内閣府令で定める債券
に限るものとする。この場合において、当該債券の評価額は、内閣府令で定めるところ
による。

（供託命令）

　　　　　　　　　　　　　　　　　　　　　　　　　　　　　　1　資金決済に関する法律（抄）

第17条　内閣総理大臣は、前払式支払手段の利用者の利益の保護のために必要があると認めるときは、発行保証金保全契約若しくは発行保証金信託契約を締結した前払式支払手段発行者又はこれらの契約の相手方に対し、保全金額又は信託財産を換価した額の全部又は一部を供託すべき旨を命ずることができる。

（発行保証金の取戻し等）

第18条　発行保証金は、次の各号のいずれかに該当する場合には、政令で定めるところにより、その全部又は一部を取り戻すことができる。

　一　基準日未使用残高が基準額以下であるとき。

　二　発行保証金の額が要供託額を超えるとき。

　三　第31条第1項の権利の実行の手続が終了したとき。

　四　前3号に掲げるもののほか、前払式支払手段の利用者の利益の保護に支障がない場合として政令で定める場合

（発行保証金の保管替えその他の手続）

第19条　この節に規定するもののほか、前払式支払手段発行者の主たる営業所又は事務所の所在地の変更に伴う発行保証金の保管替えその他発行保証金の供託に関し必要な事項は、内閣府令・法務省令で定める。

（保有者に対する前払式支払手段の払戻し）

第20条　前払式支払手段発行者は、次の各号のいずれかに該当するときは、前払式支払手段の保有者に、当該前払式支払手段の残高として内閣府令で定める額を払い戻さなければならない。

　一　前払式支払手段の発行の業務の全部又は一部を廃止した場合（相続又は事業譲渡、合併若しくは会社分割その他の事由により当該業務の承継が行われた場合を除く。）

　二　当該前払式支払手段発行者が第三者型発行者である場合において、第27条第1項又は第2項の規定により第7条の登録を取り消されたとき。

　三　その他内閣府令で定める場合

2　前払式支払手段発行者は、前項の規定により払戻しをしようとする場合には、内閣府令で定めるところにより、次に掲げる事項を公告するとともに、当該事項に関する情報を当該払戻しに係る前払式支払手段の保有者に提供しなければならない。

　一　当該払戻しをする旨

　二　当該払戻しに係る前払式支払手段の保有者は、60日を下らない一定の期間内に債権の申出をすべきこと。

　三　前号の期間内に債権の申出をしない前払式支払手段の保有者は、当該払戻しの手続から除斥されるべきこと。

　四　その他内閣府令で定める事項

3　会社法（平成17年法律第86号）第940条第1項（第3号に係る部分に限る。）及び第3項の規定は、前払式支払手段発行者（会社に限る。）が電子公告（同法第2条第34号に規定する電子公告をいう。次項において同じ。）により前項の規定による公告をする場合に

　　　　　　　　　　　　　　　　　　　　　　　　　　　　　　　　　　　　319

参考資料

ついて準用する。この場合において、必要な技術的読替えは、政令で定める。

4　会社法第940条第1項（第3号に係る部分に限る。）及び第3項、第941条、第946条、第947条、第951条第2項、第953条並びに第955条の規定は、前払式支払手段発行者（外国会社に限る。）が電子公告により第2項の規定による公告をする場合について準用する。この場合において、必要な技術的読替えは、政令で定める。

5　前払式支払手段発行者は、第1項各号に掲げる場合を除き、その発行する前払式支払手段について、保有者に払戻しをしてはならない。ただし、払戻金額が少額である場合その他の前払式支払手段の発行の業務の健全な運営に支障が生ずるおそれがない場合として内閣府令で定める場合は、この限りでない。

（情報の安全管理）

第21条　前払式支払手段発行者は、内閣府令で定めるところにより、その発行の業務に係る情報の漏えい、滅失又はき損の防止その他の当該情報の安全管理のために必要な措置を講じなければならない。

（苦情処理に関する措置）

第21条の2　前払式支払手段発行者は、前払式支払手段の発行及び利用に関する利用者からの苦情の適切かつ迅速な処理のために必要な措置を講じなければならない。

第5節　監督

（帳簿書類）

第22条　前払式支払手段発行者は、内閣府令で定めるところにより、その前払式支払手段の発行の業務に関する帳簿書類を作成し、これを保存しなければならない。

（報告書）

第23条　前払式支払手段発行者は、基準日ごとに、内閣府令で定めるところにより、次に掲げる事項を記載した前払式支払手段の発行の業務に関する報告書を作成し、内閣総理大臣に提出しなければならない。

一　当該基準日を含む基準期間において発行した前払式支払手段の発行額

二　当該基準日における前払式支払手段の基準日未使用残高

三　当該基準日未使用残高に係る発行保証金の額

四　その他内閣府令で定める事項

2　前項の報告書には、財務に関する書類その他の内閣府令で定める書類を添付しなければならない。

3　自家型発行者については、基準日未使用残高が基準額以下となった基準日の翌日から当該基準日以後の基準日であって再び基準日未使用残高が基準額を超えることとなった基準日の前日までの間の基準日については、第1項の規定は、適用しない。

（立入検査等）

第24条　内閣総理大臣は、前払式支払手段発行者の発行の業務の健全かつ適切な運営を確保するために必要があると認めるときは、当該前払式支払手段発行者に対し当該前払式

320

支払手段発行者の業務若しくは財産に関し参考となるべき報告若しくは資料の提出を命じ、又は当該職員に当該前払式支払手段発行者の営業所、事務所その他の施設に立ち入らせ、その業務若しくは財産の状況に関して質問させ、若しくは帳簿書類その他の物件を検査させることができる。

2　内閣総理大臣は、前払式支払手段発行者の発行の業務の健全かつ適切な運営を確保するため特に必要があると認めるときは、その必要の限度において、当該前払式支払手段発行者から業務の委託を受けた者（その者から委託（2以上の段階にわたる委託を含む。）を受けた者を含む。以下この条及び第32条において同じ。）に対し当該前払式支払手段発行者の業務若しくは財産に関し参考となるべき報告若しくは資料の提出を命じ、又は当該職員に当該前払式支払手段発行者から業務の委託を受けた者の施設に立ち入らせ、当該前払式支払手段発行者の業務若しくは財産の状況に関して質問させ、若しくは帳簿書類その他の物件を検査させることができる。

3　前項の前払式支払手段発行者から業務の委託を受けた者は、正当な理由があるときは、同項の規定による報告若しくは資料の提出又は質問若しくは検査を拒むことができる。

（業務改善命令）

第25条　内閣総理大臣は、前払式支払手段発行者の前払式支払手段の発行の業務の運営に関し、前払式支払手段の利用者の利益を害する事実があると認めるときは、その利用者の利益の保護のために必要な限度において、当該前払式支払手段発行者に対し、当該業務の運営の改善に必要な措置をとるべきことを命ずることができる。

（自家型発行者に対する業務停止命令）

第26条　内閣総理大臣は、自家型発行者が次の各号のいずれかに該当するときは、6月以内の期間を定めてその発行の業務の全部又は一部の停止を命ずることができる。

一　この法律若しくはこの法律に基づく命令又はこれらに基づく処分に違反したとき。

二　その発行する前払式支払手段に係る第31条第1項の権利の実行が行われるおそれがある場合において、当該前払式支払手段の利用者の被害の拡大を防止することが必要であると認められるとき。

（第三者型発行者に対する登録の取消し等）

第27条　内閣総理大臣は、第三者型発行者が次の各号のいずれかに該当するときは、第7条の登録を取り消し、又は6月以内の期間を定めてその第三者型前払式支払手段の発行の業務の全部若しくは一部の停止を命ずることができる。

一　第10条第1項各号に該当することとなったとき。

二　不正の手段により第7条の登録を受けたとき。

三　この法律若しくはこの法律に基づく命令又はこれらに基づく処分に違反したとき。

四　その発行する前払式支払手段に係る第31条第1項の権利の実行が行われるおそれがある場合において、当該前払式支払手段の利用者の被害の拡大を防止することが必要であると認められるとき。

2　内閣総理大臣は、第三者型発行者の営業所若しくは事務所の所在地を確知できないと

参考資料

き、又は第三者型発行者を代表する役員の所在を確知できないときは、内閣府令で定めるところにより、その事実を公告し、その公告の日から30日を経過しても当該第三者型発行者から申出がないときは、当該第三者型発行者の第7条の登録を取り消すことができる。

3　前項の規定による処分については、行政手続法（平成5年法律第88号）第3章の規定は、適用しない。

（登録の抹消）

第28条　内閣総理大臣は、前条第1項若しくは第2項の規定により第7条の登録を取り消したとき、又は第33条第2項の規定により第7条の登録がその効力を失ったときは、当該登録を抹消しなければならない。

（監督処分の公告）

第29条　内閣総理大臣は、第26条又は第27条第1項若しくは第2項の規定による処分をしたときは、内閣府令で定めるところにより、その旨を公告しなければならない。

第6節　雑則

（基準日に係る特例）

第29条の2　前払式支払手段発行者が、内閣府令で定めるところにより、この項の規定の適用を受けようとする旨その他内閣府令で定める事項を記載した届出書を内閣総理大臣に提出した場合には、当該届出書を提出した日後における当該前払式支払手段発行者についての第3条第2項の規定の適用については、同項中「及び9月30日」とあるのは、「、6月30日、9月30日及び12月31日」として、この章の規定を適用する。この場合において、必要な技術的読替えは、政令で定める。

2　前項の規定の適用を受けている前払式支払手段発行者が、内閣府令で定めるところにより、同項の規定の適用を受けることをやめようとする旨その他内閣府令で定める事項を記載した届出書を内閣総理大臣に提出した場合には、当該前払式支払手段発行者については、当該届出書を提出した日（当該提出した日の属する基準期間が特例基準日（毎年6月30日及び12月31日をいう。）の翌日から次の通常基準日（毎年3月31日及び9月30日をいう。以下この項において同じ。）までの期間である場合にあっては、当該通常基準日。以下この項において同じ。）後は、前項の規定は、適用しない。ただし、当該前払式支払手段発行者が、当該提出した日後新たに同項の届出書を提出したときは、この限りでない。

3　第1項の規定の適用を受けている前払式支払手段発行者は、同項の届出書を提出した日から起算して政令で定める期間を経過した日以後でなければ、前項本文の届出書を提出することができない。

4　第2項本文の届出書を提出した前払式支払手段発行者は、当該届出書を提出した日から起算して政令で定める期間を経過した日以後でなければ、第1項の届出書を提出することができない。

322

① 資金決済に関する法律（抄）

（自家型前払式支払手段の発行の業務の承継に係る特例）

第30条 前払式支払手段発行者以外の者が相続又は事業譲渡、合併若しくは会社分割その他の事由により前払式支払手段発行者から自家型前払式支払手段の発行の業務を承継した場合（第三者型前払式支払手段の発行の業務を承継した場合を除く。）において、当該業務の承継に係る自家型前払式支払手段の承継が行われた日の直前の基準日未使用残高が基準額を超えるときは、当該前払式支払手段発行者以外の者を当該自家型前払式支払手段を発行する自家型発行者とみなして、この法律（第5条を除く。）の規定を適用する。

2　前項の規定により自家型発行者とみなされた者は、遅滞なく、次に掲げる事項を記載した届出書を内閣総理大臣に提出しなければならない。

一　自家型前払式支払手段の発行の業務を承継した旨

二　第5条第1項第1号から第4号までに掲げる事項

三　自家型前払式支払手段の承継が行われた日の直前の基準日未使用残高

四　承継した自家型前払式支払手段に係る第5条第1項第6号から第10号までに掲げる事項

3　前項の届出書には、財務に関する書類その他の内閣府令で定める書類を添付しなければならない。

4　第1項の規定により自家型発行者とみなされた者は、第2項第2号又は第4号に掲げる事項のいずれかに変更があったときは、遅滞なく、その旨を内閣総理大臣に届け出なければならない。

（発行保証金の還付）

第31条 前払式支払手段の保有者は、前払式支払手段に係る債権に関し、当該前払式支払手段に係る発行保証金について、他の債権者に先立ち弁済を受ける権利を有する。

2　内閣総理大臣は、次の各号のいずれかに該当する場合において、前払式支払手段の保有者の利益の保護を図るために必要があると認めるときは、前項の権利を有する者に対し、60日を下らない一定の期間内に内閣総理大臣に債権の申出をすべきこと及びその期間内に債権の申出をしないときは当該公示に係る発行保証金についての権利の実行の手続から除斥されるべきことを公示しなければならない。

一　前項の権利の実行の申立てがあったとき。

二　前払式支払手段発行者について破産手続開始の申立て等が行われたとき。

3　内閣総理大臣は、内閣府令で定めるところにより、第1項の権利の実行に関する事務を銀行等その他の政令で定める者（次項及び第5項において「権利実行事務代行者」という。）に委託することができる。

4　権利実行事務代行者は、他の法律の規定にかかわらず、前項の規定により委託を受けた業務を行うことができる。

5　第3項の規定により業務の委託を受けた権利実行事務代行者又はその役員若しくは職員であって当該委託を受けた業務に従事する者は、刑法（明治40年法律第45号）その他の罰則の適用については、法令により公務に従事する職員とみなす。

参考資料

6 第2項から前項までに規定するもののほか、第1項の権利の実行に関し必要な事項は、政令で定める。

（発行保証金の還付への協力）

第32条 前払式支払手段発行者から発行の業務の委託を受けた者、密接関係者、加盟店その他の当該前払式支払手段発行者の関係者は、当該前払式支払手段発行者が発行した前払式支払手段に係る前条第1項の権利の実行に関し内閣総理大臣から必要な協力を求められた場合には、これに応ずるよう努めるものとする。

（廃止の届出等）

第33条 前払式支払手段発行者は、次の各号のいずれかに該当する場合には、遅滞なく、内閣総理大臣に届け出なければならない。

一 前払式支払手段の発行の業務の全部又は一部を廃止したとき。

二 第31条第2項第2号に掲げるとき。

2 第三者型発行者が第三者型前払式支払手段の発行の業務の全部を廃止したときは、当該第三者型発行者の第7条の登録は、その効力を失う。

（登録の取消し等に伴う債務の履行の完了等）

第34条 第三者型発行者について、第27条第1項若しくは第2項の規定により第7条の登録が取り消されたとき、又は前条第2項の規定により第7条の登録が効力を失ったときは、当該第三者型発行者であった者は、その発行した第三者型前払式支払手段に係る債務の履行を完了する目的の範囲内においては、なお第三者型発行者とみなす。

（銀行等に関する特例）

第35条 政令で定める要件を満たす銀行等その他政令で定める者に該当する前払式支払手段発行者については、第14条第1項の規定は、適用しない。

（外国において発行される前払式支払手段の勧誘の禁止）

第36条 外国において前払式支払手段の発行の業務を行う者は、国内にある者に対して、その外国において発行する前払式支払手段の勧誘をしてはならない。

第3章 資金移動

第1節 総則

（資金移動業者の登録）

第37条 内閣総理大臣の登録を受けた者は、銀行法第4条第1項及び第47条第1項の規定にかかわらず、資金移動業を営むことができる。

（登録の申請）

第38条 前条の登録を受けようとする者は、内閣府令で定めるところにより、次に掲げる事項を記載した登録申請書を内閣総理大臣に提出しなければならない。

一 商号及び住所

二 資本金の額

三 資金移動業に係る営業所の名称及び所在地

①　資金決済に関する法律（抄）

四　取締役及び監査役（監査等委員会設置会社にあっては取締役とし、指名委員会等設置会社にあっては取締役及び執行役とし、外国資金移動業者にあっては外国の法令上これらに相当する者とする。第40条第1項第10号において同じ。）の氏名

五　会計参与設置会社にあっては、会計参与の氏名又は名称

六　外国資金移動業者にあっては、国内における代表者の氏名

七　資金移動業の内容及び方法

八　資金移動業の一部を第三者に委託する場合にあっては、当該委託に係る業務の内容並びにその委託先の氏名又は商号若しくは名称及び住所

九　他に事業を行っているときは、その事業の種類

十　その他内閣府令で定める事項

2　前項の登録申請書には、第40条第1項各号に該当しないことを誓約する書面、財務に関する書類、資金移動業を適正かつ確実に遂行する体制の整備に関する事項を記載した書類その他の内閣府令で定める書類を添付しなければならない。

（資金移動業者登録簿）

第39条　内閣総理大臣は、第37条の登録の申請があったときは、次条第1項の規定によりその登録を拒否する場合を除くほか、次に掲げる事項を資金移動業者登録簿に登録しなければならない。

一　前条第1項各号に掲げる事項

二　登録年月日及び登録番号

2　内閣総理大臣は、前項の規定による登録をしたときは、遅滞なく、その旨を登録申請者に通知しなければならない。

3　内閣総理大臣は、資金移動業者登録簿を公衆の縦覧に供しなければならない。

（登録の拒否）

第40条　内閣総理大臣は、登録申請者が次の各号のいずれかに該当するとき、又は登録申請書若しくはその添付書類のうちに重要な事項について虚偽の記載があり、若しくは重要な事実の記載が欠けているときは、その登録を拒否しなければならない。

一　株式会社又は外国資金移動業者（国内に営業所を有する外国会社に限る。）でないもの

二　外国資金移動業者にあっては、国内における代表者（国内に住所を有するものに限る。）のない法人

三　資金移動業を適正かつ確実に遂行するために必要と認められる財産的基礎を有しない法人

四　資金移動業を適正かつ確実に遂行する体制の整備が行われていない法人

五　この章の規定を遵守するために必要な体制の整備が行われていない法人

六　他の資金移動業者が現に用いている商号若しくは名称と同一の商号若しくは名称又は他の資金移動業者と誤認されるおそれのある商号若しくは名称を用いようとする法人

325

参考資料

七　第56条第1項若しくは第2項の規定により第37条の登録を取り消され、第82条第1
項若しくは第2項の規定により第64条第1項の免許を取り消され、又はこの法律若し
くは銀行法等に相当する外国の法令の規定により当該外国において受けている同種類
の登録若しくは免許（当該登録又は免許に類する許可その他の行政処分を含む。）を取
り消され、その取消しの日から5年を経過しない法人

八　この法律、銀行法等若しくは出資の受入れ、預り金及び金利等の取締りに関する法
律（昭和29年法律第195号）又はこれらに相当する外国の法令の規定に違反し、罰金の
刑（これに相当する外国の法令による刑を含む。）に処せられ、その刑の執行を終わり、
又はその刑の執行を受けることがなくなった日から5年を経過しない法人

九　他に行う事業が公益に反すると認められる法人

十　取締役若しくは監査役又は会計参与（外国資金移動業者にあっては、国内における
代表者を含む。以下この章において「取締役等」という。）のうちに次のいずれかに該
当する者のある法人

　　イ　成年被後見人若しくは被保佐人又は外国の法令上これらに相当する者

　　ロ　破産手続開始の決定を受けて復権を得ない者又は外国の法令上これに相当する者

　　ハ　禁錮以上の刑（これに相当する外国の法令による刑を含む。）に処せられ、その刑
の執行を終わり、又はその刑の執行を受けることがなくなった日から5年を経過し
ない者

　　ニ　この法律、銀行法等、出資の受入れ、預り金及び金利等の取締りに関する法律若
しくは暴力団員による不当な行為の防止等に関する法律（平成3年法律第77号）又
はこれらに相当する外国の法令の規定に違反し、罰金の刑（これに相当する外国の
法令による刑を含む。）に処せられ、その刑の執行を終わり、又はその刑の執行を受
けることがなくなった日から5年を経過しない者

　　ホ　資金移動業者が第56条第1項若しくは第2項の規定により第37条の登録を取り消
された場合又は法人がこの法律に相当する外国の法令の規定により当該外国におい
て受けている同種類の登録（当該登録に類する許可その他の行政処分を含む。）を取
り消された場合において、その取消しの日前30日以内にその法人の取締役等であっ
た者で、当該取消しの日から5年を経過しない者その他これに準ずるものとして政
令で定める者

2　内閣総理大臣は、前項の規定により登録を拒否したときは、遅滞なく、その理由を示
して、その旨を登録申請者に通知しなければならない。

（変更の届出）

第41条　資金移動業者は、第38条第1項各号に掲げる事項のいずれかに変更があったとき
は、遅滞なく、その旨を内閣総理大臣に届け出なければならない。

2　内閣総理大臣は、前項の規定による届出を受理したときは、届出があった事項を資金
移動業者登録簿に登録しなければならない。

（名義貸しの禁止）

　　　　　　　　　　　　　　　　　　　　　　　　　　1　資金決済に関する法律（抄）

第42条　資金移動業者は、自己の名義をもって、他人に資金移動業を営ませてはならない。

第2節　業務

（履行保証金の供託）

第43条　資金移動業者は、1月を超えない範囲内で内閣府令で定める期間ごとに、当該期間における要履行保証額の最高額（第47条第1号において「要供託額」という。）以上の額に相当する額の履行保証金を、当該期間の末日（同号において「基準日」という。）から1週間以内に、その本店（外国資金移動業者である資金移動業者にあっては、国内における主たる営業所。第48条において同じ。）の最寄りの供託所に供託しなければならない。

2　前項の「要履行保証額」とは、各営業日における未達債務の額（資金移動業者がその行う為替取引に関し負担する債務の額であって内閣府令で定めるところにより算出した額をいう。以下この章において同じ。）と第59条第1項の権利の実行の手続に関する費用の額として内閣府令で定めるところにより算出した額の合計額（その合計額が小規模な資金移動業者がその行う為替取引に関し負担する債務の履行を確保するために必要な額として政令で定める額以下である場合には、当該政令で定める額）をいう。

3　履行保証金は、国債証券、地方債証券その他の内閣府令で定める債券（社債、株式等の振替に関する法律第278条第1項に規定する振替債を含む。第45条第3項において同じ。）をもってこれに充てることができる。この場合において、当該債券の評価額は、内閣府令で定めるところによる。

（履行保証金保全契約）

第44条　資金移動業者は、政令で定めるところにより、履行保証金保全契約（政令で定める要件を満たす銀行等その他政令で定める者が資金移動業者のために内閣総理大臣の命令に応じて履行保証金を供託する旨の契約をいう。以下この章において同じ。）を締結し、その旨を内閣総理大臣に届け出たときは、当該履行保証金保全契約の効力の存する間、保全金額（当該履行保証金保全契約において供託されることとなっている金額をいう。以下この章において同じ。）につき、履行保証金の全部又は一部の供託をしないことができる。

（履行保証金信託契約）

第45条　資金移動業者が、信託会社等との間で、履行保証金信託契約（当該信託会社等が内閣総理大臣の命令に応じて信託財産を履行保証金の供託に充てることを信託の目的として当該信託財産の管理その他の当該目的の達成のために必要な行為をすべき旨の信託契約をいう。以下この章において同じ。）を締結し、内閣総理大臣の承認を受けた場合において、当該資金移動業者の各営業日において当該履行保証金信託契約に基づき信託されている信託財産の額が、その直前の営業日における要履行保証額（第43条第2項に規定する要履行保証額をいう。以下この章において同じ。）以上の額であるときは、同条第1項の規定は、適用しない。

327

参考資料

2 履行保証金信託契約は、次に掲げる事項をその内容とするものでなければならない。

一 履行保証金信託契約を締結する資金移動業者（以下この条において「信託契約資金移動業者」という。）が行う為替取引の利用者を受益者とすること。

二 受益者代理人を置いていること。

三 信託契約資金移動業者は、各営業日における要履行保証額を、その翌営業日までに信託会社等に通知すること。

四 信託契約資金移動業者は、各営業日において信託されている信託財産の額が、その直前の営業日における要履行保証額以上の額となるよう、必要に応じてその財産を信託財産として拠出する義務を負うこと。

五 信託会社等は、各営業日において信託されている信託財産の額が、その直前の営業日における要履行保証額以下となった場合には、当該信託財産に属する財産を信託契約資金移動業者に移転することができないこと。

六 内閣総理大臣の命令に応じて、信託会社等が信託財産を換価し、供託をすること。

七 その他内閣府令で定める事項

3 履行保証金信託契約に基づき信託される信託財産の種類は、金銭若しくは預貯金（内閣府令で定めるものに限る。）又は国債証券、地方債証券その他の内閣府令で定める債券に限るものとする。この場合において、当該債券の評価額は、内閣府令で定めるところによる。

4 第1項の規定の適用を受けていた資金移動業者について、各営業日のいずれかの日（以下この項において「特定日」という。）において履行保証金信託契約に基づき信託されている信託財産の額がその直前の営業日における要履行保証額未満の額となった場合における当該特定日が属する期間（第43条第1項に規定する内閣府令で定める期間をいう。以下この項において同じ。）の直前の期間についての同条第1項の規定の適用については、同項中「当該期間の末日（同号において「基準日」という。）から1週間以内に」とあるのは、「第45条第1項に規定する履行保証金信託契約に基づき信託されている信託財産の額がその直前の営業日における要履行保証額未満の額となった日（同号において「基準日」という。）に」とする。

（供託命令）

第46条 内閣総理大臣は、資金移動業の利用者の利益の保護のために必要があると認めるときは、履行保証金保全契約若しくは履行保証金信託契約を締結した資金移動業者又はこれらの契約の相手方に対し、保全金額又は信託財産を換価した額の全部又は一部を供託すべき旨を命ずることができる。

（履行保証金の取戻し等）

第47条 履行保証金は、次の各号のいずれかに該当する場合には、政令で定めるところにより、その全部又は一部を取り戻すことができる。

一 基準日における要供託額が、その直前の基準日における履行保証金の額と保全金額の合計額を下回るとき。

二　第59条第1項の権利の実行の手続が終了したとき。

三　為替取引に関し負担する債務の履行を完了した場合として政令で定める場合

（履行保証金の保管替えその他の手続）

第48条　この節に規定するもののほか、資金移動業者の本店の所在地の変更に伴う履行保証金の保管替えその他履行保証金の供託に関し必要な事項は、内閣府令・法務省令で定める。

（情報の安全管理）

第49条　資金移動業者は、内閣府令で定めるところにより、資金移動業に係る情報の漏えい、滅失又はき損の防止その他の当該情報の安全管理のために必要な措置を講じなければならない。

（委託先に対する指導）

第50条　資金移動業者は、資金移動業の一部を第三者に委託（2以上の段階にわたる委託を含む。）をした場合には、内閣府令で定めるところにより、当該委託に係る業務の委託先に対する指導その他の当該業務の適正かつ確実な遂行を確保するために必要な措置を講じなければならない。

（利用者の保護等に関する措置）

第51条　資金移動業者は、内閣府令で定めるところにより、銀行等が行う為替取引との誤認を防止するための説明、手数料その他の資金移動業に係る契約の内容についての情報の提供その他の資金移動業の利用者の保護を図り、及び資金移動業の適正かつ確実な遂行を確保するために必要な措置を講じなければならない。

（指定資金移動業務紛争解決機関との契約締結義務等）

第51条の2　資金移動業者は、次の各号に掲げる場合の区分に応じ、当該各号に定める措置を講じなければならない。

一　指定資金移動業務紛争解決機関（指定紛争解決機関であってその紛争解決等業務の種別が資金移動業務であるものをいう。以下この条において同じ。）が存在する場合　1の指定資金移動業務紛争解決機関との間で資金移動業に係る手続実施基本契約（第99条第1項第8号に規定する手続実施基本契約をいう。次項において同じ。）を締結する措置

二　指定資金移動業務紛争解決機関が存在しない場合　資金移動業に関する苦情処理措置及び紛争解決措置

2　資金移動業者は、前項の規定により手続実施基本契約を締結する措置を講じた場合には、当該手続実施基本契約の相手方である指定資金移動業務紛争解決機関の商号又は名称を公表しなければならない。

3　第1項の規定は、次の各号に掲げる場合の区分に応じ、当該各号に定める期間においては、適用しない。

一　第1項第1号に掲げる場合に該当していた場合において、同項第2号に掲げる場合に該当することとなったとき　第101条第1項において読み替えて準用する銀行法第

参考資料

52条の83第1項の規定による紛争解決等業務の廃止の認可又は第100条第1項の規定による指定の取消しの時に、同号に定める措置を講ずるために必要な期間として内閣総理大臣が定める期間

二　第1項第1号に掲げる場合に該当していた場合において、同号の1の指定資金移動業務紛争解決機関の紛争解決等業務の廃止が第101条第1項において読み替えて準用する銀行法第52条の83第1項の規定により認可されたとき、又は同号の1の指定資金移動業務紛争解決機関の第99条第1項の規定による指定が第100条第1項の規定により取り消されたとき（前号に掲げる場合を除く。）　その認可又は取消しの時に、第1項第1号に定める措置を講ずるために必要な期間として内閣総理大臣が定める期間

三　第1項第2号に掲げる場合に該当していた場合において、同項第1号に掲げる場合に該当することとなったとき　第99条第1項の規定による指定の時に、同号に定める措置を講ずるために必要な期間として内閣総理大臣が定める期間

4　第1項第2号の「苦情処理措置」とは、利用者からの苦情の処理の業務に従事する使用人その他の従業者に対する助言若しくは指導を消費生活に関する消費者と事業者との間に生じた苦情に係る相談その他の消費生活に関する事項について専門的な知識経験を有する者として内閣府令で定める者に行わせること又はこれに準ずるものとして内閣府令で定める措置をいう。

5　第1項第2号の「紛争解決措置」とは、利用者との紛争の解決を認証紛争解決手続（裁判外紛争解決手続の利用の促進に関する法律（平成16年法律第151号）第2条第3号に規定する認証紛争解決手続をいう。）により図ること又はこれに準ずるものとして内閣府令で定める措置をいう。

第3節　監督

（帳簿書類）

第52条　資金移動業者は、内閣府令で定めるところにより、その資金移動業に関する帳簿書類を作成し、これを保存しなければならない。

（報告書）

第53条　資金移動業者は、事業年度ごとに、内閣府令で定めるところにより、資金移動業に関する報告書を作成し、内閣総理大臣に提出しなければならない。

2　資金移動業者は、前項の報告書のほか、6月を超えない範囲内で内閣府令で定める期間ごとに、内閣府令で定めるところにより、未達債務の額及び履行保証金の供託、履行保証金保全契約又は履行保証金信託契約に関する報告書を作成し、内閣総理大臣に提出しなければならない。

3　前2項の報告書には、財務に関する書類その他の内閣府令で定める書類を添付しなければならない。

（立入検査等）

第54条　内閣総理大臣は、資金移動業の適正かつ確実な遂行のために必要があると認める

330

ときは、資金移動業者に対し当該資金移動業者の業務若しくは財産に関し参考となるべき報告若しくは資料の提出を命じ、又は当該職員に当該資金移動業者の営業所その他の施設に立ち入らせ、その業務若しくは財産の状況に関して質問させ、若しくは帳簿書類その他の物件を検査させることができる。

2　内閣総理大臣は、資金移動業の適正かつ確実な遂行のため特に必要があると認めるときは、その必要の限度において、当該資金移動業者から業務の委託を受けた者（その者から委託（2以上の段階にわたる委託を含む。）を受けた者を含む。以下この条及び第60条において同じ。）に対し当該資金移動業者の業務若しくは財産の状況に関し参考となるべき報告若しくは資料の提出を命じ、又は当該職員に当該資金移動業者から業務の委託を受けた者の施設に立ち入らせ、当該資金移動業者の業務若しくは財産の状況に関して質問させ、若しくは帳簿書類その他の物件を検査させることができる。

3　前項の資金移動業者から業務の委託を受けた者は、正当な理由があるときは、同項の規定による報告若しくは資料の提出又は質問若しくは検査を拒むことができる。

（業務改善命令）

第55条　内閣総理大臣は、資金移動業の適正かつ確実な遂行のために必要があると認めるときは、その必要の限度において、資金移動業者に対し、業務の運営又は財産の状況の改善に必要な措置その他監督上必要な措置をとるべきことを命ずることができる。

（登録の取消し等）

第56条　内閣総理大臣は、資金移動業者が次の各号のいずれかに該当するときは、第37条の登録を取り消し、又は6月以内の期間を定めて資金移動業の全部若しくは一部の停止を命ずることができる。

一　第40条第1項各号に該当することとなったとき。

二　不正の手段により第37条の登録を受けたとき。

三　この法律若しくはこの法律に基づく命令又はこれらに基づく処分に違反したとき。

2　内閣総理大臣は、資金移動業者の営業所の所在地を確知できないとき、又は資金移動業者を代表する取締役若しくは執行役（外国資金移動業者である資金移動業者にあっては、国内における代表者）の所在を確知できないときは、内閣府令で定めるところにより、その事実を公告し、その公告の日から30日を経過しても当該資金移動業者から申出がないときは、当該資金移動業者の第37条の登録を取り消すことができる。

3　前項の規定による処分については、行政手続法第3章の規定は、適用しない。

（登録の抹消）

第57条　内閣総理大臣は、前条第1項若しくは第2項の規定により第37条の登録を取り消したとき、又は第61条第2項の規定により第37条の登録がその効力を失ったときは、当該登録を抹消しなければならない。

（監督処分の公告）

第58条　内閣総理大臣は、第56条第1項又は第2項の規定による処分をしたときは、内閣府令で定めるところにより、その旨を公告しなければならない。

参考資料

第4節　雑則

（履行保証金の還付）

第59条　資金移動業者がその行う為替取引に関し負担する債務に係る債権者は、履行保証金について、他の債権者に先立ち弁済を受ける権利を有する。

2　内閣総理大臣は、次の各号のいずれかに該当する場合において、資金移動業の利用者の利益の保護を図るために必要があると認めるときは、前項の権利を有する者に対し、60日を下らない一定の期間内に内閣総理大臣に債権の申出をすべきこと及びその期間内に債権の申出をしないときは当該公示に係る履行保証金についての権利の実行の手続から除斥されるべきことを公示する措置その他の同項の権利の実行のために必要な措置をとらなければならない。

一　前項の権利の実行の申立てがあったとき。

二　資金移動業者について破産手続開始の申立て等が行われたとき。

3　内閣総理大臣は、内閣府令で定めるところにより、第1項の権利の実行に関する事務を銀行等その他の政令で定める者（次項及び第5項において「権利実行事務代行者」という。）に委託することができる。

4　権利実行事務代行者は、他の法律の規定にかかわらず、前項の規定により委託を受けた業務を行うことができる。

5　第3項の規定により業務の委託を受けた権利実行事務代行者又はその役員若しくは職員であって当該委託を受けた業務に従事する者は、刑法その他の罰則の適用については、法令により公務に従事する職員とみなす。

6　第2項から前項までに規定するもののほか、第1項の権利の実行に関し必要な事項は、政令で定める。

（履行保証金の還付への協力）

第60条　資金移動業者から資金移動業の委託を受けた者その他の当該資金移動業者の関係者は、当該資金移動業者の為替取引に係る前条第1項の権利の実行に関し内閣総理大臣から必要な協力を求められた場合には、これに応ずるよう努めるものとする。

（廃止の届出等）

第61条　資金移動業者は、次の各号のいずれかに該当する場合には、遅滞なく、内閣総理大臣に届け出なければならない。

一　資金移動業の全部又は一部を廃止したとき。

二　第59条第2項第2号に掲げるとき。

2　資金移動業者が資金移動業の全部を廃止したときは、当該資金移動業者の第37条の登録は、その効力を失う。

3　資金移動業者は、資金移動業の全部又は一部を廃止しようとするときは、その日の30日前までに、内閣府令で定めるところにより、その旨を公告するとともに、全ての営業所の公衆の目につきやすい場所に掲示しなければならない。

4　資金移動業者は、前項の規定による公告をしたときは、直ちに、その旨を内閣総理大

332

臣に届け出なければならない。

5　資金移動業者は、第3項の規定による公告をした場合（事業譲渡、合併又は会社分割その他の事由により当該業務の承継に係る公告をした場合を除く。）には、廃止しようとする資金移動業として行う為替取引に関し負担する債務の履行を速やかに完了しなければならない。

6　会社法第940条第1項（第1号に係る部分に限る。）及び第3項の規定は、資金移動業者（外国資金移動業者を除く。）が電子公告（同法第2条第34号に規定する電子公告をいう。次項において同じ。）により第3項の規定による公告をする場合について準用する。この場合において、必要な技術的読替えは、政令で定める。

7　会社法第940条第1項（第1号に係る部分に限る。）及び第3項、第941条、第946条、第947条、第951条第2項、第953条並びに第955条の規定は、外国資金移動業者である資金移動業者が電子公告により第3項の規定による公告をする場合について準用する。この場合において、必要な技術的読替えは、政令で定める。

（登録の取消し等に伴う債務の履行の完了等）

第62条　資金移動業者について、第56条第1項若しくは第2項の規定により第37条の登録が取り消されたとき、又は前条第2項の規定により第37条の登録が効力を失ったときは、当該資金移動業者であった者は、その行う為替取引に関し負担する債務の履行を完了する目的の範囲内においては、なお資金移動業者とみなす。

（外国資金移動業者の勧誘の禁止）

第63条　第37条の登録を受けていない外国資金移動業者は、法令に別段の定めがある場合を除き、国内にある者に対して、為替取引の勧誘をしてはならない。

第3章の2　仮想通貨

第1節　総則

（仮想通貨交換業者の登録）

第63条の2　仮想通貨交換業は、内閣総理大臣の登録を受けた者でなければ、行ってはならない。

（登録の申請）

第63条の3　前条の登録を受けようとする者は、内閣府令で定めるところにより、次に掲げる事項を記載した登録申請書を内閣総理大臣に提出しなければならない。

一　商号及び住所

二　資本金の額

三　仮想通貨交換業に係る営業所の名称及び所在地

四　取締役及び監査役（監査等委員会設置会社にあっては取締役とし、指名委員会等設置会社にあっては取締役及び執行役とし、外国仮想通貨交換業者にあっては外国の法令上これらに相当する者とする。第63条の5第1項第10号において同じ。）の氏名

五　会計参与設置会社にあっては、会計参与の氏名又は名称

参考資料

六　外国仮想通貨交換業者にあっては、国内における代表者の氏名

七　取り扱う仮想通貨の名称

八　仮想通貨交換業の内容及び方法

九　仮想通貨交換業の一部を第三者に委託する場合にあっては、当該委託に係る業務の内容並びにその委託先の氏名又は商号若しくは名称及び住所

十　他に事業を行っているときは、その事業の種類

十一　その他内閣府令で定める事項

2　前項の登録申請書には、第63条の5第1項各号に該当しないことを誓約する書面、財務に関する書類、仮想通貨交換業を適正かつ確実に遂行する体制の整備に関する事項を記載した書類その他の内閣府令で定める書類を添付しなければならない。

（仮想通貨交換業者登録簿）

第63条の4　内閣総理大臣は、第63条の2の登録の申請があったときは、次条第1項の規定によりその登録を拒否する場合を除くほか、次に掲げる事項を仮想通貨交換業者登録簿に登録しなければならない。

一　前条第1項各号に掲げる事項

二　登録年月日及び登録番号

2　内閣総理大臣は、前項の規定による登録をしたときは、遅滞なく、その旨を登録申請者に通知しなければならない。

3　内閣総理大臣は、仮想通貨交換業者登録簿を公衆の縦覧に供しなければならない。

（登録の拒否）

第63条の5　内閣総理大臣は、登録申請者が次の各号のいずれかに該当するとき、又は登録申請書若しくはその添付書類のうちに重要な事項について虚偽の記載があり、若しくは重要な事実の記載が欠けているときは、その登録を拒否しなければならない。

一　株式会社又は外国仮想通貨交換業者（国内に営業所を有する外国会社に限る。）でないもの

二　外国仮想通貨交換業者にあっては、国内における代表者（国内に住所を有するものに限る。）のない法人

三　仮想通貨交換業を適正かつ確実に遂行するために必要と認められる内閣府令で定める基準に適合する財産的基礎を有しない法人

四　仮想通貨交換業を適正かつ確実に遂行する体制の整備が行われていない法人

五　この章の規定を遵守するために必要な体制の整備が行われていない法人

六　他の仮想通貨交換業者が現に用いている商号若しくは名称と同一の商号若しくは名称又は他の仮想通貨交換業者と誤認されるおそれのある商号若しくは名称を用いようとする法人

七　第63条の17第1項若しくは第2項の規定により第63条の2の登録を取り消され、又はこの法律に相当する外国の法令の規定により当該外国において受けている同種類の登録（当該登録に類する許可その他の行政処分を含む。）を取り消され、その取消しの

334

日から 5 年を経過しない法人

八　この法律若しくは出資の受入れ、預り金及び金利等の取締りに関する法律又はこれ
らに相当する外国の法令の規定に違反し、罰金の刑（これに相当する外国の法令によ
る刑を含む。）に処せられ、その刑の執行を終わり、又はその刑の執行を受けることが
なくなった日から 5 年を経過しない法人

九　他に行う事業が公益に反すると認められる法人

十　取締役若しくは監査役又は会計参与（外国仮想通貨交換業者にあっては、国内にお
ける代表者を含む。以下この章において「取締役等」という。）のうちに次のいずれか
に該当する者のある法人

イ　成年被後見人若しくは被保佐人又は外国の法令上これらに相当する者

ロ　破産手続開始の決定を受けて復権を得ない者又は外国の法令上これに相当する者

ハ　禁錮以上の刑（これに相当する外国の法令による刑を含む。）に処せられ、その刑
の執行を終わり、又はその刑の執行を受けることがなくなった日から 5 年を経過し
ない者

ニ　この法律、出資の受入れ、預り金及び金利等の取締りに関する法律若しくは暴力
団員による不当な行為の防止等に関する法律又はこれらに相当する外国の法令の規
定に違反し、罰金の刑（これに相当する外国の法令による刑を含む。）に処せられ、
その刑の執行を終わり、又はその刑の執行を受けることがなくなった日から 5 年を
経過しない者

ホ　仮想通貨交換業者が第63条の17第 1 項若しくは第 2 項の規定により第63条の 2 の
登録を取り消された場合又は法人がこの法律に相当する外国の法令の規定により当
該外国において受けている同種類の登録（当該登録に類する許可その他の行政処分
を含む。）を取り消された場合において、その取消しの日前30日以内にその法人の取
締役等であった者で、当該取消しの日から 5 年を経過しない者その他これに準ずる
ものとして政令で定める者

2　内閣総理大臣は、前項の規定により登録を拒否したときは、遅滞なく、その理由を示
して、その旨を登録申請者に通知しなければならない。

（変更の届出）

第63条の 6　仮想通貨交換業者は、第63条の 3 第 1 項各号に掲げる事項のいずれかに変更
があったときは、遅滞なく、その旨を内閣総理大臣に届け出なければならない。

2　内閣総理大臣は、前項の規定による届出を受理したときは、届出があった事項を仮想
通貨交換業者登録簿に登録しなければならない。

（名義貸しの禁止）

第63条の 7　仮想通貨交換業者は、自己の名義をもって、他人に仮想通貨交換業を行わせ
てはならない。

参考資料

第2節 業務

（情報の安全管理）

第63条の8 仮想通貨交換業者は、内閣府令で定めるところにより、仮想通貨交換業に係る情報の漏えい、滅失又は毀損の防止その他の当該情報の安全管理のために必要な措置を講じなければならない。

（委託先に対する指導）

第63条の9 仮想通貨交換業者は、仮想通貨交換業の一部を第三者に委託（2以上の段階にわたる委託を含む。）をした場合には、内閣府令で定めるところにより、当該委託に係る業務の委託先に対する指導その他の当該業務の適正かつ確実な遂行を確保するために必要な措置を講じなければならない。

（利用者の保護等に関する措置）

第63条の10 仮想通貨交換業者は、内閣府令で定めるところにより、その取り扱う仮想通貨と本邦通貨又は外国通貨との誤認を防止するための説明、手数料その他の仮想通貨交換業に係る契約の内容についての情報の提供その他の仮想通貨交換業の利用者の保護を図り、及び仮想通貨交換業の適正かつ確実な遂行を確保するために必要な措置を講じなければならない。

（利用者財産の管理）

第63条の11 仮想通貨交換業者は、その行う仮想通貨交換業に関して、内閣府令で定めるところにより、仮想通貨交換業の利用者の金銭又は仮想通貨を自己の金銭又は仮想通貨と分別して管理しなければならない。

2 仮想通貨交換業者は、前項の規定による管理の状況について、内閣府令で定めるところにより、定期に、公認会計士（公認会計士法（昭和23年法律第103号）第16条の2第5項に規定する外国公認会計士を含む。第63条の14第3項において同じ。）又は監査法人の監査を受けなければならない。

（指定仮想通貨交換業務紛争解決機関との契約締結義務等）

第63条の12 仮想通貨交換業者は、次の各号に掲げる場合の区分に応じ、当該各号に定める措置を講じなければならない。

一 指定仮想通貨交換業務紛争解決機関（指定紛争解決機関であってその紛争解決等業務の種別が仮想通貨交換業務であるものをいう。以下この条において同じ。）が存在する場合 1の指定仮想通貨交換業務紛争解決機関との間で仮想通貨交換業に係る手続実施基本契約（第99条第1項第8号に規定する手続実施基本契約をいう。次項において同じ。）を締結する措置

二 指定仮想通貨交換業務紛争解決機関が存在しない場合 仮想通貨交換業に関する苦情処理措置及び紛争解決措置

2 仮想通貨交換業者は、前項の規定により手続実施基本契約を締結する措置を講じた場合には、当該手続実施基本契約の相手方である指定仮想通貨交換業務紛争解決機関の商号又は名称を公表しなければならない。

336

1　資金決済に関する法律（抄）

3　第1項の規定は、次の各号に掲げる場合の区分に応じ、当該各号に定める期間においては、適用しない。

一　第1項第1号に掲げる場合に該当していた場合において、同項第2号に掲げる場合に該当することとなったとき　第101条第1項において読み替えて準用する銀行法第52条の83第1項の規定による紛争解決等業務の廃止の認可又は第100条第1項の規定による指定の取消しの時に、同号に定める措置を講ずるために必要な期間として内閣総理大臣が定める期間

二　第1項第1号に掲げる場合に該当していた場合において、同号の1の指定仮想通貨交換業務紛争解決機関の紛争解決等業務の廃止が第101条第1項において読み替えて準用する銀行法第52条の83第1項の規定により認可されたとき、又は同号の1の指定仮想通貨交換業務紛争解決機関の第99条第1項の規定による指定が第100条第1項の規定により取り消されたとき（前号に掲げる場合を除く。）　その認可又は取消しの時に、第1項第1号に定める措置を講ずるために必要な期間として内閣総理大臣が定める期間

三　第1項第2号に掲げる場合に該当していた場合において、同項第1号に掲げる場合に該当することとなったとき　第99条第1項の規定による指定の時に、同号に定める措置を講ずるために必要な期間として内閣総理大臣が定める期間

4　第1項第2号の「苦情処理措置」とは、利用者からの苦情の処理の業務に従事する使用人その他の従業者に対する助言若しくは指導を消費生活に関する消費者と事業者との間に生じた苦情に係る相談その他の消費生活に関する事項について専門的な知識経験を有する者として内閣府令で定める者に行わせること又はこれに準ずるものとして内閣府令で定める措置をいう。

5　第1項第2号の「紛争解決措置」とは、利用者との紛争の解決を認証紛争解決手続（裁判外紛争解決手続の利用の促進に関する法律第2条第3号に規定する認証紛争解決手続をいう。）により図ること又はこれに準ずるものとして内閣府令で定める措置をいう。

第3節　監督

（帳簿書類）

第63条の13　仮想通貨交換業者は、内閣府令で定めるところにより、その仮想通貨交換業に関する帳簿書類を作成し、これを保存しなければならない。

（報告書）

第63条の14　仮想通貨交換業者は、事業年度ごとに、内閣府令で定めるところにより、仮想通貨交換業に関する報告書を作成し、内閣総理大臣に提出しなければならない。

2　仮想通貨交換業者（第2条第7項第3号に掲げる行為を行う者に限る。）は、前項の報告書のほか、内閣府令で定める期間ごとに、内閣府令で定めるところにより、仮想通貨交換業に関し管理する利用者の金銭の額及び仮想通貨の数量その他これらの管理に関する報告書を作成し、内閣総理大臣に提出しなければならない。

参考資料

3 　第1項の報告書には、財務に関する書類、当該書類についての公認会計士又は監査法人の監査報告書その他の内閣府令で定める書類を添付しなければならない。

4 　第2項の報告書には、仮想通貨交換業に関し管理する利用者の金銭の額及び仮想通貨の数量を証する書類その他の内閣府令で定める書類を添付しなければならない。

（立入検査等）

第63条の15 　内閣総理大臣は、仮想通貨交換業の適正かつ確実な遂行のために必要があると認めるときは、仮想通貨交換業者に対し当該仮想通貨交換業者の業務若しくは財産に関し参考となるべき報告若しくは資料の提出を命じ、又は当該職員に当該仮想通貨交換業者の営業所その他の施設に立ち入らせ、その業務若しくは財産の状況に関して質問させ、若しくは帳簿書類その他の物件を検査させることができる。

2 　内閣総理大臣は、仮想通貨交換業の適正かつ確実な遂行のため特に必要があると認めるときは、その必要の限度において、当該仮想通貨交換業者から業務の委託を受けた者（その者から委託（2以上の段階にわたる委託を含む。）を受けた者を含む。以下この条において同じ。）に対し当該仮想通貨交換業者の業務若しくは財産の状況に関し参考となるべき報告若しくは資料の提出を命じ、又は当該職員に当該仮想通貨交換業者から業務の委託を受けた者の施設に立ち入らせ、当該仮想通貨交換業者の業務若しくは財産の状況に関して質問させ、若しくは帳簿書類その他の物件を検査させることができる。

3 　前項の仮想通貨交換業者から業務の委託を受けた者は、正当な理由があるときは、同項の規定による報告若しくは資料の提出又は質問若しくは検査を拒むことができる。

（業務改善命令）

第63条の16 　内閣総理大臣は、仮想通貨交換業の適正かつ確実な遂行のために必要があると認めるときは、その必要の限度において、仮想通貨交換業者に対し、業務の運営又は財産の状況の改善に必要な措置その他監督上必要な措置をとるべきことを命ずることができる。

（登録の取消し等）

第63条の17 　内閣総理大臣は、仮想通貨交換業者が次の各号のいずれかに該当するときは、第63条の2の登録を取り消し、又は6月以内の期間を定めて仮想通貨交換業の全部若しくは一部の停止を命ずることができる。

一 　第63条の5第1項各号に該当することとなったとき。

二 　不正の手段により第63条の2の登録を受けたとき。

三 　この法律若しくはこの法律に基づく命令又はこれらに基づく処分に違反したとき。

2 　内閣総理大臣は、仮想通貨交換業者の営業所の所在地を確知できないとき、又は仮想通貨交換業者を代表する取締役若しくは執行役（外国仮想通貨交換業者である仮想通貨交換業者にあっては、国内における代表者）の所在を確知できないときは、内閣府令で定めるところにより、その事実を公告し、その公告の日から30日を経過しても当該仮想通貨交換業者から申出がないときは、当該仮想通貨交換業者の第63条の2の登録を取り消すことができる。

338

　　　　　　　　　　　　　　　　　　　　　　　　　　1　資金決済に関する法律（抄）

3　前項の規定による処分については、行政手続法第3章の規定は、適用しない。
　（登録の抹消）
第63条の18　内閣総理大臣は、前条第1項若しくは第2項の規定により第63条の2の登録
　を取り消したとき、又は第63条の20第2項の規定により第63条の2の登録がその効力を
　失ったときは、当該登録を抹消しなければならない。

　（監督処分の公告）
第63条の19　内閣総理大臣は、第63条の17第1項又は第2項の規定による処分をしたとき
　は、内閣府令で定めるところにより、その旨を公告しなければならない。

　　　　　　　　　　　　　　　第4節　　雑則

　（廃止の届出等）
第63条の20　仮想通貨交換業者は、次の各号のいずれかに該当する場合には、遅滞なく、
　内閣総理大臣に届け出なければならない。
　一　仮想通貨交換業の全部又は一部を廃止したとき。
　二　仮想通貨交換業者について破産手続開始の申立て等が行われたとき。
2　仮想通貨交換業者が仮想通貨交換業の全部を廃止したときは、当該仮想通貨交換業者
　の第63条の2の登録は、その効力を失う。
3　仮想通貨交換業者は、仮想通貨交換業の全部若しくは一部の廃止をし、仮想通貨交換
　業の全部若しくは一部の譲渡をし、合併（当該仮想通貨交換業者が合併により消滅する
　場合の当該合併に限る。）をし、合併及び破産手続開始の決定以外の理由による解散をし、
　又は会社分割による仮想通貨交換業の全部若しくは一部の承継をさせようとするときは、
　その日の30日前までに、内閣府令で定めるところにより、その旨を公告するとともに、
　全ての営業所の公衆の目につきやすい場所に掲示しなければならない。
4　仮想通貨交換業者は、前項の規定による公告をしたときは、直ちに、その旨を内閣総
　理大臣に届け出なければならない。
5　仮想通貨交換業者は、第3項の規定による公告をした場合（事業譲渡、合併又は会社
　分割その他の事由により当該業務の承継に係る公告をした場合を除く。）には、廃止しよ
　うとする仮想通貨交換業として行う仮想通貨の交換等に関し負担する債務の履行を速や
　かに完了し、かつ、当該仮想通貨交換業に関し管理する利用者の財産を速やかに返還し、
　又は利用者に移転しなければならない。
6　会社法第940条第1項（第1号に係る部分に限る。）及び第3項の規定は、仮想通貨交
　換業者（外国仮想通貨交換業者を除く。）が電子公告（同法第2条第34号に規定する電子
　公告をいう。次項において同じ。）により第3項の規定による公告をする場合について準
　用する。この場合において、必要な技術的読替えは、政令で定める。
7　会社法第940条第1項（第1号に係る部分に限る。）及び第3項、第941条、第946条、
　第947条、第951条第2項、第953条並びに第955条の規定は、外国仮想通貨交換業者であ
　る仮想通貨交換業者が電子公告により第3項の規定による公告をする場合について準用

　　　　　　　　　　　　　　　　　　　　　　　　　　　　　　　　　　　　　　339

参考資料

する。この場合において、必要な技術的読替えは、政令で定める。

（登録の取消し等に伴う債務の履行の完了等）

第63条の21　仮想通貨交換業者について、第63条の17第１項若しくは第２項の規定により第63条の２の登録が取り消されたとき、又は前条第２項の規定により第63条の２の登録が効力を失ったときは、当該仮想通貨交換業者であった者は、その行う仮想通貨の交換等に関し負担する債務の履行を完了し、かつ、その行う仮想通貨交換業に関し管理する利用者の財産を返還し、又は利用者に移転する目的の範囲内においては、なお仮想通貨交換業者とみなす。

（外国仮想通貨交換業者の勧誘の禁止）

第63条の22　第63条の２の登録を受けていない外国仮想通貨交換業者は、国内にある者に対して、第２条第７項各号に掲げる行為の勧誘をしてはならない。

第４章　資金清算　（略）

第５章　認定資金決済事業者協会　（略）

第６章　指定紛争解決機関

（紛争解決等業務を行う者の指定）

第99条　内閣総理大臣は、次に掲げる要件を備える者を、その申請により、紛争解決等業務を行う者として、指定することができる。

一　法人（人格のない社団又は財団で代表者又は管理人の定めのあるものを含み、外国の法令に準拠して設立された法人その他の外国の団体を除く。第４号ニにおいて同じ。）であること。

二　次条第１項の規定によりこの項の指定を取り消され、その取消しの日から５年を経過しない者又は他の法律の規定による指定であって紛争解決等業務に相当する業務に係るものとして政令で定めるものを取り消され、その取消しの日から５年を経過しない者でないこと。

三　この法律、銀行法等若しくは弁護士法（昭和24年法律第205号）又はこれらに相当する外国の法令の規定に違反し、罰金の刑（これに相当する外国の法令による刑を含む。）に処せられ、その刑の執行を終わり、又はその刑の執行を受けることがなくなった日から５年を経過しない者でないこと。

四　役員のうちに、次のいずれかに該当する者がないこと。

イ　成年被後見人若しくは被保佐人又は外国の法令上これらに相当する者

ロ　破産手続開始の決定を受けて復権を得ない者又は外国の法令上これに相当する者

ハ　禁錮以上の刑（これに相当する外国の法令による刑を含む。）に処せられ、その刑の執行を終わり、又はその刑の執行を受けることがなくなった日から５年を経過しない者

ニ　次条第１項の規定によりこの項の指定を取り消された場合若しくはこの法律に相

340

当する外国の法令の規定により当該外国において受けている当該指定に類する行政
処分を取り消された場合において、その取消しの日前1月以内にその法人の役員
（外国の法令上これと同様に取り扱われている者を含む。ニにおいて同じ。）であっ
た者でその取消しの日から5年を経過しない者又は他の法律の規定による指定で
あって紛争解決等業務に相当する業務に係るものとして政令で定めるもの若しくは
当該他の法律に相当する外国の法令の規定により当該外国において受けている当該
政令で定める指定に類する行政処分を取り消された場合において、その取消しの日
前1月以内にその法人の役員であった者でその取消しの日から5年を経過しない者

ホ　この法律、銀行法等若しくは弁護士法又はこれらに相当する外国の法令の規定に
違反し、罰金の刑（これに相当する外国の法令による刑を含む。）に処せられ、その
刑の執行を終わり、又はその刑の執行を受けることがなくなった日から5年を経過
しない者

五　紛争解決等業務を的確に実施するに足りる経理的及び技術的な基礎を有すること。

六　役員又は職員の構成が紛争解決等業務の公正な実施に支障を及ぼすおそれがないも
のであること。

七　紛争解決等業務の実施に関する規程（以下この章において「業務規程」という。）が
法令に適合し、かつ、この法律の定めるところにより紛争解決等業務を公正かつ的確
に実施するために十分であると認められること。

八　次項の規定により意見を聴取した結果、手続実施基本契約（紛争解決等業務の実施
を内容とする契約をいう。以下この章において同じ。）の解除に関する事項その他の手
続実施基本契約の内容（第101条第1項において読み替えて準用する銀行法第52条の67
第2項各号に掲げる事項を除く。）その他の業務規程の内容（第101条第1項において
読み替えて準用する同法第52条の67第3項の規定によりその内容とするものでなけれ
ばならないこととされる事項並びに第101条第1項において読み替えて準用する同法
第52条の67第4項各号及び第5項第1号に掲げる基準に適合するために必要な事項を
除く。）について異議（合理的な理由が付されたものに限る。）を述べた資金移動業等
関係業者（資金移動業者又は仮想通貨交換業者をいう。以下この章において同じ。）の
数の資金移動業等関係業者の総数に占める割合が政令で定める割合以下の割合となっ
たこと。

2　前項の申請をしようとする者は、あらかじめ、内閣府令で定めるところにより、資金
移動業等関係業者に対し、業務規程の内容を説明し、これについて異議がないかどうか
の意見（異議がある場合には、その理由を含む。）を聴取し、及びその結果を記載した書
類を作成しなければならない。

3　内閣総理大臣は、第1項の規定による指定をしようとするときは、同項第5号から第
7号までに掲げる要件（紛争解決手続の業務に係る部分に限り、同号に掲げる要件に
あっては、第101条第1項において読み替えて準用する銀行法第52条の67第4項各号及
び第5項各号に掲げる基準に係るものに限る。）に該当していることについて、あらかじ

参考資料

め、法務大臣に協議しなければならない。

4 　第1項の規定による指定は、紛争解決等業務の種別ごとに行うものとし、同項第8号の割合は、当該紛争解決等業務の種別ごとに算定するものとする。

5 　内閣総理大臣は、第1項の規定による指定をしたときは、内閣府令で定めるところにより、その旨を公告しなければならない。

（指定の取消し等）

第100条 　内閣総理大臣は、指定紛争解決機関が次の各号のいずれかに該当するときは、前条第1項の規定による指定を取り消し、又は6月以内の期間を定めて、その業務の全部若しくは一部の停止を命ずることができる。

一 　前条第1項第2号から第7号までに掲げる要件に該当しないこととなったとき、又は指定を受けた時点において同項各号のいずれかに該当していなかったことが判明したとき。

二 　不正の手段により前条第1項の規定による指定を受けたとき。

三 　法令又は法令に基づく処分に違反したとき。

2 　内閣総理大臣は、指定紛争解決機関が次の各号のいずれかに該当する場合において、前項の規定による処分又は命令をしようとするときは、あらかじめ、法務大臣に協議しなければならない。

一 　前条第1項第5号から第7号までに掲げる要件（紛争解決手続の業務に係る部分に限り、同号に掲げる要件にあっては、次条第1項において読み替えて準用する銀行法第52条の67第4項各号及び第5項各号に掲げる基準に係るものに限る。以下この号において同じ。）に該当しないこととなった場合又は前条第1項の規定による指定を受けた時点において同項第5号から第7号までに掲げる要件に該当していなかったことが判明した場合

二 　次条第1項において読み替えて準用する銀行法第52条の65、第52条の66、第52条の69又は第52条の73の規定に違反した場合（その違反行為が紛争解決手続の業務に係るものである場合に限る。）

3 　第1項の規定により前条第1項の規定による指定の取消しの処分を受け、又はその業務の全部若しくは一部の停止の命令を受けた者は、当該処分又は命令の日から2週間以内に、当該処分又は命令の日に次条第1項において読み替えて準用する銀行法第52条の83第3項に規定する苦情処理手続又は紛争解決手続が実施されていた当事者、当該当事者以外の手続実施基本契約を締結した相手方である資金移動業等関係業者及び他の指定紛争解決機関に当該処分又は命令を受けた旨を通知しなければならない。

4 　内閣総理大臣は、第1項の規定により前条第1項の規定による指定を取り消したとき、又はその業務の全部若しくは一部の停止を命じたときは、内閣府令で定めるところにより、その旨を公告しなければならない。

（指定紛争解決機関に関する銀行法の規定の準用）

第101条 　銀行法第2条第22項から第25項まで及び第52条の63から第52条の83までの規定

342

（これらの規定に係る罰則を含む。次項において「銀行法規定」という。）は、指定紛争解決機関について準用する。この場合において、次項に定める場合を除き、これらの規定中次の表の上欄に掲げる字句は、それぞれ同表の下欄に掲げる字句と読み替えるものとする。

銀行業務関連苦情	資金移動業等関連苦情
銀行業務関連紛争	資金移動業等関連紛争
加入銀行	加入資金移動業等関係業者
顧客	利用者

2　銀行法規定を指定紛争解決機関について準用する場合において、次の表の上欄に掲げる銀行法規定中同表の中欄に掲げる字句は、それぞれ同表の下欄に掲げる字句と読み替えるものとするほか、必要な技術的読替えは、政令で定める。

第52条の63第1項	前条第1項	資金決済に関する法律第99条第1項
	次に掲げる事項	指定を受けようとする紛争解決等業務の種別（同法第2条第15項に規定する紛争解決等業務の種別をいう。第52条の73第3項第2号において同じ。）及び次に掲げる事項
第52条の63第2項第1号	前条第1項第3号	資金決済に関する法律第99条第1項第3号
第52条の63第2項第6号	前条第2項	資金決済に関する法律第99条第2項
第52条の73第3項第2号	銀行業務	紛争解決等業務の種別が資金移動業務（資金決済に関する法律第2条第15項に規定する資金移動業務をいう。）である場合にあっては為替取引に係る業務、紛争解決等業務の種別が仮想通貨交換業務（同項に規定する仮想通貨交換業務をいう。）である場合にあっては同条第7項各号に掲げる行為に係る業務
第52条の74第2項	第52条の62第1項の規定による指定が第52条の84第1項	資金決済に関する法律第99条第1項の規定による指定が同法第100条第1項
	第52条の84第3項	同法第100条第3項

参考資料

第52条の82第2項第1号	第52条の62第1項第5号	資金決済に関する法律第99条第1項第5号

第7章　雑則

（検査職員の証明書の携帯）

第102条　第24条第1項若しくは第2項、第54条第1項若しくは第2項、第63条の15第1項若しくは第2項、第80条第1項若しくは第2項又は第95条の規定により立入検査をする職員は、その身分を示す証明書を携帯し、関係者の請求があったときは、これを提示しなければならない。

2　前項に規定する各規定による立入検査の権限は、犯罪捜査のために認められたものと解してはならない。

（財務大臣への資料提出等）

第103条　財務大臣は、その所掌に係る金融破綻処理制度及び金融危機管理に関し、前払式支払手段発行者、資金移動業者、仮想通貨交換業者又は資金清算機関に係る制度の企画又は立案をするために必要があると認めるときは、内閣総理大臣に対し、必要な資料の提出及び説明を求めることができる。

2　財務大臣は、その所掌に係る金融破綻処理制度及び金融危機管理に関し、前払式支払手段発行者、資金移動業者、仮想通貨交換業者又は資金清算機関に係る制度の企画又は立案をするため特に必要があると認めるときは、その必要の限度において、前払式支払手段発行者、資金移動業者、仮想通貨交換業者、資金清算機関又は認定資金決済事業者協会その他の関係者に対し、資料の提出、説明その他の協力を求めることができる。

（権限の委任）

第104条　内閣総理大臣は、この法律による権限（政令で定めるものを除く。）を金融庁長官に委任する。

2　金融庁長官は、政令で定めるところにより、前項の規定により委任された権限の一部を財務局長又は財務支局長に委任することができる。

（内閣府令への委任）

第105条　この法律に定めるもののほか、この法律を実施するために必要な事項は、内閣府令で定める。

（経過措置）

第106条　この法律の規定に基づき命令を制定し、又は改廃する場合においては、その命令で、その制定又は改廃に伴い合理的に必要とされる範囲内において、所要の経過措置（罰則に関する経過措置を含む。）を定めることができる。

第8章　罰則

第107条　次の各号のいずれかに該当する者は、3年以下の懲役若しくは300万円以下の罰金に処し、又はこれを併科する。

一　第7条の登録を受けないで第三者型前払式支払手段（第3条第5項に規定する第三者型前払式支払手段をいう。第3号において同じ。）の発行の業務を行った者

二　不正の手段により第7条、第37条又は第63条の2の登録を受けた者

三　第12条の規定に違反して、他人に第三者型前払式支払手段の発行の業務を行わせた者

四　第42条の規定に違反して、他人に資金移動業を営ませた者

五　第63条の2の登録を受けないで仮想通貨交換業を行った者

六　第63条の七の規定に違反して、他人に仮想通貨交換業を行わせた者

七　第64条第1項の規定に違反して、内閣総理大臣の免許を受けないで資金清算業を行った者

八　不正の手段により第64条第1項の免許を受けた者

第108条　次の各号のいずれかに該当する者は、2年以下の懲役若しくは300万円以下の罰金に処し、又はこれを併科する。

一　第56条第1項の規定による資金移動業の全部又は一部の停止の命令に違反した者

二　第63条の11第1項の規定に違反した者

三　第63条の17第1項の規定による仮想通貨交換業の全部又は一部の停止の命令に違反した者

四　第82条第2項の規定による業務の全部又は一部の停止の命令に違反した者

五　第96条第2項の規定による業務の全部又は一部の停止の命令に違反した者

第109条　次の各号のいずれかに該当する者は、1年以下の懲役若しくは300万円以下の罰金に処し、又はこれを併科する。

一　第20条第2項、第61条第3項若しくは第63条の20第3項の規定による公告をせず、又は虚偽の公告をした者

二　第43条第1項の規定に違反して、供託を行わなかった者

三　第46条の規定による命令に違反して、供託を行わなかった者

四　第52条、第63条の13若しくは第78条の規定による帳簿書類の作成若しくは保存をせず、又は虚偽の帳簿書類の作成をした者

五　第53条第1項若しくは第2項、第63条の14第1項若しくは第2項若しくは第79条の規定による報告書若しくは第53条第3項若しくは第63条の14第3項若しくは第4項の規定による添付書類を提出せず、又は虚偽の記載をした報告書若しくは添付書類を提出した者

六　第54条第1項若しくは第2項、第63条の15第1項若しくは第2項若しくは第80条第1項若しくは第2項の規定による報告若しくは資料の提出をせず、又は虚偽の報告若しくは資料の提出をした者

七　第54条第1項若しくは第2項、第63条の15第1項若しくは第2項若しくは第80条第1項若しくは第2項の規定による当該職員の質問に対して答弁をせず、若しくは虚偽の答弁をし、又はこれらの規定による検査を拒み、妨げ、若しくは忌避した者

参考資料

　八　第65条第１項の規定による免許申請書又は同条第２項の規定による添付書類に虚偽の記載をして提出した者

第110条　第26条又は第27条第１項の規定による業務の全部又は一部の停止の命令に違反した者は、１年以下の懲役若しくは100万円以下の罰金に処し、又はこれを併科する。

第111条　第74条第１項若しくは第２項（これらの規定を同条第３項において準用する場合を含む。）又は第93条の規定に違反した者は、１年以下の懲役又は50万円以下の罰金に処する。

第112条　次の各号のいずれかに該当する者は、６月以下の懲役若しくは50万円以下の罰金に処し、又はこれを併科する。

　一　第５条第１項の規定による届出書若しくは同条第２項の規定による添付書類を提出せず、又は虚偽の記載をした届出書若しくは添付書類を提出した者

　二　第８条第１項の規定による登録申請書若しくは同条第２項の規定による添付書類、第38条第１項の規定による登録申請書若しくは同条第２項の規定による添付書類又は第63条の３第１項の規定による登録申請書若しくは同条第２項の規定による添付書類に虚偽の記載をして提出した者

　三　第14条第１項又は第２項の規定に違反して、供託を行わなかった者

　四　第17条の規定による命令に違反して、供託を行わなかった者

　五　第22条の規定による帳簿書類の作成若しくは保存をせず、又は虚偽の帳簿書類の作成をした者

　六　第23条第１項の規定による報告書若しくは同条第２項の規定による添付書類を提出せず、又は虚偽の記載をした報告書若しくは添付書類を提出した者

　七　第24条第１項若しくは第２項の規定による報告若しくは資料の提出をせず、又は虚偽の報告若しくは資料の提出をした者

　八　第24条第１項若しくは第２項の規定による当該職員の質問に対して答弁をせず、若しくは虚偽の答弁をし、又はこれらの規定による検査を拒み、妨げ、若しくは忌避した者

　九　第95条の規定による報告若しくは資料の提出をせず、又は虚偽の報告若しくは資料の提出をした者

　十　第95条の規定による当該職員の質問に対して答弁をせず、若しくは虚偽の答弁をし、又は同条の規定による検査を拒み、妨げ、若しくは忌避した者

第113条　第55条、第63条の16、第81条又は第96条第１項の規定による命令に違反した者は、100万円以下の罰金に処する。

第114条　次の各号のいずれかに該当する者は、30万円以下の罰金に処する。

　一　第５条第３項、第11条第１項、第41条第１項若しくは第63条の６第１項の規定による届出をせず、又は虚偽の届出をした者

　二　第13条第１項の規定による情報の提供をせず、又は虚偽の情報の提供をした者

　三　第20条第４項、第61条第７項若しくは第63条の20第７項において準用する会社法第

346

955条第1項の規定に違反して、調査記録簿等（同項に規定する調査記録簿等をいう。以下この号において同じ。）に同項に規定する電子公告調査に関し法務省令で定めるものを記載せず、若しくは記録せず、若しくは虚偽の記載若しくは記録をし、又は同項の規定に違反して調査記録簿等を保存しなかった者

四　第25条の規定による命令に違反した者

五　第30条第2項の規定による届出書若しくは同条第3項の規定による添付書類を提出せず、又は虚偽の記載をした届出書若しくは添付書類を提出した者

六　第30条第4項の規定による届出をせず、又は虚偽の届出をした者

七　第69条第2項若しくは第77条の規定による届出をせず、又は虚偽の届出をした者

八　第76条の規定に違反した者

九　第89条第3項の規定に違反して、その名称中に認定資金決済事業者協会の会員（第87条第2号に規定する会員をいう。以下同じ。）と誤認されるおそれのある文字を用いた者

十　第100条第3項の規定による通知をせず、又は虚偽の通知をした者

第115条　法人（人格のない社団又は財団であって代表者又は管理人の定めのあるものを含む。以下この項において同じ。）の代表者若しくは管理人又は法人若しくは人の代理人、使用人その他の従業者が、その法人又は人の業務に関し、次の各号に掲げる規定の違反行為をしたときは、その行為者を罰するほか、その法人に対して当該各号に定める罰金刑を、その人に対して各本条の罰金刑を科する。

一　第108条（第5号を除く。）　三億円以下の罰金刑

二　第109条（第1号を除く。）　二億円以下の罰金刑

三　第110条又は第112条（第1号、第2号、第9号及び第10号を除く。）　1億門以下の罰金刑

四　第107条、第108条第5号、第109条第1号、第112条第1号、第2号、第9号若しくは第10号、第113条又は前条　各本条の罰金刑

2　人格のない社団又は財団について前項の規定の適用がある場合には、その代表者又は管理人がその訴訟行為につきその人格のない社団又は財団を代表するほか、法人を被告人又は被疑者とする場合の刑事訴訟に関する法律の規定を準用する。

第116条　次の各号のいずれかに該当する者は、100万円以下の過料に処する。

一　第20条第4項、第61条第7項又は第63条の20第7項において準用する会社法第941条の規定に違反して、同条の調査を求めなかった者

二　第20条第4項、第61条第7項若しくは第63条の20第7項において準用する会社法第946条第3項の規定に違反して、報告をせず、又は虚偽の報告をした者

三　正当な理由がないのに、第20条第4項、第61条第7項又は第63条の20第7項において準用する会社法第951条第2項各号又は第955条第2項各号に掲げる請求を拒んだ者

第117条　次の各号のいずれかに該当する者は、50万円以下の過料に処する。

一　第33条第1項、第61条第1項若しくは第4項若しくは第63条の20第1項若しくは第

参考資料

4項の規定による届出をせず、又は虚偽の届出をした者

二　正当な理由がないのに第89条第1項の規定による名簿の縦覧を拒んだ者

第118条　次の各号のいずれかに該当する者は、10万円以下の過料に処する。

一　第14条第2項の規定による届出をせず、又は虚偽の届出をした者

二　第89条第2項の規定に違反して、その名称中に認定資金決済事業者協会と誤認されるおそれのある文字を用いた者

　　　附　　則　（抄）

（施行期日）

第1条　この法律は、公布の日から起算して1年を超えない範囲内において政令で定める日〔平22・4・1―平22政18〕から施行する。

（前払式支払手段発行者に係る経過措置）

第3条　この法律の施行の日（以下「施行日」という。）前に前条の規定による廃止前の前払式証票の規制等に関する法律（以下「旧法」という。）第2条第1項に規定する前払式証票（以下単に「前払式証票」という。）以外の前払式支払手段（第3条第1項に規定する前払式支払手段をいう。以下同じ。）の発行の業務の全部を廃止した者（以下この条において「発行廃止者」という。）については、当該発行の業務の全部を廃止した前払式支払手段に関しては、この法律は、適用しない。ただし、発行廃止者が施行日以後再び当該前払式支払手段の発行の業務を開始したときは、その発行の業務を開始した日以後においては、この限りでない。

第10条　第13条の規定は、施行日以後発行する前払式支払手段について適用する。

第11条　第14条から第19条まで、第31条及び第32条の規定は、施行日以後最初に到来する基準日から適用し、当該基準日前における前払式証票に係る供託及び当該前払式証票の所有者の権利の実行については、なお従前の例による。

2　旧法第13条第1項（前項の規定によりなお従前の例によることとされる場合を含む。）の規定により供託した発行保証金は、第14条第1項の規定により供託した発行保証金とみなす。

3　この法律の施行の際現に前払式証票（旧法附則第7条第3項に規定する前払式証票を除く。）以外の前払式支払手段の発行の業務を行っている者（次項において「供託対象外発行者」という。）が発行した当該前払式支払手段に係る第14条第1項の規定の適用については、同項中「2分の1」とあるのは、次の表の上欄に掲げる基準日について、それぞれ同表の下欄のように読み替えるものとする。

施行日以後最初に到来する基準日	6分の1
施行日後2回目に到来する基準日	6分の2

4　供託対象外発行者が施行日前に発行した前払式支払手段と施行日以後に発行する前払

式支払手段を区分している場合には、当該供託対象外発行者が発行した前払式支払手段に係る第14条第1項の規定の適用については、前項の規定にかかわらず、同条第1項中「基準日未使用残高」とあるのは、「施行日以後に発行した前払式支払手段に係る基準日未使用残高」とする。

第12条 第23条の規定は、施行日以後到来する基準日に係る同条第1項に規定する報告書について適用し、当該基準日前の基準日に係る旧法第17条第1項に規定する報告書については、なお従前の例による。

（罰則の適用に関する経過措置）

第34条 この法律の施行前にした行為及びこの法律の附則においてなお従前の例によることとされる場合におけるこの法律の施行後にした行為に対する罰則の適用については、なお従前の例による。

（政令への委任）

第35条 この附則に規定するもののほか、この法律の施行に関し必要な経過措置（罰則に関する経過措置を含む。）は、政令で定める。

（検討）

第36条 政府は、この法律の施行後5年を経過した場合において、この法律の施行状況、社会経済情勢の変化等を勘案し、資金決済に関する制度について検討を加え、必要があると認めるときは、その結果に基づいて所要の措置を講ずるものとする。

　　　附　　則（平成21年6月24日法律第58号）（抄）

（施行期日）

第1条 この法律は、公布の日から起算して1年を超えない範囲内において政令で定める日〔平22・4・1—平21政302〕から施行する。ただし、次の各号に掲げる規定は、当該各号に定める日から施行する。

一～四　（略）

五　第16条の規定（資金決済に関する法律目次の改正規定（「第51条」を「第51条の2」に改める部分に限る。）、同法第3章第2節中第51条の次に1条を加える改正規定及び同法第91条に1項を加える改正規定を除く。）　資金決済に関する法律の施行の日又は施行日のいずれか遅い日〔平22・4・1〕

六　第16条の規定（資金決済に関する法律目次の改正規定（「第51条」を「第51条の2」に改める部分に限る。）、同法第3章第2節中第51条の次に1条を加える改正規定及び同法第91条に1項を加える改正規定に限る。）　前号に掲げる規定の施行の日から起算して6月を超えない範囲内において政令で定める日〔平22・9・30—平22政17〕

（罰則の適用に関する経過措置）

第19条 この法律（附則第1条各号に掲げる規定にあっては、当該規定。以下この条において同じ。）の施行前にした行為及びこの附則の規定によりなお従前の例によることとされる場合におけるこの法律の施行後にした行為に対する罰則の適用については、なお従

参考資料

前の例による。

（政令への委任）

第20条 附則第２条から第５条まで及び前条に定めるもののほか、この法律の施行に関し必要な経過措置は、政令で定める。

（検討）

第21条 政府は、この法律の施行後３年以内に、この法律による改正後のそれぞれの法律（以下「改正後の各法律」という。）に規定する指定紛争解決機関（以下単に「指定紛争解決機関」という。）の指定状況及び改正後の各法律に規定する紛争解決等業務の遂行状況その他経済社会情勢等を勘案し、消費者庁及び消費者委員会設置法（平成21年法律第48号）附則第３項に係る検討状況も踏まえ、消費者庁の関与の在り方及び業態横断的かつ包括的な紛争解決体制の在り方も含めた指定紛争解決機関による裁判外紛争解決手続に係る制度の在り方について検討を加え、必要があると認めるときは、その結果に基づいて所要の措置を講ずるものとする。

2　政府は、前項に定める事項のほか、この法律の施行後５年以内に、この法律による改正後の規定の実施状況について検討を加え、必要があると認めるときは、その結果に基づいて所要の措置を講ずるものとする。

　　　附　則（平成26年６月27日法律第91号）（抄）

　この法律は、会社法の一部を改正する法律の施行の日〔平27・5・1─平27政16〕から施行する。（以下、略）

　　　附　則（平成28年６月３日法律第62号）（抄）

（施行期日）

第１条　この法律は、公布の日から起算して１年を超えない範囲内において政令で定める日〔平29・4・1─平29政46〕から施行する。

（資金決済に関する法律の一部改正に伴う経過措置）

第８条　この法律の施行の際現に仮想通貨交換業（第11条の規定による改正後の資金決済に関する法律（以下この条において「新資金決済法」という。）第２条第７項に規定する仮想通貨交換業をいう。以下この条において同じ。）を行っている者は、施行日から起算して６月間（当該期間内に新資金決済法第63条の５第１項の規定による登録の拒否の処分があったとき、又は次項の規定により読み替えて適用される新資金決済法第63条の17第１項の規定により仮想通貨交換業の全部の廃止を命じられたときは、当該処分のあった日又は当該廃止を命じられた日までの間）は、新資金決済法第63条の２の規定にかかわらず、当該仮想通貨交換業を行うことができる。その者がその期間内に同条の登録の申請をした場合において、その期間を経過したときは、その申請について登録又は登録の拒否の処分があるまでの間も、同様とする。

2　前項の規定により仮想通貨交換業を行うことができる場合においては、その者を仮想

通貨交換業者（新資金決済法第 2 条第 8 項に規定する仮想通貨交換業者をいう。）とみなして、新資金決済法の規定を適用する。この場合において、新資金決済法第63条の17第 1 項中「第63条の 2 の登録を取り消し」とあるのは、「仮想通貨交換業の全部の廃止を命じ」とするほか、必要な技術的読替えは、政令で定める。

3　前項の規定により読み替えて適用される新資金決済法第63条の17第 1 項の規定により仮想通貨交換業の全部の廃止を命じられた場合における新資金決済法の規定の適用については、当該廃止を命じられた者を同項の規定により新資金決済法第63条の 2 の登録を取り消された者と、当該廃止を命じられた日を同項の規定による同条の登録の取消しの日とみなす。

（罰則に関する経過措置）

第18条　この法律の施行前にした行為に対する罰則の適用については、なお従前の例による。

（その他の経過措置の政令への委任）

第19条　附則第 2 条から第 8 条まで及び前条に定めるもののほか、この法律の施行に関し必要な経過措置（罰則に関する経過措置を含む。）は、政令で定める。

（検討）

第20条　政府は、この法律の施行後 5 年を目途として、この法律による改正後のそれぞれの法律（以下この条において「改正後の各法律」という。）の施行の状況等を勘案し、必要があると認めるときは、改正後の各法律の規定について検討を加え、その結果に基づいて所要の措置を講ずるものとする。

　　　附　　則（平成29年 6 月 2 日法律第49号）（抄）

（施行期日）

第 1 条　この法律は、公布の日から起算して 1 年を超えない範囲内において政令で定める日〔平30・ 6 ・ 1 —平30政172〕から施行する。（以下、略）

参考資料

② 企業ポイントに関する消費者保護のあり方（ガイドライン）

平成20年12月
経済産業省

1. はじめに

　我が国において、小売、クレジット、航空、通信等、様々な業種の企業が、販売促進や顧客囲込み等のために企業ポイントを発行し、これを活用している。企業ポイントは、消費者に対して利便性の高いサービスを提供する中で、消費者と企業をつなぐ重要な役割を果たし、新しいビジネスを創出するというイノベーションを起こしつつ、年々発展してきている。

　例えば、小売業界で導入されている企業ポイントは、ポイントカードを使って商品購入した消費者の情報を活用し、顧客層ごとの売れ筋商品分析などのマーケティングへの活用に加え、リコール対象製品を購入した顧客への商品回収の連絡を行うなど、様々な用途にも活用している。

　　※企業ポイントが、企業の生産性向上や消費者の利便性向上に果たす役割については、企業ポイント研究会の報告書「企業ポイントのさらなる発展と活用に向けて」（平成19年7月）に詳しい。

　企業ポイントが今後も引き続き健全に発展していくため、経済産業省において「企業ポイントの法的性質と消費者保護のあり方に関する研究会」を開催し、企業ポイントの法的論点と消費者保護のあり方について次のような検討を行った。

● ポイントプログラム（※）を提供する発行企業は、一定の条件付きの権利として消費者にポイントを付与していると考えられるが、その権利行使ができる時期や方法などの条件について、相当の幅がある。

　　※　本ガイドラインでは、企業が消費者に対してポイントを付与し、消費者が貯めたポイントを特典や値引き等に利用できる仕組みを「ポイントプログラム」と呼ぶ。それぞれのポイントプログラムは、「○○ポイントサービス」や「○○マイレッジクラブ」、「○○ポイントプログラム」というような様々な名称がつけられており、消費者がポイントプログラム加入の意思表示を行い企業と契約を締結するものもあれば、消費者がクレジットカード契約等の別契約に付随してポイントプログラムの会員となるものもある。

● ポイントプログラムに加入する消費者は、自らの保有するポイントの利用価値が減少しないことや、ポイントカードを紛失した際に再発行されることなど、その保護について一定の期待を持っている。

● ポイントプログラム毎に異なっている「ポイント発行企業の認識」と「消費者の期待」

352

②　企業ポイントに関する消費者保護のあり方（ガイドライン）

との間にズレが生じ、結果として、消費者が期待していた利益を享受できないという問題が発生することがある。

● このズレをなくすため発行企業が消費者に対して分かりやすい表示や説明等の対応に取り組んで行くことが重要である。

　この検討を踏まえ、ポイント発行企業が自主的な取組みを通じて、消費者保護に取り組む上で留意することが望まれる事項を整理したガイドラインを以下に定める。
　「2．共通ガイドライン」では、多様なポイントプログラムに共通する基本的な事項を整理し、「3．主なポイントプログラム類型別留意事項」では、2．の共通事項に加えて、主なポイントプログラム類型ごとに特に留意すべき点について整理した。

　本ガイドラインにおける「企業ポイント」は、「ポイント」という名称を用いるかどうかを問わず、以下の特徴を持つものとする。
①発行企業は、ポイントプログラムに加入した消費者に対し、商品・サービスの購入や、店舗への来店、ウェブページへのアクセス、アンケートへの回答等を契機として、付与条件や有効期限、利用条件などの条件付きで、ポイントを付与する。
②消費者は、ポイントプログラムの条件の中で、貯めたポイントを利用することで、ポイント発行企業や提携企業等から特典の提供を受ける。
③金銭によるポイント購入ができない。
　　※　消費者が金銭を支払って取得するポイントについては、本ガイドラインの対象としているポイントとはその性格が異なるものであり、区別されるべきものである。なお、消費者が金銭を支払って取得するポイントについては、ポイントそれ自体が販売対象となっているのであり、その権利内容や重要な行使条件が販売時等において適正・適切に表示されるべきことはいうまでもない。

　なお、本ガイドラインでは、ポイントプログラムのうち、特に、規模（発行済みポイント残高や加入者数）が大きいものや、発行企業だけでなく他社が提供する商品やポイントとの連携を行っているもののように、ポイントの利用について一定程度の期待を持つ消費者が多いと考えられるものを念頭においている。
　　※　規模の大きなポイントプログラムを運営したり、他社と連携したりする場合、その業務を効率的に処理するため、ポイントの付与や利用に関する情報を電子的に記録・管理していることが一般的であり、この点が、規模の大きさや他社との連携をみる上で、重要な判断基準となる。

これは、規模の大きいポイントプログラムにおいては、発行企業側に多少のコストが発生しても、発行企業が消費者保護のために適切な表示や説明等を行うことが重要であると考えられるからである。

353

参考資料

※　例えば、クリーニング屋のスタンプカードのような小規模なものも、上記の「企業ポイント」にあてはまると考えられ、基本的には消費者への表示・説明を適切に行っていくことが望ましいが、こうした小規模なポイントプログラムにまで、本ガイドラインで定めるような具体的な表示・説明や対応を求めていく必要性は低いと考える。

2．共通ガイドライン

　企業ポイントに係る消費者の期待と発行企業の認識のズレを無くすためには、消費者がポイントプログラムの内容を正しく理解できることが重要である。しかしながら、ポイントプログラムの内容の詳細すべてについて、発行企業が消費者に対して説明することは、発行企業にとって困難である場合があると同時に、消費者にとって必ずしも望ましいことでもないと考えられるため、発行企業・消費者双方の手間・コストと効果を勘案し、発行企業においては次の対応が望まれる。

(1)プログラム内容を示す約款や書面等の交付や、ウェブページでの表示など、消費者が必要に応じてポイントプログラムの内容を網羅的に確認できる仕組みを整備すること
【消費者がポイントプログラム内容を網羅的に確認できる仕組み】

(2)ポイントプログラムの中で、特に、消費者の期待の高い重要事項について、適切な時点で消費者にわかりやすいように表示・説明すること
【発行企業による重要事項の積極的な表示・説明】

(3)その他、利用条件変更の際の適切な対応や、ポイントカード紛失時等の適切なトラブル対応を行うこと
【トラブル等への適切な対応】

これら3項目について、以下で詳述する。

(1)　消費者がポイントプログラムの内容を確認できる仕組み

　消費者が、ポイントプログラムに加入し、当該ポイントプログラムに基づきポイントを貯め、そして、当該ポイントを利用する上で、ポイントの有効期限や利用方法などのポイントプログラムの内容を確認できることが重要である。このため、ポイントプログラムへの加入に際して、交付される約款や書面にプログラム内容を記載してあること（あるいは、発行企業のウェブページにこうした事項が記載されていること）が重要であると考えられる。こうした情報提供は、加入の手続に入る前に行うことも、加入後に書面の手交や郵送、ウェブページでの表示等の方法で行うことも可能である。

　ポイントプログラムの具体的な内容としては、①ポイントの付与条件、②利用条件、③利用条件の変更、④トラブル時（ポイントカード紛失時・パスワード紛失時等）の対応、⑤ポイントの譲渡、⑥ポイントプログラム終了時の対応などが考えられる。こうしたポイ

② 企業ポイントに関する消費者保護のあり方（ガイドライン）

ントプログラムの詳細を消費者が加入に際して全て理解しておく必要はないと考えられる。したがって、少なくとも消費者が必要と判断する時に、交付された約款や書面、ウェブページ等（以下、「交付書面等」）により、ポイントプログラムの具体的な内容を網羅的に確認できる手段を確保することが重要であると考えられる。なお、この交付書面等においては、消費者に誤解や過剰の期待を持たせる表現を避ける必要がある。

上記①〜⑥の各項目について、具体的に記すと以下のとおりである。

①付与条件

　ポイントの付与対象となる商品・サービスの範囲や、付与率、その他の付与条件については、商品・サービスや時期によっても変化しうる。このため、消費者に対してポイントプログラム加入時点で網羅的にこれを示すことは困難な場合もあるが、発行企業はポイント付与についての基本的なルールについて交付書面等に明記し、消費者が確認できるようにしておくことが望まれる。

　この際、ポイントの付与対象を狭い範囲の商品・サービス等に限定しているにもかかわらず、広い範囲の商品・サービス等がポイント付与対象となっている旨の誤解を与えるような表示は避けるべきである。

　なお、消費者が購入した商品の返品やサービスのキャンセルを求める際、ポイントの返還が条件となり、消費者がポイントカードを所持していないために、返品・キャンセルを受け付けられないケースがある。発行企業は、返品・キャンセルに際して、このような付与ポイント返還の条件を付する場合は、これについても交付書面等に明記し、消費者が確認できるようにしておくことが望まれる。

②利用条件

　例えば、マイレージプログラムの「無料航空券サービスのためには最低1万ポイント必要」というような最低利用量や、「ポイントは付与から〇〇ヶ月経過により失効する」というような有効期限が設定されているものがある。こうしたポイントプログラムについては、加入時点では消費者が利用条件の詳細を理解することを望まなくとも、ポイントを貯めていく中で、次第に詳細を理解することを望む場合が多いと考えられる。このため、発行企業は消費者がポイントプログラム加入後にそうした利用条件を確認できるよう、交付書面等に明記しておくとともに、消費者から説明を求められた場合に対応できる体制を整えておくことが望ましい。

③利用条件の変更

　利用条件の変更は消費者の利益を損ねる可能性があるため、利用条件の変更の可能性や変更に際しての手続の概要をあらかじめ交付書面等に明記しておくことが望ましい。また変更に際しては、消費者からその変更内容についての説明を求められた場合に対応

355

参考資料

できる体制を整えておくことが望ましい。

④トラブルへの対応

　ポイントカードの紛失・盗難やパスワードの紛失・忘失、システムトラブルなどによる会員情報の消失など、ポイントプログラムを利用する中で消費者がトラブルに遭遇する可能性がある。こうしたトラブルについては、消費者が発行企業の対応を正確に理解できるように、例えば「ポイントカードを紛失した場合、持ち主であることが確認されれば、ポイントカードを再発行します」等、それぞれの場合における対応の概要や対応窓口を交付書面等に明記しておくことが望ましい。

⑤ポイントの譲渡

　消費者は個々のポイントプログラムにおいて、ポイントの譲渡や相続が可能か否かを認識していない場合が多い。発行企業は、消費者が加入後にそれらを確認できるよう、ポイントの譲渡・相続の可否や、譲渡・相続を認める場合にはその具体的な内容（例えば、譲渡・相続をできる対象者、手続の内容等）について、交付書面等に明記しておくことが望ましい。

⑥ポイントプログラム終了時の対応

　発行企業の戦略変化や業績悪化等によって、企業はポイントプログラムを終了させることがあり、この場合には、③の利用条件の変更以上に消費者の利益を損ねる可能性がある。このため、発行企業は終了の際の対応について交付書面等に明記しておくことが望ましい。

⑵　発行企業による重要事項の積極的な表示・説明

　消費者の期待の程度はポイントプログラムの性質によって異なってくるが、発行企業は、その程度を踏まえつつ、消費者にわかりやすいように積極的に表示・説明することが望まれる。

　この「表示・説明」としては、ポイントプログラムの類型ごとに様々な時点・場所・方法が考えられ、次のような具体例が挙げられる。

　A．ポイントプログラムへの加入時点：

　発行企業は、消費者のプログラムへの加入に際して、約款や説明書面を交付したり、店頭等で主な事項について説明を行うなどして、ポイントプログラムの内容について表示・説明を行っている。他にも、店頭のポスターに掲載されている情報、インターネットを介した加入における関連ウェブページに掲載された情報なども、同様の役割を果たしている。

B．ポイントの付与時点：

　発行企業は、ポイントの付与に伴って、その際の付与量や有効期限等の表示や説明を行っている。表示方法としては、小売事業者であれば商品の値札やレシート、クレジットカード事業者や携帯電話事業者であれば月々の利用明細、インターネット上でポイントの付与を行っている事業者であればウェブページ上での記載が挙げられる。

C．その他の時点：

　ポイントプログラムへの加入後に、発行企業がポイントの利用条件を変更する場合には、発行企業は消費者に対する告知を行うことが一般的である。

　また、ポイントプログラムによっては、加入者に対して、定期的に送信するダイレクトメールや電子メールなどにより、ポイントの残高や有効期限等の情報を提供している。

　さらに、加入の時点と無関係に、発行企業が一般に行っている新聞やテレビ CM での広告も、消費者のポイントプログラムに対する認識を形成する重要な表示である。

　以下では、消費者の期待が高い事項として、(1)で例示した 6 項目（①ポイントの付与条件、②利用条件、③利用条件の変更、④トラブルへの対応、⑤ポイントの譲渡、⑥ポイントプログラム終了時の対応）について、消費者の期待の高さに応じて、どの程度の表示・説明等を行うことが望ましいか、またその表示・説明等はどのような方法で行うことが望ましいか、を検討する。

　なお、こうした消費者の期待の高さはポイントプログラムの類型や加入時の発行企業と消費者のやり取り等によって異なるが、「消費者の期待の高い事項」の例としては、ポイントの付与率が高いポイントプログラムであればポイントの付与率、あるいは、ポイントの利用に係る制限が少ないポイントプログラムであれば利用条件、ポイントプログラム加入に際して特定の事項（例えば、有効期限の長さ）を強調して勧誘している場合であればその事項、などが挙げられる。

①付与条件

　ポイントの付与の基本的なルールについては、(1)で記したとおり、消費者が確認できるようにしておくことが重要であるが、これに加え、具体的な付与率や付与量についても、例えば、店舗での商品購入時点で「どれくらいのポイントが付与されるか」を店員が説明したり、商品の値札にポイント付与量を表示したり、あるいは、商品購入時のレシートにポイント付与量を表示する等の方法で、消費者が確認できるようにしておくことが望まれる。インターネット上での商品購入等を契機とするポイント付与については、同様に、購入の際に表示されるページ等でポイントの付与率や付与量が消費者に分かりやすい形で示されることが望ましい。

357

参考資料

②利用条件

　ポイント発行企業が各種各様なポイントプログラムを提供している中で、ポイントの有効期限が長いか短いか、あるいは、最低利用数量等の利用条件のハードルが高いか低いかを一律に論じることは困難であるが、発行企業が設定する利用条件が消費者の期待と異なる場合には消費者が不満を持つことが考えられる。これを回避するため、発行企業は、加入に際してポイントの利用条件を消費者に対して分かりやすく表示・説明することが望ましい。

　具体的には、加入時に消費者に対して、利用条件の概要や「よくある質問」等の情報を簡潔に分かりやすく記した書面を交付したり、又はその書面を用いた説明を行ったりすることなど、各ポイントプログラムの特性に応じて、効率的で効果的な方法で発行企業が取り組むことが望ましい。

　なお、著しく短い有効期限を定めるなど、消費者が期待する合理的な保護水準と異なったルールを設定する場合は、消費者に対して、特にわかりやすい表示・説明を行うことが求められるが、そもそもそのようなルールを設定すること自体が消費者の利益を一方的に害するものであれば、消費者契約法10条（消費者の利益を一方的に害する条項の無効）に抵触し、無効となることもありうる。

　ポイント交換（※）が盛んに行われるプログラムについては、ポイント交換についての消費者の期待が高いと考えられ、また、ポイント交換は、通常のポイント利用と比して、交換制限や交換手数料が設定されるなど複雑な制度になっていることが多いため、消費者のポイント交換の申し出に際しては、ポイント交換の条件やポイント交換に要する期間等について、分かりやすい表示・説明を行うことが望まれる。

　　　※　発行企業が、他社のポイントプログラムと提携の下、消費者が貯めたポイントをその求めに応じ、他社の企業ポイントに変更すること。

　さらに、消費者が認識していない間にポイントの有効期限が経過することを回避するため、発行企業には、そのコストを勘案しつつ、可能な範囲で、例えば、ダイレクトメールや電子メールによる消費者への定期的な連絡の中でポイント残高や有効期限を表示するなどの取組みを行うことが望まれる。

③利用条件の変更

　消費者がポイントプログラムに加入した後に、ポイントの利用条件を変更することは、消費者にとっては「貯めたポイントの使い勝手が悪くなったり、価値が減少する」ことにつながる可能性がある。このため、発行企業は、消費者のポイントプログラム加入に際し、こうした利用条件の事後的変更の可能性のある内容や、その際の告知の方法を交付書面等に明記するとともに、加入後の条件変更に際しては、事前に消費者に告知を行うことが望ましい。

　この告知から条件変更までの期間は、消費者が変更前の条件でポイントを行使することが実質的に困難でないよう、条件変更前の十分な期間をとることが望ましい。具体的には、

消費者の訪問間隔（店舗へ来店する周期、インターネットのポータルサイトにアクセスする周期）やポイント利用の頻度、ポイントの利用しやすさ（告知を受けてから条件変更までに貯めたポイントを使い切ることが出来るか）等を踏まえ、消費者が事前に条件変更を知り、貯めたポイントの利用などの対応ができるよう、発行企業は十分な告知期間を設けることが望ましい。

消費者に不利益となる変更の内容の中でも、有効期限の短縮やポイント交換レートの減少などのように既に貯めたポイントに影響するものについては、消費者の利益を損なうものであり、十分な期間をおいた告知を丁寧に行うことが重要である。特に、有効期限については、プログラムの加入に際し、例えば「このポイントは永久に有効」と表示・説明して勧誘した場合においては、発行企業はこの条件を変更することには慎重であるべきと考えられる。

（消費者契約法との関係）
- 消費者との契約において「発行企業はポイントプログラムの利用条件を事前告知なく自由に変更できる」と約款に表示した場合においても、消費者が貯めたポイントを事前告知なく突然失効させるなど、消費者が期待する合理的な保護水準に著しく反するような利用条件の変更は、消費者契約法10条（消費者の利益を一方的に害する条項の無効）に抵触し、無効となることもありうる。
- こうしたことを踏まえ、ポイントに係る重要な利用条件（有効期限、利用対象、最低利用数量、ポイント交換レート）等について著しく消費者に不利となる条件変更を、事前の十分な告知なく行うことについては慎重であるべきである。

また、有効期限の短縮やポイントの価値の減少等、消費者に特に不利益となる重要な条件変更については、ポイントプログラムに加入しているすべての消費者が知りうるように告知方法も丁寧に行われることが望ましい。具体的には、告知にかかるコストとその効果とのバランスを考慮しつつ、店舗でのポスター等による告知、ダイレクトメールや電子メールによる告知、インターネットのウェブページでの告知などが考えられる。

④トラブルへの対応

消費者がポイントプログラムを利用する中で、消費者がポイントカードを紛失したり、システムトラブルによってポイントが利用できなかったり、第三者による不正アクセスによりポイントを詐取されるなどのトラブルに遭遇することがある。発行企業は、こうしたトラブルに際し、消費者の求めに応じ、トラブルへの対応の手続等について、分かりやすく表示・説明することが望ましい。

なお、こうしたトラブルへの対応体制（電話や電子メールでの相談窓口の設置等）の整備については、次の「(3)　トラブル等への適切な対応」に記す。

参考資料

⑤ポイントの譲渡

　多くの発行企業がポイントの発行を顧客の囲込み等のマーケッティング目的で行っており、ポイントの譲渡や相続を認めていないポイントプログラムが多い。かかる取扱いは譲渡や相続に対応する事務コストを避け、また、発行企業が上記目的を達成する上で合理的な場合が多いと考えられるが、消費者が高額のポイント残高を持つことが想定される等、消費者の期待が高くなる可能性が高い一定のプログラムについては、加入に際して、発行企業はそうした取扱いを分かりやすく表示・説明することが望ましい。

⑥ポイントプログラムの終了時の対応

　ポイントプログラムの終了は、③の利用条件の変更以上に消費者の利益を損なう可能性がある。このため、終了に際しては、既に示した③の条件変更と同様に、十分な期間をおいて事前に告知を行うことが望ましい。仮に、約款に「発行企業の都合で、いつでも、事前通知なくポイントプログラムを廃止でき、その責任を一切負わない」と規定されている場合においても、やむを得ない場合を除き、十分な期間をおいた事前告知を行うことが望ましい。

　なお、ポイント付与や利用等の条件における表示・説明が、実際とは異なり、消費者の誤認を招くものである場合には、景表法（不当景品類及び不当表示防止法）第4条「不当な表示の禁止」に抵触する可能性があり、この点に十分注意する必要がある。

（ポイントの付与条件に関して不当な表示になるおそれのあるケース）
- 個々の商品ごとにポイント付与率を表示せずに「☆マークがついている商品は，5〜20％分のポイントを付与します」と表示し，かつ，「5％」を著しく小さく記載し，「20％」を大きく強調して表示することにより，あたかも多くの商品について「20％」のポイント付与が適用されるかのように表示しているが，実際には，20パーセント分のポイント付与の対象となるのは一部の商品に限定されているとき。

---

(3)　トラブル等への適切な対応

①重要な利用条件の変更に係る配慮

　既に発行したポイントの利用条件の変更は、消費者の期待を裏切り、利益を損ねる可能性がある。発行企業においては、消費者がポイントプログラムに加入し、又はポイント付与対象の商品を購入するに当たり重視する有効期限やポイントの価値等のような重要な利

用条件を変更する場合には、消費者が既に貯めているポイントを行使する機会が与えられるよう十分な期間を確保する等の配慮が強く望まれる。

②ポイントカードの紛失等のトラブル対応

　消費者がポイントプログラムを利用する中で、ポイントカードの紛失・盗難やパスワードの忘失、システムトラブル等によってポイントが利用できず、あるいは、第三者による不正アクセスによりポイントが詐取される等のトラブルに遭遇することがある。発行企業においては、こうしたトラブルへの対応体制（電話や電子メールでの相談窓口の設置等）を整えておくことが望ましい。

　また、こうしたトラブル対応の具体的な内容については、消費者が交付書面等で、事後的に大まかなトラブル対応手順や対応窓口の連絡先等を確認できることが望ましい。

　なお、多くのポイントプログラムでは、ポイントカードの紛失・盗難やパスワードの忘失に際し、カードの再発行やパスワードの通知・再発行に関する事項を約款等に定めていないが、このような対応について消費者の期待が高いことにかんがみ、発行企業は再発行等に対応可能なシステムを持っている場合（発行企業が消費者から個人情報を取得し、ポイント残高等の情報と併せて管理し、再発行等を求める消費者を本人と確認できる場合等）には、適切な対応をとることが望ましい。

③ポイント交換に係る配慮

　ポイント交換は様々なポイントプログラムを結びつけ、消費者と発行企業との関係を複雑にすることにつながるため、消費者トラブルのリスクを高める可能性がある。したがって、発行企業は、ポイント交換の相手方の発行企業が健全な財務基盤を持っているかどうか、消費者保護のための適正な措置をとっているかどうか、を十分に吟味することが望ましい。

３．主なポイントプログラム類型別留意事項

　前項で整理したガイドラインについて、主なポイントプログラム類型ごとに特に留意すべき事項を記す。

(1)　大手小売事業者（家電量販店、スーパー、コンビニ等）

①消費者へのポイントの付与に際しての表示・説明

　大手小売事業者で導入されているポイントプログラムの中には、ポイントの付与率が商品や時期、決済方法等によって異なるものがある。このように状況ごとに異なる付与率をすべて交付書面等においてあらかじめ記載することは困難であるため、発行企業は、ポイント付与に際して、個別具体的にポイントの付与率や付与量を消費者に分かりやすく伝えることが望ましい。

361

参考資料

例えば、ポイントの付与量が商品や決済方法等によって異なる場合には、付与率や付与量を掲載したラベルを各商品に貼付することや、商品陳列棚のタグに掲載すること、ウェブページ上では付与率や付与量を商品ごとに掲載すること等が挙げられる。

また、ポイントの付与率や付与量がキャンペーン期間内で通常と異なる場合には、その内容を明らかにするべく、店頭であればポスターやパンフレットなどの店内表示物、ウェブページ上ならばキャンペーンページなどと称したページにてキャンペーンの具体的な内容を表示・説明することが例として挙げられる。

②ポイントの利用条件の変更等に伴う告知

大手小売事業者で導入されているポイントプログラムでは、利用している消費者が多くその付与・利用頻度が高いため、ポイントの利用条件の変更や廃止が消費者全体にもたらす影響が大きくなる可能性がある。このため、その変更や廃止に関する内容を消費者に分かりやすく、かつ早期に伝えることが望ましい。特に、家電量販店に多く見られるように、高いポイント付与率を設定しているポイントプログラムについては、消費者が貯めているポイントの額が大きくなり、消費者が既に貯めているポイントを行使できる十分な期間を確保することが強く望まれる。

消費者への告知の例としては、店頭であれば条件変更や終了に関する具体的な内容を記載したパンフレット等のレジ周辺での配布や、概要を記載したポスター等の店内での告知、レシートへの概要の掲載が挙げられる。また、ウェブページ上であれば、具体的な内容を表示したページの掲載や、当該ページへのリンクの掲載、会員向け電子メールでの告知が挙げられる。

なお、チェーン店のある店舗が閉鎖される場合において、そこで貯めたポイントが別の店舗で使えないものとするときには、消費者側がそのポイントを別の店舗で継続して使うことを期待する可能性があるため、ポイントプログラムの加入等に際し、閉店の場合に別の店舗において使えないことを交付書面等において明確に表示することが望まれる。

(2) 航空運送事業者

①加入に際しての表示・説明

A マイルの有効期限

一般的に、マイルが付与された日を起算日として36ヶ月等の有効期間の経過によって順次失効する場合が多く見受けられるが、特定の優遇会員になるなど一定の条件を満たした場合には有効期限が更新されるといった、例外的な有効期限の設定方法も存在するため、その条件を消費者にわかりやすく表示・説明することが望ましい。

例えば、交付書面等におけるマイルの有効期限に関する記載内容に、「最上級会員である期間中はマイルは失効いたしません。ただし、最上級会員でなくなった場合には、その時点から36ヵ月後の月末が有効期限となります」等の表示をすることが挙げられる。

②　企業ポイントに関する消費者保護のあり方（ガイドライン）

　B　特典航空券による搭乗が可能な座席に関する制限
　一般的に、マイルによって取得できる特典航空券の座席数は、便ごとに全体の空席とは別に定められているが、その実態を消費者にわかりやすく表示・説明することが望ましい。
　例えば、交付書面等におけるマイルの特典航空券への交換に際しての注意事項として、「特典航空券の提供にあたっては、利用できない期間や利用座席数等の制限を設ける場合があります」等の表示をすることが挙げられる。

　C　マイルを利用する際に必要となる最低の数量
　マイルを利用する際に必要となる最低の数量を 10,000 マイルとしているなど、ほかのポイントプログラムに比べて高く設定している場合が見受けられるが、この点を消費者が正しく認識できるよう表示・説明することが望ましい。
　例えば、交付書面等におけるマイルの利用に際しての注意事項として、「マイルを利用するためには、10,000 マイル以上を貯めていただく必要があります」等の表示をすることが挙げられる。

②消費者へのマイルの付与に際しての表示・説明
　航空運送事業者で導入されているマイレージプログラムは、路線や航空券の種別、特定のクレジットカードの保有や消費者個人の過去の搭乗履歴に応じて会員に与えられる会員ステータス等によって、マイルの付与率や付与量が異なるのが一般的である。このように状況ごとに異なる付与率をすべて交付書面等においてあらかじめ記載することは困難であるため、航空運送事業者はマイル付与に際して個別具体的にマイルの付与率や付与量を消費者にわかりやすく伝えること、あるいは事後的にウェブページ等でこれらを確認できるようにすることが望ましい。
　例えば、冊子やウェブページ上の予約画面等において各券種や路線の個別具体的な付与率や付与量を表示することが挙げられる。

③マイルの利用条件の変更等に伴う告知
　航空運送事業者で導入されているポイントプログラムでは、マイルの利用条件の制限が強いことが多く、また、マイルの保有期間が長いため、大きな価値のマイルを保有することがある。航空運送事業者は、この点を踏まえ、マイルの利用条件の変更やポイントプログラムの廃止を行う場合には、こうした変更等の内容を消費者に分かりやすく伝えることが望ましい。なお、マイルの主な利用方法である特典航空券が、その性質上前もって日程調整が必要となる可能性があるため、特に十分な告知期間をおくことが望ましい。

(3)　ポータル・電子商取引系ポイント事業者
※　インターネットを用いてポータルサイトや電子商取引を営む事業者。

参考資料

①消費者へのポイントの付与に際しての表示・説明

　ポータル・電子商取引系ポイント事業者等で導入されているポイントプログラムの中には、ポイントの付与率や有効期間が付与対象や時期によって異なる場合が見受けられるほか、一定期間内に一定のポイントを獲得するなどの特定条件を満たした会員にのみ適用される付与率が存在する場合がある。このように状況ごとに異なる付与率をすべて交付書面等においてあらかじめ記載することは困難であることから、発行企業は、ポイント付与に際して、個別具体的なポイントの有効期間と付与率や付与量を消費者にわかりやすく伝えることが望ましい。

　例えば、付与対象が表示されているウェブページ上にて、その対象ごとに付与率や付与量、あるいは有効期限や有効期限が通常と異なる旨の記号等を表示することが挙げられる。

　また、ポイントの付与率や付与量がキャンペーン等で通常と異なる場合には、その内容をあらかじめ具体的に電子メールやウェブページにより表示することや、その対象であることを該当する付与対象ごとにウェブページ上で表示することが例として挙げられる。

②消費者が保有しているポイントに関しての表示・説明

　ポータル・電子商取引系ポイント事業者等で導入されているポイントプログラムの中には、有効期間の異なるポイントの付与を行う場合がある。このような場合、各ポイントの有効期間をわかりやすく消費者に表示・説明することが望ましい。

　例としては、会員画面およびポイントの付与・利用等に際して保有しているポイントの確認が行われる画面等において、有効期限を迎える時期によってポイントを分別し、それぞれの量と有効期限を表示することが挙げられる。

③トラブル時の対応

　ポータル・電子商取引系ポイント事業者等で導入されているポイントプログラムでは、一般的に、パスワードの忘失に際しては、パスワードの通知・再発行等に関する事項を約款等に定めている事例は少ない。しかし、パスワードの再発行・通知等に対する消費者の期待が高いことにかんがみ、発行企業が通知・再発行等が可能なシステムを採用している場合には、適切に対応することが望ましい。

⑷　クレジットカード事業者

①加入に際しての表示・説明

　クレジットカード事業者で導入されているポイントプログラムの中には、前払式証票の購入（例：電子マネーへのチャージ）や、キャッシングの利用等に際してはポイントが付与されない場合が見受けられる。また、一部の商品・サービスの購入については、ポイントの付与ではなく値引等が適用される場合が見受けられる。これらポイント付与条件は、

② 企業ポイントに関する消費者保護のあり方（ガイドライン）

消費者がどのクレジットカードに加入するかを判断する際の重要な要素となっている可能性があるため、ポイントを付与する契機となる行為のみならず、付与の対象外となる行為に関して消費者にその内容をわかりやすく伝えることが望ましい。

例えば、交付書面等におけるポイントの付与対象に関する注意事項として、「電子マネーへのチャージやプリペイドカードの購入、キャッシングに対しては、ポイントは付与されません」等の記載を行うことや、「〇〇の購入については、ポイント付与に代わって値引きをいたします」等の記載を行うことが考えられる。

②消費者へのポイントの付与に際しての表示・説明

クレジットカード事業者で導入されているポイントプログラムの中には、ポイントの付与率が指定された加盟店において異なっているものや、期間や条件を定めて付与率や付与量を変更する場合がある。このように状況ごとに異なる付与率や付与量をすべて約款等においてあらかじめ記載することは困難であ

るため、発行企業は、毎月送信する利用明細にポイント付与情報を表示する等、個別具体的にポイントの付与率や付与量を表示することが望ましい。

③ポイントの利用条件の変更等に伴う告知

クレジットカードへの加入に際し、「1ポイントを〇マイルの航空マイレージに交換できる」や「ポイントの有効期限は〇年」というような、ポイント利用条件を表示・説明し、その条件の変更又はポイントプログラムの廃止を行う場合においては、これらの変更等を消費者に対し、十分な期間をおいて事前に、かつ、分かりやすく告知することが望ましい。

⑸　交換系ポイント事業者

※　多数の他社ポイントからの交換や多数の他社ポイント等への交換が可能なポイントプログラムを提供している事業者。

①加入に際しての表示・説明

交換系ポイント事業者で導入されているポイントプログラムでは、一般的に、他社ポイントとの交換比率（他社ポイントからの交換、他社ポイントへの交換を問わず）や、他社ポイントに交換した後の有効期間、交換の申し込みから交換が完了するまでに要する期間等の条件が一律ではない場合がある。また、他社ポイントとの交換比率に関しては、それが期間等によって異なる複雑な場合もある。このように状況ごとに異なる付与率や付与量をすべて約款等にあらかじめ記載することは困難であるが、消費者のポイントプログラムへの加入に際して、事業者はポイント交換に係る基本的なルール（上記のように、交換比率や有効期間等の条件が一律でないことを含めて）を消費者にわかりやすく表示・説明することが望ましい。

365

参考資料

②ポイントの交換に際しての表示・説明

ポイント付与に際しても、交換系ポイント事業者は、個別具体的なポイントの付与率や付与量、有効期間を消費者にわかりやすく伝えることが望ましい。

例としては、他社ポイントごとに個別具体的な他社ポイントとの交換比率と交換後の有効期間、交換に要する期間をウェブページ上に表示されている付与対象ごとに表示することが挙げられる。

③他社ポイントとの交換条件の変更等に伴う告知

交換系ポイント事業者で導入されているポイントプログラムでは、ポイント交換に対する消費者の期待が他のポイントプログラムに比べて高いことを踏まえ、他社ポイントとの交換条件の変更や交換の廃止に際しては、消費者の利用実態を踏まえた上で、効果的な方法で事前告知することが望ましい。

例えば、変更等の内容を会員に対して電子メールやウェブページ上で十分な期間をおいて事前に、かつ、分かりやすく告知する等の対応が望まれる。

(6) 共通ポイント事業者

※ 商品の販売や、運輸・通信等のサービスなどの本業に付帯してポイントプログラムの提供を行うのではなく、飲食業や小売業、サービス業などの多数の加盟店や加盟企業が参加するポイントプログラムの提供を主たる業務として行う事業者。

○加盟店や加盟企業に関する表示・説明

共通ポイント事業者で導入されているポイントプログラムでは、加盟店や加盟企業が比較的頻繁に追加・除外されることがあり、その実態を消費者にわかりやすく伝えることが望ましい。

例としては、ポイントカードを発行している場合には、カードの発行時の加盟店や加盟企業を券面に表示することや、加盟店や加盟企業の情報を確認できるウェブページのアドレスや問い合わせ先の電話番号などを券面に表示することが挙げられる。また、加盟店や加盟企業を除外する際には、対象となる店舗や企業と除外の実施時期について、店頭や、ダイレクトメール、電子メール、ウェブページ等で、十分な期間を設けて事前告知することが挙げられる。

(7) 携帯電話事業者

○消費者が保有しているポイントに関しての表示・説明等

携帯電話事業者で導入されているポイントプログラムでは、その有効期限を付与の翌々年度末としているものがある。消費者が貯めたポイントは携帯電話端末の新規購入時に利

366

② 企業ポイントに関する消費者保護のあり方（ガイドライン）

用されることが多いが、現在は携帯電話端末の買換サイクルがおよそ2年であるため、消費者は買換時に保有しているポイントの総量を認識し、その全量を利用している場合が多い。しかし、今後は携帯電話端末の割賦販売制の導入によって買換サイクルが長期化した結果、端末を買い換える前に有効期限を迎えるポイントが増える可能性もある。このような状況に備えて、有効期限到来の事前告知等、有効期限切れとなるポイントの増加を抑える手段を講じることが望ましい。

4．終わりに

　本ガイドラインでは、表示・説明やトラブルへの積極的な対応など、発行企業による自主的な取組みを通じた消費者保護についての整理を行ったが、消費者への新しいサービス提供を通じた発展が見込まれる企業ポイントについて、発行企業は引き続き消費者保護に取り組んでいくことが必要である。

　特に、ポイントプログラムの多様化やサービスの高度化の中で、消費者のポイントに対する期待が高まっていることを踏まえ、ポイントプログラムの内容やポイントの利用に係る条件などを消費者にわかりやすく伝えることにより、消費者の期待とポイントプログラムの実際の内容が乖離しないように努めることが重要である。

　また、ポイントの利用条件の変更やポイントカードの紛失等のトラブル対応については、消費者の利益を極力損ねないような取組み（例えばポイントの十分な行使期間の確保やポイントカードの再発行）を行える体制の構築が望まれる。

　一方で、こうしたポイントプログラムに対し、消費者保護の観点から、届け出や登録などの手続を求め、供託義務のような規制を課すことは、ポイントプログラムの運営コストを高め、多様化で革新的なポイントプログラムの存続を阻害し、ひいては、ポイント関連ビジネスの縮小や消費者の利便性の低下につながるおそれがある。こうした点を踏まえ、ポイントプログラムに新しい規制を課すことについては、現時点で指摘されている「消費者の期待と企業の認識のズレから生じているトラブル」に対処するため本ガイドラインで示した発行企業による消費者保護の取組みの推移を見つつ、消費者トラブルの実態を踏まえ、慎重かつ十分な検討が行われることが必要である。

　なお、本ガイドラインは、今後の企業ポイントを取り巻く環境の変化や、ポイントプログラムの発展、ポイントに係る消費者トラブル等を踏まえ、必要に応じ、適時適切に見直しを行うものとする。

● 事項索引 ●

〔英文字〕

IC 型電子マネー ……………………11
Initial Coin Offering(ICO) …………41

〔あ行〕

預り金 ……………………………257
預り金規制 ……………………116・157
後払式電子マネー ………………………4
一元発行型電子マネー …………………12
著しく有利 ………………………190
一般懸賞規制 ……………………193
ウェアラブル端末 ………………106
ウォレット ………43・47・281・300・302
打消し表示 ……………………190
オープン・ループ型電子マネー ……13
オプトアウト ……………………88
オフライン型（ウォレット）
………………………49・281・300・302
オンライン型（ウォレット）
………………48・282・300・301・303

〔か行〕

会社分割 ……………………169・237
外為法 ……………………………261
仮想通貨 ……………………31・254
　―と差押え ……………………302
　―と税務 ………………………40
　―と他の仮想通貨との交換 ………264
　―の貸付け ……………………265
　―の送金 ………………………265
　―の売買 ………………………264
　―の法的性質 …………………274

　―の保管方法 ………………284・304
　―のマイニング・発行 …………266
仮想通貨交換業 …………………263
　―の行為規制 …………………270
　―の参入規制 …………………266
仮想通貨交換業者 ………………263
課徴金納付命令 …………………191
合併 ……………………………169・236
株式会社 MTGOX（マウントゴックス）
…………………………………32・298
株式取得 …………………………236
加盟店 …………………15・17・153
加盟店契約 ……………………163・170
為替取引 ……………56・117・171・258
監督 ……………………………114
勧誘 ……………………………187
共通ポイント ……27・29・181・197・240
銀行振込み ………………………18
銀行法 …………………………117・258
金融商品取引法 ………………118・260
金融商品販売法 ………………119・261
苦情処理体制の措置義務 …………114
クライアント型（ウォレット）
…………………………47・281・300・302
クレジットカード ………………14
クローズド・ループ型電子マネー ……13
景品表示法 ……………………189
景品類の限度額 …………………193
景品類の総額 ……………………193
現金 ……………………………………6
公開鍵 ……………………………43
交換系ポイント事業者 ………27・241・246

事項索引

公正競争規約 ……………………191・198
小切手・手形 ……………………19
個人情報 ……………………85
　―の共同利用 ……………………88
　―の第三者提供の制限 ……………87
　―の利用目的 ……………………86
　―の利用目的の変更 ……………87
個人情報保護法 ……………………84

〔さ行〕

サーバ型電子マネー ……………………11
再建型倒産手続 ……………………227・232
債権届出 ……………………158・161・231
財産権 ……………………224
差押禁止財産 ……………………165
自家型電子マネー ……………………10
自家型発行者 ……………………102
　―の参入規制 ……………………100
自家型前払式支払手段 ……………100
事業譲渡 ……………………169・238
資金移動業 ……………………171
資金決済法
　……63・69・95・199・242・246・249・254
自己宛て小切手 ……………………19
時効の中断（更新） ……………………215
システムリスク管理 ……………………148
執行手続 ……………………165
　債権― ……………………165・303
　動産― ……………………166・302
紙幣類似証券取締法 ……………117・259
仕向銀行 ……………………18
重要事項 ……………………188
出資法 ……………………116・257
（業務上の）出張時に得たマイル
　（ポイント） ……………………200

少額弁済 ……………………233
消費者契約法 ……78・186・209・212・238
消費者裁判手続特例法 ……………226
消費者に対する情報提供（努力）義務
　……………………78
商品券 ……………………6
情報の安全管理義務 ……………………114
清算型倒産手続 ……………………227・230
総付景品規制 ……………………194
双方未履行双務契約 ……………………160
措置命令 ……………………191
損害賠償額の予定 ……………………217

〔た行〕

（ポイント取得における）対価 …243・246
対価性 ……………………97
　―の有無 ……………………60
第三者型電子マネー ……………………10
第三者型発行者 ……………………104
　―の参入規制 ……………………103
第三者型前払式支払手段 …………100・103
多元発行型電子マネー ……………12・161
チャージ ……………………2
通貨 ……………………260・274
通貨建資産 ……………………256
定型約款 ……………………74・223
　―の内容の表示 ……………………75
　―の変更 ……………………76・223
適格消費者団体 ……………………217・225
デビットカード ……………………16
電子計算機使用詐欺罪 ……………224
電子マネー ……………………2
　―と税務 ……………………176
　―のサービスの一部停止・変更 ……145
　―のシステム障害 ……………………147

369

事項索引

―の使用期間 ………………………149
―の消滅時効 ………………………149
―の送金・換金 ……………………175
―のデータの紛失・毀損 …………136
―の不正利用 ………………………140
―の法的性質 ………………………124
電子マネー残高相当額 ………………153
問屋 ……………………………………55
倒産（手続）………………………153・298
倒産解除特約 …………………………162
倒産債権 ……………………………156・299
特定者 …………………………………68
特定適格消費者団体 …………………226
匿名加工情報 …………………………91
取引の価額 ……………………………192

〔な行〕

値引きと認められる経済上の利益
………………………………194・198

〔は行〕

発行保証金 …………………107・161・169
―の還付 ……………………………112
―の還付手続 ………………………161
発行保証金信託契約 …………………109
発行保証金保全契約 …………………109
ビッグデータ …………………………85
ビットコインアドレス ………………43
ビットコイン取引所 …………………49
ビットコインの分裂 …………………40
秘密鍵 …………………………………43
表示等の適正な管理のために必要な
　体制の整備その他の必要な措置 ……192
不実告知 ………………………………187
不当景品類 ……………………………192

（消費者契約法上の）不当条項の無効 …79
（民法上の）不当条項規制 …………75
不当条項の使用差止請求 ……………225
不当表示 ………………………………189
不当廉売 ………………………………199
不特定の者 ……………………………68
不利益事実の不告知 …………………187
プリペイドカード ……………………6
プレミアム ……………………………97
ブロックチェーン …………………33・35
ペーパー・ウォレット …………49・302
弁済許可 ………………………………233
弁済禁止の保全命令 …………………160
ポイント（企業ポイント）…………8・21
―の権利性を否定する条項 ………209
―の不正使用 ………………………224
―の法的性質 ………………………204
―の有効期限に関する条項 ………212
―の利用条件の変更 ………………220
ポイント規約 ………22・205・212・228・238
ポイント交換 ……………27・29・181・240
ポイント発行額 ……………………24・26
ポイント不返還条項 …………………216
ポイント付与率 ……………………24・26
ポイントプログラム …………22・180・206
―の継続 ……………………………233
―の終了 ……………221・228・232・238
―の承継 ……………………………235
ポイント利用の意義 …………………23
ポストペイ型電子マネー ……………4
本人確認リスク ………………………142

〔ま行〕

マイナー ………………………………33
マイニング …………………………266・285

マイレージ管理規定、ポイント管理
　規定等 ……………………………201
前払式支払手段 …………………95
　—に関する情報の提供 …………106
　—の発行 …………………………97
　—の払戻し ………………………112
　—の未使用残高 …………………101
前払式支払手段発行者 ……………105
　—の行為規制 ……………………106
前払式電子マネー …………………4
みなし合意 …………………………74
民事執行手続 ………………………165
民事執行法 …………………………150

〔や行〕

有価証券 ……………………118・260
有償割合 ……………………………64
有利誤認表示 ………………………189

〔ら行〕

履行保証金 …………………………173

〔わ行〕

割引を約する証票 ……………196・198

371

編集・執筆者紹介

●編集・執筆者紹介●

《編集 兼 執筆者》

中 森　　亘（なかもり　わたる）

【略歴】1991年京都大学法学部卒／1995年弁護士登録、北浜法律事務所入所／2002年同事務所パートナー　【主な公職】2002〜2017年・大阪府立大学大学院非常勤講師（会社法・事業再編）／2009年〜大阪経済大学大学院非常勤講師（信託法）／2014〜2016年・京都大学法科大学院非常勤講師（倒産法）／中小企業庁「信託を活用した事業承継円滑化に関する研究会」委員等　【主な所属団体】信託法学会／金融法学会／日本民事訴訟法学会／日本不動産金融工学学会／事業再生実務家協会／事業再生研究機構等　【主な取扱分野】金融・ファイナンス／Ｍ＆Ａ／倒産・事業再生／会社法／不動産法／その他の企業法務　【主な著書】『新信託の理論・実務と書式』（民事法研究会）／『注釈破産法』（金融財政事情研究会）／『新・更生計画の実務と理論』（商事法務）／『倒産と金融』（商事法務）（いずれも共著）他

籔 内 俊 輔（やぶうち　しゅんすけ）

【略歴】2001年神戸大学法学部卒／2002年神戸大学大学院法学政治学研究科博士課程前期課程修了／2003年弁護士登録、北浜法律事務所入所／2006年特定任期付公務員として公正取引委員会において勤務／2009年弁護士法人北浜法律事務所に復帰　【主な公職】神戸大学大学院法学研究科法曹実務教授等　【主な所属団体】日本経済法学会／関西経済法研究会／実務競争法研究会等　【主な取扱分野】独占禁止法／景品表示法／下請法を中心とした企業法務　【主な著書】『ビジネスを促進する独禁法の道標』（共編著・レクシスネクシス・ジャパン）／『経済法判例・審決百選〔第２版〕』（共著・有斐閣）／『独占禁止法と損害賠償・差止請求』（共編著・中央経済社）／『景品表示法の法律相談〔改訂版〕』（共編著・青林書院）他

谷 口 明 史（たにぐち　あきひと）

【略歴】1999年慶應義塾大学商学部卒／2004年弁護士登録、北浜法律事務所入所／2007年弁護士法人北浜法律事務所東京事務所に移籍／2009年大手証券会社・公開引受部に出向／2011年弁護士法人北浜法律事務所東京事務所に復帰／2012年同事務所パートナー　【主な取扱分野】Ｍ＆Ａ／ベンチャー法務／金融・ファイナンス／

不動産法／その他企業法務全般 【主な著書】『新信託の理論・実務と書式』(共著、民事法研究会)／『コンパクト解説 会社法 2 取締役・取締役会・執行役』(共著、商事法務)／『合併の法務』(中央経済社)

堀 野 桂 子 (ほりの　けいこ)

【略歴】2004年大阪大学法学部卒／2005年弁護士登録、北浜法律事務所入所 【主な公職】大阪大学大学院高等司法研究科非常勤講師（信託法）／大阪経済大学大学院非常勤講師（信託法） 【主な所属団体】信託法学会／日本不動産金融工学学会等 【主な取扱分野】金融・ファイナンス／M＆A／倒産・事業再生／その他の企業法務 【主な著書】『新信託の理論・実務と書式』(共著、民事法研究会) 他

《執筆者》
佐 野　俊 明 (さの　としあき)

【略歴】2001年慶應義塾大学経済学部卒、日興ソロモンスミスバーニー証券会社入社／2008年九州大学法科大学院終了／2009年弁護士登録／2010年株式会社西日本シティ銀行入行／2012年弁護士法人北浜法律事務所福岡事務所入所 【主な取扱分野】金融・ファイナンス／ベンチャー法務／M＆A／倒産・事業再生／その他の企業法務 【主な著書】『民法改正対応　取引基本契約書作成・見直しハンドブック』(共著、商事法務)

中　　亮介 (なか　りょうすけ)

【略歴】2005年京都大学法学部卒／2007年京都大学法科大学院修了／2008年弁護士登録、北浜法律事務所入所／コロンビア大学ロースクール修了（LL.M.） 【主な所属団体】環太平洋法曹協会、独日法律家協会、日独産業協会 【主な取扱分野】GDPR・データ保護法／コンピューター関連法／独占禁止法／倒産・事業再生／その他の企業法務

太 田　慎 也 (おおた　しんや)

【略歴】2010年京都大学法学部卒／2012年京都大学法科大学院修了／2013年弁護士登録、北浜法律事務所入所 【主な所属団体】倒産法実務研究会 【主な取扱分野】倒産・事業再生／M&A／会社法／争訟／その他企業法務全般 【主な著書】『民法

編集・執筆者紹介

（債権関係）改正で見直す　士業のための実は危険な委任契約・顧問契約』（共著、清文社）、『民法改正対応　取引基本契約書作成・見直しハンドブック』（共著、商事法務）

河浪　　潤（かわなみ　じゅん）

【略歴】2012年大阪大学法学部法学科卒／2013年弁護士登録、北浜法律事務所入所【主な所属団体】Inter Pacific Bar Association （「IPBA」環太平洋法曹協会）【主な取扱分野】M&A ／争訟／国際取引／その他企業法務全般

孝岡　裕介（たかおか　ゆうすけ）

【略歴】2011年京都大学法学部卒／2013年京都大学法科大学院修了 /2014 年弁護士登録、北浜法律事務所入所　【主な所属団体】倒産法実務研究会　【主な取扱分野】M&A ／倒産・事業再生／会社法／会社関係訴訟・非訟／その他企業法務全般

冨本　晃司（とみもと　こうじ）

【略歴】2011年大阪大学法学部卒／2013年京都大学法科大学院修了 /2014 年弁護士登録、北浜法律事務所入所　【主な取扱分野】知的財産法／ベンチャー法務／不動産法／倒産・事業再生／その他企業法務全般

《初版執筆者》

伊達伸一・松岡潤・山口要介・橋本道成

飯沼孝明・東泰雄・中嶋隆則・上田修平

●編者所在地●

北浜法律事務所　http://www.kitahama.or.jp/

大阪オフィス（北浜法律事務所・外国法共同事業）

　〒541-0041　大阪市中央区北浜 1 - 8 -16　大阪証券取引所ビル

　TEL：06-6202-1088(代)　　FAX：06-6202-1080

東京オフィス（弁護士法人北浜法律事務所　東京事務所）

　〒100-0005　東京都千代田区丸の内 1 - 7 -12　サピアタワー14 F

　TEL：03-5219-5151(代)　　FAX：03-5219-5155

福岡オフィス（弁護士法人北浜法律事務所　福岡事務所）

　〒812-0018　福岡市博多区住吉 1 - 2 -25

　　　　　　　　キャナルシティ・ビジネスセンタービル 4 F

　TEL：092-263-9990(代)　　FAX：092-263-9991

バーチャルマネーの法務〔第2版〕
―電子マネー・ポイント・仮想通貨を中心に―

平成30年11月9日　第1刷発行

定価　本体 4,300円＋税

編　　者　北浜法律事務所

　　　　　（編集代表　中森　亘・籔内俊輔・谷口明史・堀野桂子）

発　　行　株式会社　民事法研究会

印　　刷　株式会社　太平印刷社

発行所　株式会社　民事法研究会

　　　　〒150-0013　東京都渋谷区恵比寿 3 - 7 - 16

　　　　〔営業〕☎03-5798-7257　FAX03-5798-7258

　　　　〔編集〕☎03-5798-7277　FAX03-5798-7278

　　　　http://www.minjiho.com/　info@minjiho.com

カバーデザイン／袴田峯男　ISBN978-4-86556-245-3 C2032 ¥4300E
組版／民事法研究会（Windows10 64bit+EdicolorVer10+MotoyaFont etc.）
落丁・乱丁はおとりかえします。

■破産管財人の必携書として好評の『破産管財BASIC』の実践編！■

破産管財 PRACTICE プラクティス
―留意点と具体的処理事例―

中森 亘・野村剛司 監修 破産管財実務研究会 編

A5判・330頁・定価 本体3,400円＋税

▷▷▷▷▷▷▷▷▷▷▷▷▷▷▷▷▷▷ **本書の特色と狙い** ◁◁◁◁◁◁◁◁◁◁◁◁◁◁◁◁◁◁

▶業種別（第1部）と実務の場面ごと（第2部）に、事務処理上の留意点や直面する悩みへの着眼点、知恵・工夫を網羅！

▶第1部は、業種・事業類型別の事務処理上の留意点をまとめ、同じ編者による『破産管財BASIC』からさらなる架橋を図る！ 製造業、小売業、建設業、不動産業、理美容師、医師、整骨院、労働者派遣業、農業、牧畜業など種々掲載！

▶第2部は、執筆者が破産管財事件でうまく処理できた事例、創意工夫した事例、苦労した事例を持ち寄り、特殊な部分を除き、一般に使えるように、編集委員が103の事例とコラムにアレンジしてまとめ上げ、読者が同種の事案を処理するに際して、有益な情報となるものを集約！ 中堅・若手弁護士必携！

好評姉妹書 破産管財 BASIC ベーシック 本体4,200円＋税

❖❖❖❖❖❖❖❖❖❖❖❖❖❖❖❖❖❖ **本書の主要内容** ❖❖❖❖❖❖❖❖❖❖❖❖❖❖❖❖❖❖

第1部 業種・事業類型別の事務処理上の留意点	第6章 労働債権
	第7章 契約関係の処理
第2部 破産手続における場面・手続ごとの具体的処理事例	第8章 否 認
	第9章 役員の責任追及
第1章 破産手続開始の申立て	第10章 債権調査
第2章 破産手続開始決定	第11章 配 当
第3章 自由財産拡張	第12章 破産者の死亡
第4章 破産財団の管理・換価	第13章 免 責
第5章 事業の継続	

発行 民事法研究会

〒150-0013 東京都渋谷区恵比寿3-7-16
（営業）TEL. 03-5798-7257 FAX. 03-5798-7258
http://www.minjiho.com/ info@minjiho.com

■カード会社側の代理人として経験豊富な著者によるノウハウと考え方の開示！

クレジットカード 事件対応の実務

―仕組みから法律、紛争対応まで―

阿部高明　著

A 5 判・470頁・定価　本体 4,500円＋税

▷▷▷▷▷▷▷▷▷▷▷▷▷▷▷▷▷▷▷▷ **本書の特色と狙い** ◁◁◁◁◁◁◁◁◁◁◁◁◁◁◁◁◁◁◁◁

▶取引や業界の仕組みから各法律の概要、法的論点と立証方法、カード会社の考え方など豊富な図・表・資料を基に詳解！

▶カード発行契約からショッピング取引、キャッシング取引の流れ、決済代行業者や信用情報、本人認証まで、事件対応の前提知識を丁寧に解説！

▶割賦販売法、貸金業法、利息制限法、出資法をはじめ、個人情報保護法や犯罪収益移転防止法、景品表示法等行政規制ほか電子契約法、消費者契約法、特定商取引法についてクレジットカードとのかかわりを紹介！

▶紛争対応にあたっての要件事実、利用代金と過払金との相殺関係、名義冒用や名義貸し、空クレジット、加盟店トラブル、カードの不正利用等紛争事案と法的関係を詳解！

▶弁護士、裁判官、クレジットカード会社関係者等の必携書！

❖❖❖❖❖❖❖❖❖❖❖❖❖❖❖❖❖❖❖ **本書の主要内容** ❖❖❖❖❖❖❖❖❖❖❖❖❖❖❖❖❖❖❖

第1編　クレジットカードの概要
　第1章　クレジットカードとは
　第2章　クレジットカード取引の仕組み
第2編　クレジットカード法の概要
　第1章　クレジットカードに適用される法律
　第2章　クレジットカードの法律関係
第3編　クレジットカードをめぐる紛争とその考え方
　第1章　クレジットカード事件の要件事実
　第2章　カード利用代金と過払金の相殺
　第3章　行為能力によるカード契約の取消し
　第4章　名義冒用
　第5章　名義貸し
　第6章　空クレジット
　第7章　加盟店トラブル
　第8章　クレジットカードの不正利用
　第9章　クレジットカードと日常家事の連帯債務

　第10章　クレジットカードと不法行為
　第11章　過剰融資その他の業法違反
　第12章　クレジットカード訴訟の裁判管轄
第4編　補論――クレジットカード以外の決済用カード
　Ⅰ　ハウスカード
　Ⅱ　プリペイドカード
　Ⅲ　電子マネー
　Ⅳ　デビットカード
資料編
　［資料1］主なカード会社の来歴
　［資料2］支払方法と割賦販売法の適用関係
　［資料3］カード規約サンプル
　［資料4］受任通知サンプル（債務整理）
　［資料5］受任通知サンプル（過払金返還請求）
　［資料6］支払停止抗弁申立書サンプル

発行　民事法研究会

〒150-0013　東京都渋谷区恵比寿3-7-16
（営業）TEL. 03-5798-7257　FAX. 03-5798-7258
http://www.minjiho.com/　info@minjiho.com

■不動産金融に精通する弁護士によるＲＥＩＴ解説の決定版！■

ＲＥＩＴのすべて
〔第２版〕

西村あさひ法律事務所
弁護士　新家　寛
弁護士　上野　元　編
弁護士　片上尚子

Ａ５判・696頁・定価　本体 7,200円＋税

▷▷▷▷▷▷▷▷▷▷▷▷▷▷▷▷▷▷▷ 本書の特色と狙い ◁◁◁◁◁◁◁◁◁◁◁◁◁◁◁◁◁◁◁

▶Ｊ－ＲＥＩＴの法務・実務を網羅的に解説した本格的専門書の改訂版！
▶2013年の投信法の大改正、私募ＲＥＩＴの台頭など、制度と実務の大きな進展を受けて全面改訂！
▶私募ＲＥＩＴ、オペレーショナルアセット、契約型ＲＥＩＴ、海外不動産への投資、金融機関によるＪ－ＲＥＩＴへの市場参入について、最新の動向を踏まえ、新章を設けて詳解！
▶不動産投資法人にかかわるすべての実務家必携！

神田秀樹 東京大学名誉教授推薦！
Ｊ－ＲＥＩＴ市場の広がりと一層の発展を期待して、
関心を有する多くの関係者の方々に本書を！

＊＊＊＊＊＊＊＊＊＊＊＊＊＊＊＊＊＊＊ 本書の主要内容 ＊＊＊＊＊＊＊＊＊＊＊＊＊＊＊＊＊＊＊

序　章　ＲＥＩＴの歩み
第1章　Ｊ－ＲＥＩＴの仕組みと法律関係
第2章　投資法人のコーポレートガバナンス
第3章　投資法人および資産運用会社の設立および許認可の取得
第4章　Ｊ－ＲＥＩＴと資本市場
第5章　Ｊ－ＲＥＩＴの資金調達
第6章　ＲＥＩＴの展開
第7章　Ｊ－ＲＥＩＴの買収・事業再編
第8章　Ｊ－ＲＥＩＴと事業再生、倒産処理

発行　民事法研究会

〒150-0013　東京都渋谷区恵比寿3-7-16
（営業）TEL. 03-5798-7257　FAX. 03-5798-7258
http://www.minjiho.com/　info@minjiho.com

■金融取引法に関する基礎知識と実務を概観できる基本書！

金融取引法実務大系

現代金融取引研究会　編
峯崎二郎　監修

Ａ５判・751頁・定価　本体7,200円＋税

本書の特色と狙い

▶普通銀行における銀行取引を中心に、各業務の内容を銀行法その他の法令やガイドライン、通説・判例などを適宜参照しつつ詳しく解説！

▶金融取引に関連する基本的な法律知識を押さえつつ、法的思考力を養うことで実践的な対応力を身に付けることができる関係者必携の書！

▶金融機関の法務部門等の担当者や金融機関に入社した方、また、企業法務に携わる法律実務家、企業の経理等の担当者など、広く金融取引にかかわる方に役立つ実務書！

本書の主要内容

序　章	金融取引法	第7章	債権の回収
第1章	コンプライアンス	第8章	内国為替取引
第2章	自然人との取引	第9章	付随業務
第3章	法人との取引	第10章	証券・保険業務
第4章	預金取引	第11章	信託業務
第5章	融資取引	第12章	証券化
第6章	担保・保証	第13章	外国為替取引

発行　民事法研究会

〒150-0013　東京都渋谷区恵比寿3-7-16
（営業）TEL. 03-5798-7257　FAX. 03-5798-7258
http://www.minjiho.com/　info@minjiho.com